政治经济学新连线·学术研究系列

现代经济学的危机和
政治经济学的复兴

史正富　　孟捷 / 主编

社会科学文献出版社
SSAP
SOCIAL SCIENCES ACADEMIC PRESS (CHINA)

政治经济学新连线丛书

丛 书 主 编 孟　捷（复旦大学）

丛 书 顾 问 史正富（复旦大学）

白暴力（北京师范大学）

张晖明（复旦大学）

吴　栋（清华大学）

丛书支持单位 中国政治经济学年会秘书处

出版说明

"政治经济学新连线丛书"现由中国政治经济学年会秘书处策划出版。丛书在秉持古典经济学和马克思以降的分析传统的同时，力图展现当代政治经济学研究与时俱进的品格与风貌。2014年，丛书的第一批书目出版，赢得了学界的好评。2016年以后，新书目持续推出，敬请垂注。

前　言

冷战结束后，新古典经济学——作为历史终结论的理论支柱之一——一度凭借美元的翅膀流行于全球。然而，进入新千年以来，新古典经济学的"帝国主义"激进扩张开始出现颓势，反对新古典经济学以及历史终结论的声音明显增长。2008 年金融危机之后，对新古典经济学的反思和批判在西方更是蔚为潮流，并从学术界蔓延到包括中央银行和世界银行在内的实际政策部门。包括几位诺奖得主、英格兰银行首席经济学家在内的许多有识之士，都激烈地指责新古典经济学的发展道路和方向严重偏离了现实；具有批判精神的学者和学生，还在积极地为改革流行的经济学教育、研究和评价体制而展开斗争。在中国，坚持以马克思主义为指导、同时主张向国外"异端经济学"学习和借鉴的经济学家，十几年前组织了中国政治经济学年会和中国演化经济学年会等组织，一方面积极探索政治经济学创新发展的可能性；另一方面则在实践中坚持将经济学范式多元化原则引入经济学教育、研究和评价体制，旗帜鲜明地抵制新古典经济学的一元化标准。近年来，以《政治经济学报》为代表的国内多种出版物，围绕以上主题刊发了不少文章，介绍国内外相关思想和动态。为了便于广大读者了解这方面的情况，本书选编了相关文献和资料，以期有利于营造氛围、推动经济学理论和政策范式的进一步变革、促进既具有中国特色又兼具普适性的新型经济学知识体系的型构和发展。

编　者

2018 年 11 月

1

目　　录

上　篇

现代经济学的危机与政治经济学的复兴 ……………… 史正富 / 3

理解当代中国社会主义市场经济：参照系、实现条件和

国家的经济作用 ……………………… 孟　捷 / 19

中国经济学教育改革建议书 ……………… 贾根良 / 54

经济数学为何如此落伍却自封社会科学之王？

——经济学的七大困惑 ……………… 陈　平 / 83

经济学多元主义：历史、主旨和中国意义 ……………… 杨虎涛 / 95

宏观经济学的困境 ……………… 保罗·罗默

秦　蒙　齐　昊译 / 106

现代宏观经济学的走向错在哪里

……………… 约瑟夫·E. 斯蒂格利茨

姜艳庆 译 / 135

下　篇

经济学的出版与传播：五大顶级期刊的专制

……………… 詹姆斯·J. 赫克曼　施坦·莫克坦

唐昱茵　何庆麒　刘静怡译　杨虎涛审 / 163

经济学家同样需要竞争

……………… 安德烈·奥林

马梦挺译　袁　辉校 / 220

1

多元化的终结

——2000 年之后法国经济学教授遴选情况的变迁

……………………………………… 法国政治经济学会

马梦挺 译　袁　辉 校 / 224

英国 10 大经济学家联名致女王殿下的一封信

……………………………………… 郎　玫 译　陈　劲 校 / 234

经济学中的革命：曼彻斯特大学学生《经济学教育必须改革》

报告的序言 ……………………………… 安德鲁·霍尔丹

张　林 译 / 239

经济学教育必须改革：曼彻斯特大学的经济学教育

…………………………… 曼彻斯特大学危机后的经济学研究会

张　林 译 / 243

上　篇

现代经济学的危机与
政治经济学的复兴

史正富[*]

目前在讨论中国经济发展和改革的问题时，不但在大众和媒体中，而且在专业经济学家之间也存在七嘴八舌的现象，缺少基本共识。究其原因，在于我们的经济理论体系本身出现了严重的危机。

目前，大家讨论中国经济和金融问题的理论体系来自美国主流的经济学，它也被人称为现代经济学[①]，表现为宏观经济学、微观经济学、金融经济学、新制度经济学组成的教材体系。当然，我国的马克思主义政治经济学自改革开放以来也一直在发展之中，尤其是在党和国家治国理政的指导思想和长期发展战略方面，起着决定性作用。但是，在实际经济运行层面，在关于价格、货币、市场、投资、增长、宏观调控等具体经济议题的讨论与实施中，目前各方使用的理论框架和话语体系主要还是上述所谓的"现代经济学"。

现实是，我国目前主流的经济学家，包括许多传统的马克思主义政治经济学家，至今一直认为虽然（西方）主流经济学在对事物本质的研究上存在缺陷，但对于具体的经济运行和政策而言，还是比较好的理论体系。本文将说明，这是一个天大的误解，一个时代性的理论幻觉。

---

[*] 史正富，复旦大学中国研究院学术委员会主任、教授，主要研究方向为政治经济学。
[①] 钱颖一：《现代经济学与中国经济改革》，中国人民大学出版社，2014。

说真的,这是我国经济学界一代人的悲剧。实际上,现代经济学自20世纪中期在美国形成体系性的垄断以来,几乎一直没有对美国经济起到指导作用;而它起到指导作用的年代,也就是1980年以后,特别是1989年以后,恰恰是美国经济走向短期繁荣、长期衰弱,乃至酿成今日结构性、长期性深层危机的几十年。[①]

为什么会这样呢?除了政治经济学界已经普遍提出的对现代经济学的批评之外,根本原因还在于,经济学研究的客体或对象变了,它由产业资本主义变成了今天的"全球金融资本主义"。

美国作为全球金融资本主义的典型代表,在过去的将近40年中出现了一系列意义深远的变异,产生了一系列新的经济现实,这些新的经济现实是如此重要,以至于可能从根本上颠覆建立在产业资本主义"旧世界"之上的现代经济学。遗憾的是,这个新经济世界还没有进入主流经济学界,包括大多数诺贝尔经济学奖得主的"法眼"。也就是说,作为学术主流的现代经济学和全球金融资本主义的现实,处于严重的分离状态。如果以经济理论为"毛",以经济现实为"皮",那以今日之现代经济学的状态,就恰如成语所言:"皮之不存,毛将焉附?"那么多顶尖专业经济学家的研究论文,每每在数学方法上兜圈子,经济思想少之又少,这导致所谓的现代经济学成了一门脱离现实的学科,一个比赛数学技巧的游戏。

一 全球金融资本主义下的新经济现实

全球金融资本主义时代出现了一系列新的经济现实,对既存经济学提出了根本挑战,本文着重提出以下几点。

第一,货币变性,即货币由作为一般等价物的特殊商品,变成了以"纸币"为载体的信用符号。货币在历史演进中,本来以黄金和其他贵

①　戴维·斯托克曼:《资本主义大变形》,张建敏译,中信出版社,2014。

金属为载体，是作为一般等价物的特殊商品，有自身的内在价值，因而具有价值尺度、流通手段、贮藏手段等职能，从而黄金及贵金属的数量决定了货币数量的上限。但在二战后形成的布雷顿森林体系下，美元成为世界货币，以美国持有的黄金储备为基础。由此形成黄金支撑美元、美元作为世界货币的全球货币体系。1971 年尼克松政府废除美元与黄金的挂钩后，美元不再是"美金"，而成了美国印发的"美钞"。但是，美钞作为一纸印刷品，为什么还能通行世界数十年呢？这得说美国金融体系的高明了。摘要而言，有三招很关键：一是凭政治军事科技的"霸权三角"，锁定中东石油用美元定价的垄断权；二是发展金融衍生品交易市场，创造天文量级的美元交易与投资（含投机）需求；三是基于全球金融交易市场的内在震荡，创造出各国央行对美元的储备需求。结果是，把美元由美国印发的纸币转化为世界的问题，造成全球流动性泛滥，但也使美国成为全球最大债务国。由此，现代经济学一般均衡理论要求的"货币中性"不复存在，由美国国内政治博弈所决定的美元发行与全球流动性成为驱动世界经济运行和国别发展状态的极其重要而又难以预测的内生力量。那最终结果呢？是纸货币量在全球经济中长时期的超常规扩张，是由美元超发引起的全球流动性泛滥。

第二，金融产业的异化，即过去以银行为主体、以实体经济为服务对象、以存贷款和股票债券发行为主营业务的金融业，蜕变成了以资本经营机构为主体、以虚拟经济为主要服务对象、以金融衍生品的自我循环为主要业务内容的"新金融"。超广义货币总量的无限扩大，导致金融衍生品的市场发行与交易异军突起，滋生出一个以自我循环、自我服务型的投机交易活动为主导的行业。这样，**现代金融业分化成了服务实体经济的中介性金融和以自我服务为主的投机交易型金融两大部类**。在金融工程和金融创新的名义下，任何一个金融业务商家都可以制造、合成、编制出一个衍生品，拿到交易所里，只要有人买、有人卖，它就成了一个正常交易的金融产品；由此就衍生出越来越多、越来越纷繁复杂的金融衍生品体系。2007 年金融危机前夕，全球场外衍生品总名义余额达到 600 万亿美元级别，当时美国 GDP 才 10 多万亿美元。实体经济的交易规模在金融衍生品面前真是小巫见大巫。这个对实体经济几乎没有贡献的交易体系，在很大程度上就是一个合法的高科技赌场。

第三，基础生产要素的变性，即生产要素变成了金融投资品。从能源、资源、关键原料、土地、人才、资本到核心技术，原本企业购买这些东西是作为生产要素，目的是在生产中使用，因此市场运行符合一般意义上的价值或均衡价格规律。但现在各种商品与金融交易所把生产要素都变成了金融投资品，不单是企业，而且各类"炒家"也全面地参与这些生产要素的买卖；人们购买的目的不再仅仅是使用，更重要的是为了卖出。结果是，生产要素的价格运行和一般商品的价格运行发生了分离。

现代市场经济的一个基本特征是众多生产要素都已经被转变为投资品。在市场经济的历史上，生产要素本来是作为一般制成品的原材料和设备而存在的，但随着现代金融市场的兴起，特别是商品期货交易的发展，许多生产要素转变为投资的对象，成为交易所的交易品种。由此，生产要素的购买者出现了分化：一类是传统意义上的买家，即实体经济中的企业，它们购买生产要素进行实际产品或服务的生产或提供；另一类则是在交易场所活动的投资者，他们买进关于这些产品的合约并不是用于生产，而是为了在新的价格水平上卖出。前者是从事企业经营的生产者，后者是从事交易获利的投机者。现代市场经济的历史趋势表明，随着交易的发达，越来越多的纯投资者加入以生产要素为载体的投资交易，使得生产要素作为投资品的交易规模呈跨越式发展，在国民经济中占据越来越高的比重。与此同时，生产型购买者也越来越深地参与投资型要素市场的交易，不知不觉中把原本作为风险管理工具的商品期货，变成了价格投机的工具，从而在很大程度上改变了实体经济对要素投资品的定位。这种情形在当代已经发展到了一个令人震惊的阶段，纯投资类交易的规模远远超过了生产经营型购买者的交易规模。仅以原油为例，2012 年两大期货市场（Nymex 和 ICE）原油的主导合约交易量超过 3800 亿桶，而当年全球石油的产量和消费量都堪堪超过 30 亿桶[①]，也就是说，纯投资类的交易规模至少是使用型交易规模的 10 倍多。

表 1 清楚显示了要素投资品化的发展程度和金融市场发展的密切关系。其中的关键在于，**商品期货交易所的出现从制度安排上把本来是生产投入品的要素变为可在交易所内进行交易的投资品**。尤其值得注意的是，当代西方金融强国，比如英、美，正在布局把越来越多原本不是投资品的东西，打造成投资交易的对象，比如生态环境，通过节能减排的说法创造了碳交易与碳金融，其实是图谋把先发达国家的环境优势转化为发展中国家的要素成本。

表 1　要素成为投资品的历史进程

类别	品种	推出时间	推出交易所	主导合约交易量	2013 年主导市场
谷物	玉米	1851 年	CME	101170541（5000 蒲式耳/张）	CBOT，DCE
金属	铜	1877 年	LME	141667969（1～25 吨/张）	SHFE，LME，MCX，Nymex
	铅	1920 年	LME	12931067（25 吨/张）	LME
	锌	1920 年	LME	30270370（25 吨/张）	LME
	铝	1979 年	LME	63767903（25 吨/张）	LME
	黄金	1972 年	Winnipeg CE	128743678（多种合约）	SHFE，Nymex，MCX
能源	取暖油	1978 年	Nymex	32749553（42000 美制加仑/张）	Nymex
	原油	1986 年	Nymex	382448853（1000 桶/张）	Nymex，ICE
	天然气	1990 年	Nymex	108111295（1250 或 10000MMBTU/张）	Nymex，MCX
货币		1972 年	CME	2491136321（多种货币合约）	NSE India，MCX - SX，CME
汇率		1975 年	CBOT	3330719902（多种外汇合约）	CME，BM&F，CBOT，Liffe，Eurex

---

① British Petroleum, *Statistical Review of World Energy 2013*, https：//www.bp.com/en/global/corporate/energy - economics/statistical - review - of - world - energy.html.

类别	品种	推出时间	推出交易所	主导合约交易量	2013 年主导市场
股票	个股	1972 年	CBOT	6401526238（多种合约）	NSE India, Korea Exchange, CBOE, Eurex, CME, etc.
	股指	1982 年	KCBT	5370863386（多种合约）	

注：表中提到的交易所分别为：Nymex，纽约商品交易所；CBOT，芝加哥期货交易所；CBOE，芝加哥期权交易所；CME，芝加哥商品交易所；LME，伦敦金属交易所；ICE，伦敦洲际交易所；Liffe，伦敦国际金融期货交易所；Eurex，欧洲期货交易所；SHFE，上海期货交易所；DCE，大连期货交易所；NSA India，印度国家证券交易所；MCX，印度商品交易所；MCX-SX，印度股票交易所；BM&F，巴西商品与期货交易所；Korea Exchange，韩国证券期货交易所；Winnipeg CE，温尼伯商品交易所；KCBT，堪萨斯期货交易所。

数据来源：Acworth, W., "FIA Annual Volume Survey," Futures Industry Association, 2014。

二　新经济现实导致现代经济学核心理论失灵

上述的货币变性、金融变性及基础生产要素变性引发了一系列核心经济学理论的失灵。

第一，价格理论失灵。我们知道的均衡价格理论，马克思称之为价值规律及生产价格理论，其实就价格运动而言二者是一致的。但是现在，在生产要素市场和资本市场上，价格不再由生产价格或均衡价格规律决定。因为买进是为了卖出，导致追涨杀跌（即正反馈），需求曲线不再向右下方倾斜。这背后虽然有老百姓的从众心理，或者说羊群效应①，但深层原因则是资本大鳄的市场权力在起作用。为什么呢？因为从众心理的存在和资产价格需求的正反馈机制，使资本大鳄的赢利模式产生了变化。在亚当·斯密的"无形之手"理论中，供求自动趋于均衡的前提是"利他利己"的赢利模式，即生产企业通过提供质优价廉

---

① 行为金融学的核心是用市场非理性和大众的从众心理（即"羊群效应"）来挑战有效市场的金融理论。但是行为金融学逃避了更为深层次的问题：大众跟风的"风"从何而来？谁会制造市场上的"风"？参见 Shleifer, A., *Inefficient Markets：An Introduction to Behavioral Finance*（OUP Oxford, 2000）和 Shiller, R., *Irrational Exuberance*, 2ⁿᵈ ed.（Princeton University Press, 2005）。

的产品来获得消费者的青睐，扩大销售，从而获得利润；而在具有正反馈机制的资本市场上，资本大鳄又产生了金融市场上常见的"损人利己"的赢利模式，即资本大鳄通过自身的市场权势引领市场、塑造价格走势来谋求暴利。这一损人利己型赢利模式导致价格的暴涨暴跌，又迫使政府介入并经常成为金融市场的参与者。由此，金融资产的价格决定就不再是纯市场行为，而是在国家、核心资本集团、市场自发势力三种力量的互动过程中生成的，在很大意义上，是由金融权势拥有者刻意操控而形成的。也就是说，在资产与证券市场中，不再是市场供求双方自发力量形成的均衡价格，而是拥有金融市场权势的资本集团引领塑造出来的建构价格。

第二，市场理论失灵。上述均衡价格理论失效的后果就是**市场从一个统一的平面市场，转变为分层的结构性市场。其中，交易对象作为投资品的生产要素市场成为不同于一般商品市场的另一类市场**。简单说，在一般商品市场上，均衡价格调节还能起到决定性作用，比如服装、玩具、消费电子等；但在投资性生产要素市场上，自发市场便不再起决定性作用，而是由国家、核心资本和市场自发力量三者互动，对价格与供求进行建构。我们只要想一想汇率是怎么决定的，利率是怎么决定的，土地的价格、资本的价格、人才的价格、高新技术的价格，甚至高新技术交易的可能性，就容易知晓这些重要生产要素的价格与供求都基本脱离了自由市场的竞争，而是在全球商品与金融交易所中由市场权力结构塑造出来，是在国家权力的直接与间接参与下形成的。而在这种市场权力中，既有大资本的金融购买力、市场营销力、组织执行力，也有国家的外交、立法、情报、军事及意识形态控制等系统性权力①（只要想想

---

① 关于先发达国家的政府对资产资本市场的介入，参见伊曼纽尔·沃勒斯坦《现代世界体系：16世纪的资本主义农业与欧洲世界经济体的起源》（第一卷），郭方、刘新成、张文刚译，高等教育出版社，1998；迈克尔·赫德森《金融帝国：美国金融霸权的来源和基础》，赵飞等译，中央编译出版社，2008；贡德·弗兰克《白银资本：重视经济全球化中的东方》，刘北成译，中央编译出版社，2008。

当下的特朗普现象就好了）。

回看一下经济史，其实西方国家的崛起不完全是由于它们所谓的法治化、市场化和产权保护这套制度，因为这套制度得以实施的基础，是这些国家通过军队、外交、制定国际标准等强制力量，打造出对本国有利的重要生产要素的供应能力。事实上，一个国家能不能有效协调国家、资本和市场三者的力量，形成合力，打造一个有利于本国的基础生产要素的供给能力，是这个国家能不能崛起的关键。**市场决定论，即市场在资源配置中起决定性作用的理论，如果说还基本适用于普通商品市场的话，对于基础性生产要素市场则基本上不适用了**。此中原因，正是作为投资品的基础生产要素的价格与供求都已受到国家与市场权力的塑造，这是在千里之外的全球交易力量的翻云覆雨中决定的。在这个全球金融资本主义的时代，不加区别地泛谈市场决定论，排斥国家在重大市场要素领域（如我国今日之核心技术）的战略引领和市场协调塑造功能，不论怀有多么美好的愿望，结果只能是害己利人。

第三，货币计量指标的失灵，即广义货币 M2 这个货币供应量的主要计量指标已经不再能够衡量当代经济体系中的有效购买力。众所周知，M2（以现金加存款为主）一直是货币当局和经济学界计量一国货币流通量的基本指标，至今鲜有质疑的声音。实际上，随着现代货币市场的持续高速增长，在形成有效购买力的金融工具中，存款及现金已经只占一小部分，大部分来自债券、股权、信托、保险、资管及其他各种形式的非银行资金体系。这些资本市场的新型融资工具在定义上不属于M2，但就形成有效购买力这一功能而言，它们与 M2 并无实质区别。而且，在现实中，这些资本市场融资工具的放大能力比 M2 还要强。因此，在当代实体产业经济与虚拟资产经济并存的现实经济体系中，计量全社会货币的总量，不仅仅要看 M2，更要看各类资本市场的融资工具。

与此相关，由于只用 M2 来计算社会货币流通量，我国经济学界（甚至包括央行）对中、美两国货币量产生了误判。例如，2012 年，中国 M2 有 99 万亿元，GDP 有 52 万亿元，单位 GDP 的货币占用量为 2 左右；而美国 M2 只有约 10 万亿美元，GDP 有 16 万亿美元，单位 GDP 的货币占用量只有约 0.6。这样比较，中国货币量是美国的 3 倍多，那中国是不是货币超发？其实，这是张冠李戴了。美国储蓄率低，银行存款少，M2 当然也少；但美国资本市场大，债券、股权、信托、保险、资管、基金等金融工具的融资规模远远超过了银行存款规模。表 2 显示，2011 年美国 M2 和资本市场融资总额超过 67 万亿美元，这才是美国国内形成有效购买力的真正的广义"货币量"，与同年美国 GDP（15 万亿美元）相比，单位 GDP 占用的货币量高达 4.5，而中国 2012 年 M2 与资本市场融资总和不到 160 万亿元人民币，单位 GDP 占用的货币量为 3。总之，**单看 M2，中国货币比美国超发 2 倍，若看能形成社会有效购买力的各种金融工具，则美国国内的"钱"比中国超发 50% 多**。

表 2　2011 年美国金融业资产负债

单位：10 亿美元

负债方	
1. 现金和存款 Currency and deposits	13427.9
	（13.43 万亿美元）
2. 债券 Debt securities	13056.1
（1）机构及政府支持企业债券 Agency – and GSE – backed securities	7552.1
（2）企业债 Corporate bonds	4996.2
（3）商业票据 Commercial paper	507.9
3. 信贷 Loans	3211.1
（1）短期信贷 Short term	3035.0
（2）长期信贷（抵押贷款）Long term（mortgages）	176.2
4. 股权和投资基金份额 Equity and investment fund shares	18464.1
（1）货币市场基金份额 Money market fund shares	2642.5
（2）企业股发行 Corporate equity issues	4070.5
（3）共同基金份额 Mutual fund shares	7870.9
（4）政府支持企业持股 Equity in government – sponsored enterprises	43.1
（5）外国直接投资 Foreign direct investment in the United States	541.9

续表

负债方	
（6）非公司持有的股权 Equity in noncorporate business	12.8
（7）母公司对子公司投资 Investment by parent	3255.4
（8）在联邦储备银行股票 Stock in Federal Reserve Banks	26.9
5. 保险、养老基金及标准化保证方案 Insurance, pension and standardized guarantee schemes	16249.3
6. 其他应付 Other accounts payable	2072.6
净值 Net worth	1218.0
负债 Liabilities	66481.0
总负债与净值 Total liabilities and net worth	67699.1
	（67.69 万亿美元）

注：第一项大约相当于中国定义的 M2；金融业用发行债券、借款、发行股票和基金、出售保险年金等多种方式获得的资金，虽不是 M2，但同样构成有效支付能力。

应该说，全球 M2 的扩大，或者流动性的激增，起因在美国，中国是一个被动接受者。纸货币是持续超发的，金融工程是不断"创新"金融工具来吸纳超发的纸货币的，而市场是双层的，价格在基础生产要素领域是被建构的。结果是，M2 可以不多，但具有购买力的金融流通性超多，多到泛滥成灾。因此，M2 不再能够有效衡量购买力。

第四，传统的货币需求理论失灵。原来 $MV = PQ$，所以央行会盯住 M2。但现在，上述的货币总量会被现代经济的两个子系统吸纳：一个是实体产业经济的运行对货币的需求，这里有一个 $M_1V_1 = P_1Q_1$；另一个是虚拟资产经济子系统，包括房地产这类资产市场、作为投资品的生产要素市场，和各种金融衍生品市场，这里也有一个 $M_2V_2 = P_2Q_2$。但后一类市场子系统的 P_2 不是物价，而是资产和证券的价格。产业经济和资产经济的两个子系统的货币需求加总后，才是国民经济总的货币需求。又因为货币能够自由地在这两个子系统之间流动，所以就产生了很多以前不曾出现的现象。例如，货币量增加，但商品部门的价格，即物价没有上涨，而资产价格上升；又或货币量不变，但商品价格上升了，因为货币可能从资产市场回流到商品市场。两个市场中流通的是同一种货币，资本市场火热时，货币大量涌向资本市场，即使增发货币，实体经济仍可能资金短缺。

第五，货币政策传导机制失灵。凯恩斯发明的经典货币政策机制，即"货币—利率—投资—就业"这一传导机制，现在失灵了。这些年欧、美、日各经济体货币量增长惊人，利率徘徊在极低位，甚至负利率水平上，但实体经济投资很少。

与此同时，我们又发现另一个重要现象，就是**货币变成资产，资产配置负债，从而抬升经济活动，导致所谓 GDP 的增加**。当然，在美国，这个经济活动不是发生在实体经济中，而是发生在虚拟交易和福利消费领域，因此只能有效于一时，最终以 2007 年后的金融危机告终。

吊诡之处是，在次贷危机爆发后美国救市挽救 GDP 的方案还是货币变成资产、资产配置负债的操作。按 2007 年末数字，美联储在危机爆发后反应迅速地通过公开市场向银行体系注入了 486 亿美元作为救市前奏。至 2008 年，美国的救市法案 TARP（问题资产解救计划）全面运作。到 2008 年末，美联储从公开市场管道的再贷款渠道向银行体系直接注入 5111 亿美元，从公开市场管道的回购/逆回购渠道回收 2647 亿美元，通过同外国央行达成货币互换向国际美元市场注入 5307 亿美元，向券商注入 455 亿美元，购买衍生品 197 亿美元，并向新成立的专门救市的基金公司注入 4449 亿美元，2008 年共注资 1.3 万亿美元。① 货币重整金融资产负债几乎成为拯救美国经济唯一的有效手段。

第六，央行角色的裂变。传统货币政策失灵还带来一个后果：央行开始把财政变成附属。照理赤字财政很难持续，但欧美国家长期实行赤字财政，靠什么呢？靠的是央行的货币发行。这就使财政政策逐渐依附于央行。现在又进一步，美联储的资产负债表发生了重大变化，这就是大型企业的股权和资产也进入美联储资产负债表中的资产

---

① 数据来自：Board of Governors of the Federal Reserve System，"Z. 1：Financial Accounts of the United States；Flow of Funds，Balance Sheets，and Integrated Macroeconomic Accounts，" 2013。

项。过去，央行发行货币，资产依托是黄金储备、特别提款权和国债等；现在，美联储直接持有 AIG 这种巨型公司的股权，直接买进各家"大而不倒"的金融公司的有毒资产，从而使企业股权与有毒资产变成自己资产负债表上的资产，然后发行货币，并将其记为负债。这样资产负债表还是平衡的。结果是，**央行成了整个国民经济运行结果的最终背书人，成了市场体系中微观资产的交易主体。显然，这是央行性质的一个革命性变化。**

这里的启示是什么呢？就是**货币开始从因变量，即中性货币演变为自变量，变成了一个启动经济过程的始发力量**。原因就是在于货币能够直接变成资产，资产对应负债，然后创造出新的经济活动。但这个过程能不能持续？长期看是好事还是灾难？这些都取决于超发的货币投向了什么领域，是投向生产性资本的积累，还是像欧美一样投向福利消费和虚拟资产的交易。由此观之，中国过去 30 多年的成功，关键之处就在于中国自主创新的国家级开发性金融机构和地方金融平台。这两者实际都是用借债的方式筹集资本金，并将其投入实体经济，集中体现在中国各类基础设施的数量和质量上，它为中国经济的发展创造了一个比较坚实的基础盘面。① 前边已讲过国家协调要素供给能力的重要性，这里不再重复。需要强调的是，政府在这个领域的重要经济职能，就是整合与协调核心资本及市场自发力量，形成一个与国家战略方向一致的力量，建构对国民经济长期发展有利的基础生产要素的供给能力，包括土地、资本、劳力、技术、能源以及生态资源等。

上述举例已经可以表明，现代主流经济学已经在其最重要的基本理论方面被经济世界的空前变革远远甩到了后面，成了与当代经济世界的真实运行无关痛痒的"老调"。经济之舟已经渐行渐远，经济学家仍还在原地寻找解题之剑，岂非时代的悲剧。是该政治经济学再出场的时候了。

---

① 这方面的论述很多，本人在拙作《超常增长》一书中有系统论述。参见史正富《超常增长：1979~2049 年的中国经济》，上海人民出版社，2013。

三 政治经济学的复兴之路

政治经济学在我国经济理论中的根本地位是确立已久的。但是至少从 20 世纪 90 年代以来，美国版"现代经济学"教材体系已经逐渐成为我国重点大学的必修课程；相反，政治经济学反而日益成为边缘的课程。反映到日常经济政策的讨论中，使用的分析框架和话语体系也几乎全面来自"现代经济学"，政治经济学的传统几乎完全缺位。即使在近些年习近平总书记多次倡导、推动政治经济学的发展以后，上述情况也鲜有改善。虽然在顶层话语上（如"五大发展理念""以人民为中心"等）已经确立政治经济学的指导性，但是落实到经济政策的讨论上，仍然还是"言必称希腊"，跳不出西方现代经济学的窠臼。

为什么会发生这种对政治经济学原则肯定、实际上"退场"的现象呢？原因固然很多，恐怕最重要的还是政治经济学自身长期以来自我封闭，既少理论创新，也远离当代现实；既不了解当代西方发达国家的新现实，也没跟上当代中国特色社会主义的伟大实践；很多时候只是在马克思的经典著作中"炒冷饭"，或者简单地为中央文件提供几乎是重复性的"解释"，而不是尝试建构国家发展与政策讨论的学理基础。而为数不多的具有学术情怀的政治经济学者，则受到西方经济学数学化的影响，把大量精力投放到马克思经济学的数学化上面。久而久之，政治经济学既未上达"庙堂之高"，也未下入"江湖之远"，逐渐形成自弹自唱、和者益寡的局面。

2007 年后的世界性金融危机是一个转折点。它引发了西方经济学群体的分化。对现代经济学的反思、批评乃至抗议之声此起彼伏，甚至从校园和学术圈走向了社会和街头。国内长期坚持马克思经济学研究的中青年受到鼓舞，校园内的学生中也有越来越多的人对黑板经济学产生厌倦与失望。特别是，习近平总书记多次出面推动政治经济学的发展，并明确提出坚持马克思政治经济学的基本原理、研究当代（资本主义）

的政治经济学、创新中国特色的社会主义政治经济学这三大相当关键的理论工程。这一切都表明：政治经济学的繁荣、发展与复兴正是历史发展的内在需求。

当然，政治经济学的复兴不会仅仅从思想史的内在要求中实现，它必须依靠政治经济学自身实实在在的理论创新成果；它也不可能仅仅依靠国家层面的支持倡导，而必须在与其他理论——主要是"现代经济学"的竞争中实现复兴。那么政治经济学在世界变革的情境下，能够比西方主流经济学更有能力实现面向当代现实、面向未来的理论创新吗？

我的看法是，这是"必然的"。理由有四。第一，政治经济学的使命是揭示现代社会经济体系运行的内在规律，从而实现人的自由而全面的发展；从当前我国的发展阶段说，就是"以人民的利益为中心"。这使得政治经济学必须直面现实、深究内里，而不是像西方主流经济学那样，局限于经济变量的层次，不知不觉地以资本利益为中心。第二，研究方法上，西方主流经济学秉持方法论个人主义，看不见人群中的不同群体，也不理会市场的内在结构，习惯用消费者、投资者、交易这类原子化的概念来展开研究；而政治经济学则强调阶级或不同利益群体的区分，强调从群体到市场再到国际体系的内在结构。第三，就研究对象谈，现代西方主流经济学局限于一般均衡理论的框架，着重在数学方面做文章，数学模型越来越复杂高深，而与经济的关系却越来越远。常常是用数学模型的可求解性来剪裁和阉割经济现实，从而使现代西方顶尖学术研究的主流成了自我欣赏的数学游戏。对比之下，马克思的政治经济学则以现实经济体系的运动作为研究对象，理论必须随着真实经济体系的改变而改变，也就是与时俱进。第四，就学术共同体设定的研究路径来说，现代西方经济学已经高度体制化、科层化、八股化。从学术大咖、教授、年轻教员、博士后的层级设置，到核心期刊、普通期刊、边缘期刊的论文发表与评分体系，加上建立在"一般均衡"理论基础上的全套教材体系和教件配套，有效保证了一代代研究生把自己的芳华岁月耗费在数学迷宫的象牙塔中，从而往往使得经济学中的学术争议变成外人无法理解的数学竞赛，恰似我国明清时代的科举考试，已从早期考核才干的工具，变成了咬文嚼字、套路死板的八股。现代经济学在于我国不到 30 年的"寡头垄断"之后，已经面临严重挑战，确保其学术系统不断加强的学术共同体结构已经在崩坏之中，我国年轻一代的经济学人正在迎来比较多元的学术讨论空间；再者，国家在指导思想层面也已重新确立政治经济学的基础地位。这样就意味着，真正研究与解释当代经济新现实的变革性经济理论，在我国是更有机会孕育与发展起来的。要知道，在当今美国业已僵化的学术共同体体制中，真正颠覆性的新经济思想的发展是难而又难，难于上青天的。

以上分析表明，在新的经济现实条件下，政治经济学具有内生优势，比西方主流经济学更有可能实现真正意义上的理论创新，从而实现复兴。然而，怎样才能将政治经济学复兴的可能性变成现实呢？至少有以下几点是不可忽略的。

第一，政治经济学的研究人员必须走出校园、书斋，积极投身于新经济时代的实践，深入观察了解实际经济世界的变化，尽量能系统深入地调研和熟悉若干企业与产业演变的历史；同时把观察范围与知识积累从实体经济扩展至现代金融与资本市场。只有对正在发生的真实经济体系的变革具有实感，才能搞对研究课题，也才能形成对真实世界具有解释能力的新理论。

第二，要正确处理"我注六经"和"六经注我"的关系。"我注六经"说的是博览群书，知晓经济思想的演变脉络、争议和现状，鉴别不同学派与学者的长短优劣，从而明白问题的难点。"六经注我"则是要求博览群书者不是当"书虫"，不能对名人、名家盲目崇拜，只会"当粉丝、打酱油"；而是要有自主创新，超越前人的定位，把先贤大家的思想有效地为我所用。总之，既不能思而不学，也不能学而不思；既不能目空一切，盲目排斥已有学术成果，也不能丧失自我，跟在名人后面亦步亦趋。通晓百家而又超越百家，志在自成一说；熟知世情而又走出世情，理论高于现实。这才是成就新理论的可行之道。

第三，海纳百川，尊重同行，取长补短，互相借鉴。有道是，文人相轻，古已有之。但以今日世界之复杂，知识积累的规模之巨大，学科分工之精细，任你有多聪明能干，也不可能包打天下。像马克思当年一个人待在大英图书馆里几十年那样搞研究，今日恐怕不太行了。因此，需要善于合作，结交可合作之人共同成事；也需要善于借力，重视从拥有不同观点的同行那里汲取有用的内容。团队作战，围绕共同目标合理分工，以群体之力成不世之功，方为上乘之法。

坚冰已破，前路已通。吾辈以增进社会大众福利而求知者，还不振作奋起，更待何时？

理解当代中国社会主义市场经济：
参照系、实现条件和国家的经济作用

孟　捷[*]

摘　要： 中国特色社会主义政治经济学包括政策－制度话语和学术－理论话语，这两种话语在类型上存在差异，但共同构成了中国特色社会主义政治经济学的完整话语体系。进一步推动中国特色社会主义政治经济学的学理化，即由政策－制度话语向学术－理论话语的转化，需要解决以下三个关键问题：第一，要全面更新对历史唯物论的认识，使之适应于解释当代中国制度变迁和改革以来形成的社会主义市场经济体制；第二，要借鉴和发展《资本论》中的相对剩余价值生产理论，使之成为一个理论参照系，以解释社会主义市场经济在解放生产力、发展生产力上所起的作用；第三，要从这一参照系得以成立的约束条件，即相对剩余价值生产的三重条件出发，引申出国家的经济作用，从而建立一个具有内生性的国家的经济理论。

关键词： 中国特色社会主义政治经济学　政策－制度话语　学术－理论话语　相对剩余价值生产理论　国家理论

---

* 孟捷，复旦大学特聘教授，主要研究方向为政治经济学。

　　中国特色社会主义政治经济学的话语体系，是由政策－制度话语和学术－理论话语共同构成的，前一话语集中体现为党和政府的各种文件报告所阐明的路线、方针、政策，后一话语则体现为学术生产或科学研究的成果。两种话语虽有交集，但在类型上存在明显的差别，各自具有相对独立性和自主性。中国特色社会主义政治经济学话语体系的建设和完善，要求实现这两种话语的互动和彼此间的创造性转化。政策－制度话语是在因应社会主义经济体制的重大实践问题的过程中产生的，具有特定历史时空下的现实相关性，旨在为制度变迁提供直接的方向和路线的指引。学术－理论话语则具有某种概念的普遍性，它要从马克思主义经济学范式出发，借助于经济理论术语，为政策－制度话语提供系统化、一般化的说明。

　　过去 40 年间，伴随改革开放的深入，中国特色社会主义政治经济学的话语体系得到了相应的发展。但总体而言，中国特色社会主义政治经济学的政策－制度话语仍然存在进一步学理化，即从政策－制度话语转化为学术－理论话语的巨大空间。推动中国特色社会主义政治经济学的进一步学理化，需要在理论上解决三个问题：第一，要更新对历史唯物论的认识，使之适应于解释当代中国制度变迁和改革以来形成的社会主义市场经济体制；第二，要借鉴和发展《资本论》中的相对剩余价值生产理论，使之成为一个理论参照系，以解释社会主义市场经济在解放生产力、发展生产力上所起的作用；第三，要从这一参照系得以存在的约束条件，即相对剩余价值生产的三重条件出发，引申出国家的经济作用，从而建立中国特色社会主义政治经济学的国家理论。

　　值得强调的是，中国特色社会主义政治经济学话语体系，就核心内容而言，不仅是对现实的反映，而且是现实生产关系赖以构建的原则。这一点赋予了中国特色社会主义政治经济学的话语生产，包括学术话语的生产，极其重要的地位。在国内高校、科研院所等机构中，中国特色社会主义政治经济学学术话语的生产能否和学科体制相结合，是决定这种话语能否形成葛兰西意义上的文化领导权，进而成为现实生产关系构成性原则的必要条件。笔者认为，应该在高校等学术机构中推动新的制度变革，将学科的发展与中国特色社会主义政治经济学话语体系建设更紧密地结合起来，以进一步巩固和加强中国特色社会主义政治经济学话语的领导权。

一 中国特色社会主义政治经济学的两种话语：政策－制度话语和学术－理论话语

中国特色社会主义政治经济学的话语体系，是由政策－制度话语和学术－理论话语共同构成的。在改革之前"极左"思潮泛滥的年代，学术－理论话语的相对自主性没有得到应有的承认，在国内高校、社科院等学术机构中开展的话语生产，与党的路线方针政策的宣传（即本文所谓政策－制度话语）在内容和形式上几乎雷同，个别坚持学术－理论话语相对独立性的学者（如孙冶方）受到压制和不公正的批判。历史经验证明，这种状况并不适合社会主义事业发展的需要。改革开放以后，上述局面迅速改观，学术－理论话语的相对独立性得到认可，并在20世纪80年代实现了空前的繁荣和发展。在20世纪90年代"社会主义市场经济"这一政策－制度话语的形成和发展中，学术－理论话语发挥了重要的建设性作用。

然而，经过此后几十年的发展，从笔者近期的经验和观察来看，当前国内政治经济学界对于中国特色社会主义政治经济学两种话语的关系，仍然存在一些认识上的偏差，具体表现为如下截然相反的两派观点。一派回到了改革开放之前，主张中国特色社会主义政治经济学就是党和国家领导人的讲话和著述汇编，其他人没有发展和完善社会主义政治经济学的资格。这种观点是严重的倒退，它抹杀了社会主义政治经济学两种话语类型的差异，只承认政策－制度话语的重要性，表面上重视中国特色社会主义政治经济学，实则切断了社会主义政治经济学政策－制度话语和学术－理论话语之间的联系，否认了前者进一步学理化的可能性和必要性，消弭了社会主义政治经济学的科学性，削弱乃至破坏了中国特色社会主义政治经济学话语体系的总体影响力。另一派观点则正好相反，只承认政治经济学学术－理论话语的重要性，甚至试图在放弃马克思主义、引进西方经济学的前提下发展中国特色社会主义政治经济学的学术－理论话语。这两种态度都是片面的，甚至是错误的。正确的态度应该是，在认可两种话语间差异的前提下，寻求在两者间实现创造性转化的可能性，进而达成两者的内在一致性和整体性，即形成完整的中国特色社会主义政治经济学话语体系。

在这个问题上，可以通过观察我们的对手，即西方经济学的话语体系，来深化对上述两种话语关系的理解。西方经济学也是由类似的两种话语构成的整体。就政策－制度话语而言，西方经济学近几十年来提供了一套新自由主义话语，"华盛顿共识"是这套话语的表现形式。在西方各国国内，这套话语的直接实践功能，是削弱在战后"黄金年代"成长起来的工人阶级及工会的力量，重建资本尤其是金融资本的权力；在国际上，则是通过私有化、自由化、金融化等，削弱发展中国家自主发展的能力，或者如剑桥大学经济学家张夏准所说的"踢开梯子"——发达国家自己在达到更高的发展阶段后，反过来阻挠发展中国家采取发达国家曾经利用过的手段来发展自己的经济。[①] 在最近爆发的中美贸易战中，美国政府某些人士的言论就体现出这种图谋。在这套政策－制度话语之外，则是学术－理论话语的生产，对于其要端而言，就是 80 年代以来形成的有别于传统凯恩斯主义的新古典经济学，后者不仅依靠传统微观经济学为自由市场经济及其效率提供了系统化的学理说明，而且在宏观经济学上实现了对凯恩斯主义的反革命，通过提出理性预期宏观经济学、实际经济周期理论等来反对国家干预，因而在学术上支持了新自由主义的政策－制度话语。[②]

---

① 张夏准：《富国陷阱——发达国家为何踢开梯子》，肖炼译，社会科学文献出版社，2007。

② 20 世纪 80 年代以来，西方经济学学术－理论话语通过各种途径——包括培养经济学博士——影响到发展中国家，其中也包括中国，从而进一步加强了其政策－制度话语的霸权。对改革以来西方经济学在中国传播过程的描述，参见科恩《新自由主义经济学是如何在中国获得霸权的》，《中国社会科学内部文稿》2016 年第 1 期。

中国特色社会主义政治经济学政策－制度话语的形成和发展，动力总在于要回应社会主义经济制度中的重大实践问题，因而具有鲜明的时代特征和问题导向。但与此同时，这一特点也决定了，这种话语的生产可能无暇充分顾及概念和表述的完备性，反而造成下述情况：在未经深思熟虑的情况下，匆忙地采纳和借鉴了一些在学术和理论上不太恰当、不太成熟的术语和表达。在这一节里，笔者想就此分析几个典型例子。第一个例子，是中共十五大报告中"坚持效率优先，兼顾公平"的表述。这一表述是针对特定历史时空下的问题提出来的，目的是根除在改革之初还在流行的"吃大锅饭"、过度平均主义等分配现象，因而在实践上是具有重要意义的。但问题是，这个命题混淆或误用了概念，即以公平（含义相当于正义）替代了平等。这样一来，人们就可将这个命题理解为：效率优先，兼顾正义。这显然是荒谬的。如果真的这样理解，效率和正义就不适当地对立起来了，相关政策－制度话语就无法在马克思主义正义理论的架构内给予学理的论证。在中共十七大报告里，提出了"把提高效率同促进社会公平结合起来"以及"初次分配和再分配都要处理好效率和公平的关系，再分配更加注重公平"的表述，这显然是更为科学的。

另一个例子是对按劳分配和按要素分配的关系的理解。在十九大以前的政策－制度话语中，对此问题先后有过如下表述："坚持按劳分配为主体，多种分配方式并存的制度。把按劳分配和按生产要素分配结合起来"（十五大报告）①、"确立劳动、资本、技术和管理等生产要素按贡献参与分配的原则，完善按劳分配为主体、多种分配方式并存的分配制度……各种生产要素按贡献参与分配"（十六大报告）②、"要坚持和完善按劳分配为主体、多种分配方式并存的分配制度，健全劳动、资

---

① 江泽民：《高举邓小平理论伟大旗帜，把建设有中国特色社会主义事业全面推向二十一世纪——在中国共产党第十五次全国代表大会上的报告》，人民出版社，1997。

② 江泽民：《全面建设小康社会，开创中国特色社会主义事业新局面——在中国共产党第十六次全国代表大会上的报告》，人民出版社，2002。

本、技术、管理等生产要素按贡献参与分配的制度"（十七大报告）①、"完善按劳分配为主体、多种分配方式并存的分配制度"（十八大报告）②。

上述话语将按劳分配和按要素分配作为两种分配方式并提，在理论上是值得商榷的。在《哥达纲领批判》里，按劳分配既是一种分配方式，也是一种分配性正义的原则。易言之，在未来共产主义社会的第一阶段，作为正义原则的按劳分配和作为分配方式的按劳分配耦合了。根据马克思的设想，这种耦合的前提是，在未来共产主义社会消灭了私有制（也消灭了国有制），自主联合劳动在此成为分配的唯一所有权依据。而在所谓社会主义初级阶段（这一阶段本质上是迈向共产主义第一阶段的过渡阶段），保证自主联合劳动得以实现的自由人联合体还未出现，因而并不存在上述耦合的条件，按劳分配此时只能作为一种正义原则，而不能无条件地作为一种分配方式来看待。③

另外，按要素分配则是一种与现实中的生产关系或产权制度相适应的分配方式。承认按要素分配的必要性，等于接纳了私人所有权及其经济实现形式。这一在生产关系领域的重要变革，是建设社会主义初级阶段的基本经济制度，即以公有制为主体、多种经济形式并存这一所有制格局所需要的。根据马克思在《资本论》里的表达，私人所有权具有其经济实现形式。如果不承认这种所有权的经济实现形式，所有权或产权就是残缺而不完整的。在马克思的地租理论里，地租被界定为土地所有权的经济实现形式。将马克思的这一命题推而广之，可以将利息视为货币资本所有权的经济实现形式，将股息视为股份资

---

① 胡锦涛：《高举中国特色社会主义伟大旗帜，为夺取全面建设小康社会新胜利而奋斗》，人民出版社，2007。
② 胡锦涛：《坚定不移沿着中国特色社会主义道路前进，为全面建成小康社会而奋斗》，人民出版社，2012。
③ 对按劳分配作为一种分配性正义原则的讨论，可参见孟捷《历史唯物论与马克思主义经济学》，社会科学文献出版社，2016（2018年第三次印刷，两版页码有差异），第7章。

本所有权的经济实现形式，将利润视为生产资料所有权的经济实现形式，等等。

根据上述分析，如果将按要素分配和按劳分配无条件地相提并论，事实上等于将一种分配性正义原则和现实中的产权制度相并列，这在学理上是难以圆融的。在这个问题上，中共十九大报告出现了理论突破，其中不再将按劳分配和按要素分配直接相提并论，而写道："坚持按劳分配原则，完善按要素分配的体制机制，促进收入分配更合理、更有序。"即不再如以往那样将按劳分配和按要素分配简单地作为两种分配方式，而是将按劳分配作为更高层次的"原则"——正义原则——来看待，这就纠正了以往的错误。在承认现实中多种所有制形式并存的前提下，如何贯彻作为分配性正义的按劳分配原则，是中国特色社会主义市场经济提出的崭新问题，有待于实践中的进一步探索。在本文下一节里，我们还将结合对马克思相对剩余价值生产理论的讨论，进一步考察在市场经济前提下，按劳分配作为分配性正义得以实现的具体条件。①

在中共十八大以前围绕分配的政策－制度话语里，不仅出现过将按要素分配和按劳分配作为分配方式并列的提法，还有按要素的贡献进行分配的提法；易言之，按要素分配和按要素贡献分配是在等同的意义上使用的。在笔者看来，这就不仅仅是表述有欠妥当的问题了，而是理论上的错误。在马克思经济学的框架内，如果说按要素分配的表述还可被接受的话（其准确含义是指一种所有权获得了相应的经济实现形式），按要素贡献分配则不然，后一种表述只有在新古典边际生产率学说的架构内才能成立。以地租这一要素收入为例，根据马克思的阐述，土地所有权没有为形成地租的超额利润做出任何贡献，而只是将已经形成的超额利润从别人的口袋转移到土地所有者的口袋而已。将按要素分配进一

---

① 需要指出的是，在政策－制度话语中将按劳分配和按要素分配作为两种分配方式并列，事实上不利于在实践中贯彻按劳分配原则，反而可能会助长将分配中的问题和矛盾作为现状加以接受的消极态度。

步改换为按要素贡献分配，在社会主义政治经济学话语体系中是全然没有必要的。不过，撇开这点不论，单从意识形态的角度看，按要素贡献说也有其合理内核，因为它试图对私人所有权及其经济实现形式的历史合理性做出一个伦理上正面的解释。但问题在于，这种正面的、能与一种正义观相互接洽的解释，其实可以在马克思经济学的架构下来完成（后文对此将有进一步的讨论），而不必失之匆忙地诉诸新古典经济学，从而在理论上制造进一步的混乱。

第三个例子是十九大报告里对政府和市场关系的表述，即所谓"使市场在资源配置中起决定性作用，更好发挥政府作用"。这一表述在学理上是有缺陷的，至少是不全面的。首先，在社会主义市场经济中，发挥经济作用的绝不只是国家的行政机关即政府，国家的其他构成如司法机关也是市场经济的重要组成部分。市场经济是合约经济，没有法律介入的市场经济是无法运行的。早在黑格尔的《法哲学》里，司法部门就被看作属于市民社会，即被认作市场经济运行的内在条件。

其次，更为重要的是，在十九大报告提出后，很少有人意识到，更好地发挥政府作用这一流行的表述，与报告里的另一表述"坚持党对一切工作的领导。党政军民学、东西南北中，党是领导一切的"，其实缺乏足够的呼应。中国共产党不是西方政治学意义上的政党，在中国特色社会主义市场经济体制中，党已经成为一种经济制度，并与国家在相当程度上融为一体（所谓政党国家化）①。在前引关于政府和市场关系的表述里，党的作用无法体现出来。当国家权力在直接构造生产关系的意义上嵌入市场经济，从而自身也参与构成基础的时候，党也随之嵌入了市场经济并发挥着经济作用。我们可以将社会主义的"政党－国家"（Party－State）作为一种最富有特色、最为典型的经济制

---

① 关于政党国家化的讨论，可参见王绍光《西方政党兴衰与中国共产党的未来》，《文化纵横》2018 年第 8 期。

度，来刻画中国特色社会主义市场经济的本质特征。倘认为在中国市场经济中只需更好地发挥政府的作用，就丢失了上述维度，淡化了社会主义市场经济中党的领导这一最为主要的"中国特色"。鉴于以上讨论，笔者建议将"使市场在资源配置中起决定性作用，更好发挥政府作用"，修改为"使市场在资源配置中起决定性作用，更好发挥国家作用"。①

在学理上对上述问题开展分析的前提，是对历史唯物论加以再阐释或重构。拙作《历史唯物论与马克思主义经济学》曾系统地讨论了国家作为一种制度如何嵌入——借用波兰尼的术语——经济的问题。② 一个一般性命题是，任何制度，只要承担了生产关系的功能，就可直接构成基础，而不管这一制度在历史上是血族、宗教抑或国家；即便在市场经济体制下，基础和上层建筑的区别，也不是两类制度的区别，而是制度的不同功能的区别。这一对历史唯物论的重构，可以为我们进一步分析国家乃至党的经济作用，在方法论上扫除障碍。在中国特色社会主义政治经济学的学术－理论话语中，对社会主义政党－国家作为经济制度的分析严格讲来还未开始，因而客观上还存在一个巨大的理论空白。在中国特色社会主义政治经济学政策－制度话语中表现出来的前述矛盾，事实上同时也反映了学术－理论话语的滞后性。

---

① 在张宇著的《中国特色社会主义政治经济学》以及张宇、谢地、任保平、蒋永穆等编著的《中国特色社会主义政治经济学》中，正确地将党的领导看作国家在社会主义市场经济中的主导作用之一。见张宇《中国特色社会主义政治经济学》，中国人民大学出版社，2016，第 174 页；张宇、谢地、任保平、蒋永穆等编著《中国特色社会主义政治经济学》，高等教育出版社，2017，第 81～83 页。但令人遗憾的是，张宇等人同时又自相矛盾地放弃了"国家"与"市场"这一提法，转而非批判地沿用政策－制度话语中常见的"政府"与"市场"这一对概念来刻画社会主义市场经济的核心特征。见张宇《中国特色社会主义政治经济学》，中国人民大学出版社，2016，第 217 页；张宇、谢地、任保平、蒋永穆等编著《中国特色社会主义政治经济学》，高等教育出版社，2017，第76～77 页。

② 孟捷：《历史唯物论与马克思主义经济学》，社会科学文献出版社，2016 年（2018 年第三次印刷，两版页码有差异），第一至第三章。一个简要的讨论可参见孟捷《从列宁晚年之问到当代中国社会主义政治经济学》，《学习与探索》2018 年第 5 期。

二 中国特色社会主义政治经济学的学理化
要解决三个关键问题

近年来，在推动中国特色社会主义政治经济学由政策－制度话语向学术－理论话语转化，即在中国特色社会主义政治经济学的学理化方面，取得了一些成绩。主要表现为以下方面。第一，出现了一些较为全面而系统地研究中国特色社会主义政治经济学话语体系的集成性著作，如张宇、谢地、任保平、蒋永穆等编著的《中国特色社会主义政治经济学》以及张宇个人的同名著作。这些著作概括了过往社会主义政治经济学的理论，在一些重要问题上提出了自己的系统化见解，在推动中国特色社会主义政治经济学的进一步学理化方面起到了积极的作用。为此，笔者在本文中也特地选择这两册著作作为直接评论的对象。第二，在中国特色社会主义政治经济学学术－理论话语体系建设方面开展了一些有益的讨论，尤其是围绕这一体系的叙述逻辑和起点范畴，形成了不同的看法。其中一种看法主张，中国特色社会主义政治经济学的起点范畴是国家，因为国家的形成是社会主义经济制度确立的前提，同时国家权力也是改革开放的最初推动力量[1]。另一种看法则主张，起点范畴是"在双层所有制结构（公有制与非公有制）以及多种规律或者机制（例如社会主义基本经济规律和市场经济规律）制约条件下生产出来的特殊的变形商品"[2]。后文在涉及国家理论时，将针对前一种看法提出笔者的批判性意见。就第二种观点即所谓"变形商品"论而言，笔者以为，它所概括的原则似乎更适宜作为贯穿整个叙述逻辑的"红线"，这

---

[1] 邱海平：《论中国政治经济学的创新及逻辑起点》，《教学与研究》2010 年第 3 期；林光彬：《中国的国家理论与政治经济学理论创新》，《中国社会科学院研究生院学报》2017 年第 6 期。

[2] 颜鹏飞：《新时代中国特色社会主义政治经济学研究对象和逻辑起点》，《内蒙古社会科学》2018 年第 4 期，第 31 页。

条红线代表了社会主义市场经济体制中活生生的矛盾，即一方面是自主的、不受调节的市场这一原则，另一方面则是驾驭市场或驾驭资本的需要，以及诸如社会主义生产目的、按劳分配等纯粹社会主义的原则。这两方面矛盾的展开构成了整个叙述逻辑发展的动力。

在笔者看来，尽管中国特色社会主义政治经济学的学理化在现阶段已经取得了不少成绩，但与学理化的最终目标，即形成一个与既有学术范式建立深刻的联系，同时又体现出超越既有学术范式的具有创新特征的"系统化学说"，仍有较大的距离。要实现这个目标，还有一些非常关键的问题亟待解决。笔者尝试将这些问题概括为如下三个方面：第一，需要全面更新对历史唯物主义的认识，使之适应于解释当代中国制度变迁和改革以来形成的中国特色社会主义市场经济体制；第二，需要借鉴和发展《资本论》中的相对剩余价值生产理论，使之成为一个理论参照系，以解释社会主义市场经济的动态效率，即它在解放生产力、发展生产力上所起的作用；第三，需要从这一参照系得以存在的约束条件出发，建立马克思主义的市场失灵理论，再从中引申出国家的经济作用，构建一个中国特色社会主义的国家经济理论。

2018 年适逢改革开放 40 周年，过去 40 年间走过的道路，造就了一种极具特色的新型市场经济，即中国特色社会主义市场经济。要从理论上系统而全面地解释中国特色社会主义市场经济，一个先决条件是要全面更新对历史唯物论的传统认识。在这个问题上，习近平同志为我们做出了榜样。早在福建工作时期，习近平同志就专门撰写了学术论文，提出社会主义市场经济的特点是"经济的政治化"和"政治的经济化"[①]。他还指出："一个国家的政治制度决定于这个国家的经济社会基础，同时又反作用于这个国家的经济社会基础，乃至于起到决定性作用。在一个国家的各种制度中，政治制度处于关键环节。"[②]

---

① 习近平：《对社会主义市场经济的再认识》，《东南学术》2001 年第 4 期，第 36 页。
② 《习近平同志庆祝全国人民代表大会成立 60 周年的重要讲话》，载《习近平总书记系列重要讲话读本》，学习出版社、人民出版社，2016。

习近平同志关于社会主义市场经济的特点是政治的经济化和经济的政治化的表述，是对中国特色社会主义政治经济学进行学理化的重要尝试，难能可贵。这一表述结合中国实际，提出了对历史唯物论既有命题和观点的新阐释。依照传统历史唯物论（即第二国际和斯大林以来流行的生产力一元决定论），经济基础和上层建筑在制度上是截然两分的，而根据习近平同志的概括，上层建筑，即国家权力，在社会主义市场经济体制中显然是嵌入了经济基础，成为后者的一部分。在这种情况下，经济基础和上层建筑作为两种制度领域截然二分的假设，就难以成立了。习近平同志的这些研究为中国特色社会主义政治经济学进一步的学理化工作提供了指引。在学术界，一些学者在这条路线上继续发展了对相关问题的认识。例如，史正富教授就提出，中国特色社会主义市场经济可以概括为三维市场经济，以区别于新自由主义经济学所构想的一维市场经济。新自由主义经济学主张，市场经济的主体只有私营企业，即从行为主体来看是一维的。而在中国特色社会主义市场经济当中，除了私营企业外，经济主体还包括竞争性地方政府和中央政府，因而是三维的。[①] 为此我们就需要发展包括两级政府在内的关于市场经济主体动机和行为模式的理论。

笔者在 2016 年出版的《历史唯物论与马克思主义经济学》一书中，系统地讨论了如何更新对历史唯物论的认识，并将之运用于解释当代中国制度变迁和中国特色社会主义市场经济的问题。在这本书里讨论了两个核心论点。第一，生产关系在功能上具有两重性：一方面，生产关系表现和适应生产力；另一方面，生产关系服务于对剩余的占有和支配。这两重功能可以是统一的，但也可能彼此分离。后一种可能性意味着，生产关系的变革，不仅服从于生产力发展的需要，而且会受到生产力之外的其他因素，尤其是政治、意识形态等上层建筑因素的直接影响。只有当上述两重功能彼此统一时，生产关系的改变才会伴随着不可逆的生产方式整体的变迁（笔者称之为有机生产方式的变迁），或言

---

① 史正富：《超常增长：1979～2049 年的中国经济》，上海人民出版社，2013。

之，才会促成经济社会形态的真正进步。

第二，任何一种制度型式（如血族、宗教或国家等），只要承担生产关系的功能，就直接成为经济基础的组成部分。这意味着，经济基础和上层建筑，抑或经济和政治、市场和国家之间的区别，并不是两类不同制度的区别，而是制度因功能的差异而产生的区别。由此派生而来的观点是，经济基础在人类社会的位置事实上是变动不居的。在历史上，血族、宗教和国家，都曾扮演过生产关系的功能。在国家权力承担生产关系作用的场合，整个国家机器事实上被一分为二，其中一部分（如外交、军事）仍然是纯粹的上层建筑，另一部分则嵌入了经济基础，并成为后者的一部分。这一现象不仅存在于前资本主义经济，也存在于现代市场经济中。换言之，上述观点具有普适性，而不只是适用于某种特例，如中国特色社会主义市场经济。从思想史的角度看，强调国家等制度因素在扮演生产关系的功能时即等于嵌入了经济基础，是对波兰尼理论的一个马克思主义回应。在波兰尼看来，一个"脱嵌的"，即完全摆脱了其他制度型式的嵌入，纯粹由其自我调节的市场，事实上是一个乌托邦。① 换言之，一个可持续发展的市场经济，必然是有市场之外的制度型式嵌入的。在此，我们可以从马克思主义的角度给波兰尼的术语"嵌入"做一个定义：所谓嵌入，意味着市场之外的制度型式承担了生产关系的功能，因而成为经济基础的一部分。②

上述见解在马克思那里也能找到源头。他指出，在前资本主义生产方式中，超经济的强制在剩余榨取关系即生产关系中发挥着作用。③ 这一见解可以在下述意义上得到进一步发展。第一，在前资本主义生产方

---

① 波兰尼：《大转型》，冯刚译，刘阳校，浙江人民出版社，2007，第3页。
② 孟捷：《历史唯物论与马克思主义经济学》，社会科学文献出版社，2016，尤见第一至第四章。
③ 马克思："要能够为名义上的地主从小农身上榨取剩余劳动，就只有通过超经济的强制，而不管这种强制是采取什么形式……所以这里必须有人身的依附关系，必须有不管什么程度的人身不自由和人作为土地的附属物对土地的依附，必须有真正的依附农制度。"见《马克思恩格斯全集》（第25卷），人民出版社，1974，第891页。

式里，除了超经济的强制，其他体现为某种合约关系的制度型式（如宗教、血缘），也可承担生产关系的功能，从而嵌入经济基础。第二，市场以外的制度必然嵌入经济的观点同样适用于现代市场经济（我用这一术语统摄资本主义市场经济和社会主义市场经济），而非仅仅限于前市场经济或非市场经济的社会形态。

在中国特色社会主义市场经济中，国家可以成为经济基础的一部分的思想，也为国内一些学者所接纳。比如，在张宇等编著的教材里就写道："在社会主义社会中，由于生产资料公有制占据主体地位，因此，国家不仅作为一种上层建筑从外部对经济生活产生间接影响，而且要作为公有经济的所有者和经济基础的组成部分，从内部对经济生活产生直接影响。经济和政治在这里具有了水乳交融般的密切关系。"[①] 这些论断是正确的，但需补充以下两点。第一，在理论上需要进一步明确，国家成为经济基础的组成部分的原因，不仅在于国家是公有经济法权意义上的所有者，而且在于国家权力直接承担了生产关系的功能。第二，国家发挥生产关系的功能，不只是建立在作为国有经济所有者的前提上，国家还通过其他各种途径参与生产关系的建构和发挥生产关系的作用。政治经济学需要对这些具体途径开展更为切近的类型学分析和研究。

中国特色社会主义政治经济学的学理化需要完成的第二项任务，是提出一个理论参照系，以解释社会主义市场经济的动态效率，即它在解放生产力、发展生产力上所起的作用。笔者曾提出，要解决这个问题，就必须借鉴马克思的相对剩余价值生产理论。这一理论在经过适当的一般化处理，即剥去其资本主义生产关系的外壳后，可以作为上述理论参照系，解释社会主义市场经济的动态效率。[②]

[①] 张宇、谢地、任保平、蒋永穆等编著《中国特色社会主义政治经济学》，高等教育出版社，2017，第82页。

[②] 孟捷：《〈资本论〉的当代价值》，《光明日报》2018年6月5日；孟捷：《〈资本论〉与现代市场经济》，微信公众号 CPEER，2018 年 5 月 3 日发布，https://mp.weixin.qq.com/s/3ItI5_ pxTL5aNHudUsxdEA。

在国内学术界，关于《资本论》的原理和范畴可否运用于中国特色社会主义政治经济学，一直是有争议的问题。少数学者认为，《资本论》只能解释资本主义经济，不能运用于中国特色社会主义政治经济学，只有《哥达纲领批判》可以成为中国特色社会主义政治经济学的理论指引。与此类观点不同，国内政治经济学界的多数学者认为，只要适当地扩展《资本论》原理和范畴所对应的生产关系内涵，这些范畴和原理就可以运用于中国特色社会主义政治经济学。在社会主义政治经济学发展史上，以孙冶方、卓炯、蒋学模等为代表的老一代学者很早就在不同程度上提出了类似的观点。从方法论的角度看，这类见解得以成立的先决条件，在于承认《资本论》的范畴和原理不仅反映资本主义生产关系，即具有所谓阶级性，而且在适当地剥离了其资本主义生产关系的外壳后，还可反映市场经济的一般性。在此问题上，我们不妨回顾一下邓小平同志的见解，他在南方谈话里提出，市场和计划都是手段，资本主义可以用，社会主义也可以用。[①] 在这里，小平同志事实上提出了市场经济及其规律具有两重性的问题，这些规律（在理论上则表现为相关范畴和原理）一方面具有和特定的生产关系相接洽的阶级属性，另一方面具有某种一般性或社会性，从而可以容纳其他类型的生产关系。

可喜的是，在将《资本论》的原理和范畴运用于中国特色社会主义政治经济学的问题上，习近平同志早就提出了如下明确的论断："如果说马克思在《资本论》中揭示的关于资本主义生产的基本原理和规律难以适用于社会主义条件下的计划经济的话，那么，对于我们当前正在大力发展的社会主义市场经济，却具有极为重要的指导意义。这是因为，无论是私有制的市场经济，还是以公有制为主体的市场经济，只要市场经济是作为一种经济运行机制或经济管理体制在发挥作用，市场经济的一般性原理及其内在发展规律同样都是适用的，诸如价值规律、竞争规律、供求规律、积累规律、社会资本再生产的社会总产品实现规律

---

① 《邓小平文选》（第3卷），人民出版社，2001，第373页。

以及利润最大化原理、提高利润率和积累率的方法、竞争与垄断理论、经济危机理论等等，都同样适用于发展社会主义市场经济的实践。"①习近平同志的这些观点，理应成为中国特色社会主义政治经济学学理化的方法论指引。

在中国特色社会主义政治经济学政策－制度话语中，发展社会主义市场经济的必要性，往往是以如下方式论证的——我国尚处于社会主义初级阶段，仍属于全球最大的发展中国家，因而仍须借助市场经济来发展和解放生产力。这个论断自然是正确的，但从学术话语的立场看，仅仅从这个角度做出解释又是不充分的，我们需要一个正面论述市场经济何以具有动态效率的经济学理论。如果没有这个理论，新古典经济学就会乘虚而入，因为新古典经济学恰好提供了一个市场经济何以具有效率的理论，这便是微观经济学的核心理论——完全竞争市场的一般均衡论。

新古典经济学的这个理论，在国外学术界也是受到广泛争议的。譬如，诺奖得主斯蒂格利茨就在《社会主义向何处去》一书中系统地论证过，新古典微观经济学其实不是一个关于市场经济的理论，而是一个解释市场社会主义乃至社会主义计划经济的理论。②斯蒂格利茨在该书第八章中还指出，在完全竞争市场的一般均衡论（也就是所谓阿罗－德布鲁模型）中，技术是给定不变的，这样一来，该模型就排斥了创新。不仅如此，他还进一步提出，阿罗－德布鲁模型不可能通过任何改进容纳创新，这意味着，市场经济的一个核心特征在这个模型中就彻底消失了。斯蒂格利茨的上述观点并非完全为他独创，而是植根于经济思想史。例如，他的第二个观点其实来自熊彼特，后者最先体认到，微观经济学是一个静态资源配置理论，与资本主义市场经济作为一个由创新

---

① 习近平：《对社会主义市场经济的再认识》，《东南学术》2001年第4期，第28页。

② 斯蒂格利茨："我的观点之一是，如果经济中的新古典模型是正确的，那么市场社会主义则会成功；同样的道理，如果经济中的新古典模型是正确的，那么中央计划经济所遇到的问题应比实际情况少得多。"见斯蒂格利茨《社会主义向何处去》，周立群、韩亮、余文波译，吉林人民出版社，1998，第12页。

带来的动态过程的特点完全不相吻合。斯蒂格利茨的第一个观点则来自波兰经济学家兰格，后者曾在 20 世纪 30 年代将新古典微观经济学的分析工具用于研究国家占有生产资料的社会主义经济的可行性。兰格的尝试促使哈耶克意识到，完全竞争市场理论根本不适用于解释市场经济及其效率，必须另辟蹊径，重新构建经济理论以达到这一目的，为此就有了日后奥地利学派的发展。有趣的是，许多当代微观经济学的拥趸，完全没有意识到或者忘却了这一段历史，仍然将一个与现实市场经济无关的理论奉为"科学"。事实上，新古典微观经济学之所以能流行至今日，不在于它对现实的解释力，而在于它为资本主义生产关系提供了一个意识形态的辩护。辩护是这样来完成的——只要现实市场经济出现问题（如 2008 年爆发金融危机），这个理论的信仰者就会提出，那是因为现实市场经济不符合完全竞争市场所需要的假设条件。在凯恩斯主义之后，这一辩护手法被用于攻击国家干预：一旦经济出现危机，那便是国家犯了干预经济的错误。这种辩护论全然没有顾及，正是缺乏国家干预，才带来了 20 世纪 30 年代美国和西方世界的大萧条；也正是自 20 世纪 80 年代以来国家解除或放松金融管制，才为 2008 年全球金融危机的爆发奠定了制度条件。上述辩护论还有如下特点，它永远不会犯错，因为任何经济中的矛盾或危机，在它看来都源于和一个理想参照系即完全竞争市场的背离，而不在于这种参照系（以及这种参照系所象征的市场经济乌托邦）本身有内在缺陷。这种看待理论和现实的相互关系的立场，事实上将完全竞争市场理论置于无法被证伪的境地。在科学哲学家波普看来，一个永远没有机会被证伪的理论，必然不是科学，而是神学。新古典微观经济学就是这样一种披着数学外套的神学。① 值得一提的是，最早将资产阶级经济学比作神学的，或许是马克思，在《哲学的贫困》里他写道："经济学家们在论断中采用的方式是非常奇怪

---

① 纽约新学院大学著名马克思主义经济学家弗里提出了新古典经济学是神学的观点，见 Foley, D. K., *Adam Smith's Fallacy: A Guide to Economic Theology* (Harvard University Press, 2008)。

的。他们认为只有两种制度：一种是人为的，一种是天然的。封建制度是人为的，资产阶级制度是天然的。在这方面，**经济学家很象那些把宗教也分为两类的神学家**。一切异教都是人们臆造的，而他们自己的教则是神的启示。"① 在这里，马克思也预言了完全竞争市场理论的另一个特点，即通过宣布完全竞争市场是人类经济组织唯一合理的形式，从而同时宣告了历史的终结。

新古典微观经济学对市场经济效率的解释，必须被另一个理论取代，这便是马克思的相对剩余价值生产理论。与新古典理论对静态资源配置效率的注重不同，相对剩余价值生产理论解释了市场经济的动态效率，也就是演化经济学所说的一个经济体接纳创新的能力。② 长期以来，不少人一直戴着有色眼镜看待马克思的剩余价值理论，认为剩余价值论只是对资本主义经济的道德批判，而忽略了马克思的经济学理论和19世纪英国李嘉图派空想社会主义者的区别。③ 在《资本论》里，马克思首先通过相对剩余价值生产理论对资本主义市场经济在解放生产力、发展生产力方面的作用进行了系统化的说明，然后才提出了他对资本主义市场经济的病理学分析，也就是他对资本主义的批判。早在《共产党宣言》里——马克思那时还没有形成自己的经济理论——他就和恩格斯一起写了如下格言："资产阶级争得自己的阶级统治地位还不到一百年，它所造成的生产力却比过去世世代代总共造成的生产力还要大，还要多。"④ 大约10年后，在《资本论》的第一部手稿里（《1857～1858年经济学手稿》），马克思系统地厘定了相对剩余价值生产理论，对《共产党宣言》的格言式表述给出了系统的论证。通过相对剩余价值生产理论，马克思解释了资本主义市场经济中技术进步的动因、过程

① 马克思：《哲学的贫困》，载《马克思恩格斯全集》（第4卷），人民出版社，1958，第153～154页（粗体系引者所加）。
② 参阅孟捷《历史唯物论与马克思主义经济学》（社会科学文献出版社，2016）中第六章第四节的论述。
③ 笔者在《历史唯物论与马克思主义经济学》第七章系统地讨论了这一问题。
④ 《共产党宣言》，载《马克思恩格斯全集》（第4卷），人民出版社，1958，第471页。

和结果。其中技术进步的动因是与超额利润理论联系在一起的。技术进步的过程则涉及部门内竞争的理论，在后面的这个理论中，马克思区分了两类企业——创新型企业和适应性企业，从而影响了日后的熊彼特和新熊彼特派经济学。至于全社会技术进步所带来的结果，马克思指出了两个方面：其一，相对剩余价值生产意味着所有主要生产部门剩余价值率的增长；其二，工人阶级的实际工资也将伴随这一过程而增长。在谈到第二个结果时，马克思认为，这体现了"资本的历史的合理性"①。在《历史唯物论与马克思主义经济学》一书中，笔者提出，相对剩余价值生产理论对于资本的历史合理性的论证，相当于提出了马克思自己的"看不见的手"原理，因为它从个别资本家追求超额利润的欲望出发，得出了有利于全社会的结果。② 然而，马克思并没有停留于这种正面的论证，他同时又在技术进步的前提下，系统地考察了相对剩余价值生产的局限性及其内在矛盾，这些矛盾会进一步带来利润率下降和危机。借用笔者的另一表述，马克思在此系统地发展了资本主义市场经济的"病理学"。因此，对马克思的认识不能仅执于一端，而要辩证地看待其经济学说的整体。

值得强调的是，相对剩余价值生产理论不只是对资本主义市场经济的理论说明，在剥去其附着的资本主义生产关系外壳后，我们完全可以将这个理论一般化，并进一步用于解释社会主义市场经济。如果我们能做到这一点，就为中国特色社会主义政治经济学的学理化奠定了扎实而可靠的基础。

相对剩余价值生产理论拥有如下切近的前提：它预设了企业之间充分的竞争，这种竞争迫使企业将其剩余价值或利润最大限度地用于生产性投资和创新。在马克思那里，只要具备这些前提，就会造成企业的技术进步，从而带来相对剩余价值生产的结果。尽管马克思的这个理论还

---

① 《马克思恩格斯全集》（第46卷·上册），人民出版社，1979，第247页。
② 孟捷：《历史唯物论与马克思主义经济学》，社会科学文献出版社，2016年版、2018年第三次印刷（两个版本间页码有差异），第219～220页。

可进一步精细化，即为相对剩余价值生产纳入更多的条件，但在这里，我们不妨从这些最为切近的前提出发，探讨将该理论用于社会主义市场经济的可能性。

让我们把问题表述为：具有社会主义性质的国有或地方国有企业，是否可以充分地参与竞争？在笔者看来，过去40年改革的经验表明，国有企业是完全可以做到这一点。我想以一个现代市场经济中的典型部门为例来讨论这个问题，这就是家用汽车业。在20世纪90年代中期以前，中国家用汽车业是被国外品牌主宰的。90年代中期以后，因为以奇瑞汽车为代表的一系列中国自主品牌企业进入市场，家用低端车型才开始降价。奇瑞汽车是地方国有企业，在这个案例里，地方政府事实上扮演了熊彼特意义的企业家角色。今天，中国家用汽车业是全球最具竞争性的市场之一，其中既有外资主导的企业，也有国有企业和私营企业。因此，和一些流行见解相左，中国家用汽车业的例子表明，国有企业的进入加强了这个行业的竞争，而不是相反。在这里，政府在发挥其作为熊彼特意义的企业家作用的时候（政府不只是制定产业政策），并不像一些常见的新自由主义观点所称的那样，刻意扭曲了价格，从而使资源配置偏离了优化状态，而是使价格向竞争性价格收敛，让市场真正有效地发挥了作用。在以奇瑞为代表的自主品牌汽车企业进入之前，所谓的市场是被少数寡头企业垄断的市场，它们扭曲了价格，使中国消费者付出了高昂的代价。[①] 从中国汽车业发展的实例可以看到，那种将政府或国家的作用与市场的作用截然对立的观点，在解释中国经验的时候是完全不切题的。

总之，我们完全可以借鉴和发展马克思的相对剩余价值生产理论，将它作为一个参照系，用于解释社会主义市场经济的动态效率，并为十

---

① 在现代市场经济中，私营寡头垄断市场是在许多部门中常见的现象，正如美国马克思主义经济学家克罗蒂指出的，这类市场的竞争往往是破坏性竞争，后者加剧了产能过剩，并成为全球经济停滞和危机的重要原因。对克罗蒂的一个介绍，参见孟捷、向悦文《克罗蒂和布伦纳的破坏性竞争理论比较研究》，《经济纵横》2013年第5期。

九大报告中"使市场在资源配置中起决定性作用"的论断提供学理的论证。在张宇等编著的《中国特色社会主义政治经济学》中，有一小节题为"市场在资源配置中起决定性作用"，但遗憾的是，作者在此没有结合马克思的相对剩余价值生产理论，而是试图诉诸价值规律来提供这种论证，他们写道："为什么要使市场在资源配置中起决定性作用？这是因为市场决定资源配置是市场经济的一般规律，市场经济本质上就是市场决定资源配置的经济，其基本的经济规律就是价值规律。价值规律通过价格、供求、竞争、生产要素的流动，调节着社会生产，促使人们节约劳动时间，实现社会总劳动在各部门之间的按比例分配。"①

显然，该书编著者的顾虑在于，相对剩余价值生产是一个资本主义市场经济的特殊规律，而价值规律似乎隶属于市场经济一般，因而可以运用于解释社会主义市场经济。在笔者看来，这一顾虑是不必要的，相对剩余价值生产理论经过适当的扩展，在社会主义市场经济中也是适用的。在这里，需做澄清的还有这样一个理论问题：价值规律究竟是否能脱离相对剩余价值生产规律而独立存在？前引《中国特色社会主义政治经济学》的编著者主张这一点，而在笔者看来，这一主张建立在对马克思《资本论》的研究方法和叙述方法的流行误解的基础上。从《资本论》的叙述逻辑来看，价值规律是先于剩余价值论而提出的，但问题是，价值规律的全面展开，是一个从抽象到具体的过程，正是在相对剩余价值生产理论中，价值规律获得了进一步具体的规定，在那里，马克思界定了个别价值和社会价值，并将这些范畴运用于解释企业之间以技术进步为前提的竞争，以及在此基础上形成的个别企业的超额利润和全社会相对剩余价值率的增长。《中国特色社会主义政治经济学》一书提到的价值规律的诸般作用，如通过价格、供求、竞争、生产要素的流动，调节着社会生产，促使人们节约劳动时间，实现社会总劳动在各

---

① 张宇、谢地、任保平、蒋永穆等编著《中国特色社会主义政治经济学》，高等教育出版社，2017，第77页。

部门之间的按比例分配，都是以相对剩余价值生产规律为中介而实现的，离开这一规律，上述作用一个也不能实现。正如马克思早在《雇佣劳动与资本》里就指出的："由此可见，生产方式和生产资料总在不断变更，不断革命化；分工必然要引起更进一步的分工；机器的采用必然要引起机器的更广泛的采用；大规模的生产必然要引起更大规模的生产。这是一个规律，这个规律一次又一次地把资产阶级的生产甩出原先的轨道，并迫使资本加强劳动的生产力，因为它以前就加强过劳动的生产力；这个规律不让资本有片刻的停息，老是在它耳边催促说：前进！**前进！这个规律正就是那个在商业的周期性波动中必然使商品价格和商品生产费用趋于一致的规律。**"① 在这里，马克思深刻地指出了，所谓价值规律，事实上是资本积累运动规律造成的结果。

在《资本论》的第一部手稿，即《1857～1858 年经济学手稿》里，马克思曾明确地指出："在理论上，价值概念先于资本概念，而另一方面，价值概念的纯粹的发展又要以建立在资本上的生产方式为前提……纯粹的和一般的价值存在要以这样一种生产方式为前提，在这种生产方式下，单个的产品对生产者本身来说已经不是产品，对单个劳动者来说更是如此，而且，如果不通过流通来实现，就等于什么也没有。对于生产一码布的极微小部分的人来说，一码布是价值，是交换价值，这一点绝不是形式规定。如果他没有创造交换价值，没有创造货币，他就什么也没有创造。因此，价值规定本身要以社会生产方式的一定的历史阶段为前提，而它本身就是和这种历史阶段一起产生的关系，从而是一种历史的关系。"② 在这段引文里，马克思表达了下述命题（可称作命题一）：价值概念和价值规律的存在，要以交换价值完全支配了社会生产为前提。与此命题相关联的是马克思的另一个命题（命题二）：

---

① 《马克思恩格斯全集》（第 6 卷），人民出版社，1961，第 501 页（粗体为引者添加）。引文中的"商品生产费用"，含义为商品的价值。

② 《马克思恩格斯全集》（第 46 卷·上册），人民出版社，1979，第 205 页。

"只有当雇佣劳动成为商品生产的基础时，商品生产才强加于整个社会"。① 将命题一和命题二相结合，可以得出结论：价值概念和价值规律，只有在劳动力普遍商品化的现代市场经济条件下才可能存在。由此也可看出，那种将价值规律看作社会主义市场经济的资源配置规律，却将剩余价值规律和资本积累规律一概排除在外的做法，在理论上是难以成立的。②

让我们再回到前述围绕参照系问题的讨论。一个有趣的问题是，如果我们采用一个纯粹的相对剩余价值生产模型，将它作为参照系来解释市场经济的动态效率，则该模型事实上也同时假定了，作为分配性正义按劳分配原则是可以实现的。笔者将这一结果视为以市场经济为前提的"马克思主义福利经济学基本定理"。一个纯粹的相对剩余价值生产模型不仅要求抽象掉绝对剩余价值生产，即假设剩余价值率的增长纯粹源于生产率提高，而且要假设剩余价值被最大限度地用于生产性投资和创新。在这种情况下，第一，从其来源来看，剩余价值的增长是由生产率提高而不是过度剥削带来的；第二，从其利用来看（这是更为重要的维度），剩余价值被最大限度地用于生产性投资或创新，资本家也因之成为马克思所说的"生产资料的受托人"③，为社会承担了积累的责任。将这两个维度结合在一起，就共同界定了一种所有制的经济含义。由于长期以来受到斯大林对生产关系的定义的影响，在一些人心目中，所有制的含义时常被等同于法律意义的所有权，而在《哲学的贫困》里，

---

① 《资本论》（第1卷），载《马克思恩格斯全集》（第23卷），人民出版社，1972，第644页。在该书另一处，马克思提到"那个正是在资本主义生产的基础上才自由展开的价值规律"以及"那种正是以雇佣劳动为基础的资本主义生产"（第586页），并将它们作为两个必然互相包含的命题来看待。

② 劳动力商品化是社会主义初级阶段的市场经济体制的特征，为了驾驭资本和贯彻社会主义的价值目标，对劳动力商品化施加某种限制，即达成某种程度的劳动力"去商品化"，也是社会主义市场经济的内在要求，这一点与颜鹏飞主张的变形商品说是一致的。对改革以来劳动力商品化过程的描述，参见孟捷、李怡乐《改革以来劳动力商品化和雇佣关系的发展：波兰尼和马克思的视角》，《开放时代》2013年第5期。

③ 《马克思恩格斯全集》（第26卷·下册），人民出版社，1974，第469页。

马克思明确指出，"给资产阶级的所有权下定义不外是把资产阶级生产的全部社会关系描绘一番"①，从而揭示了所有制或生产关系的整体性含义。在笔者看来，落实这种整体性思路，就必须在抽象的所有权之外，将剩余价值的利用也纳入所有制概念。剩余价值被利用或被支配的方式，对于界定一种所有制的社会性质具有关键意义。任何一种所有制关系，事实上都是阶级性和社会性的某种结合。在特定生产关系下，剩余被利用的方式，在很大程度上决定了这种生产关系的社会性质，即它在多大程度上具有阶级性（剥削性）或一般意义的社会性。可以从现实生活中举一个例子，1949 年新中国成立后，长期存在工农业产品价格的"剪刀差"。这种剪刀差所造成的剩余的转移，从表面上看是对农业和农民的剥削，但这些剩余被集中用于国家的初期工业化，又从另一角度为剪刀差做了正名——在这里发挥作用的生产关系或所有制（作为支配剩余的经济权力），其社会性质是服务于整个国家的长远利益的。在一个纯粹的相对剩余价值生产模型中，生产关系或所有制的社会性质也可以在类似意义上来界定。对于资本主义市场经济而言，一个纯粹意义的相对剩余价值生产模型恰好展现了这种生产关系的社会性。

从以上分析出发，还可以看出按要素贡献分配这一观点的片面性。一种要素所有权的经济实现形式即要素收入是否对社会有贡献，主要应看要素收入是否能转化为相对剩余价值生产所需的生产性投资和创新。以地租为例，作为土地所有权的经济实现形式，地租虽然对价值创造并无实际的贡献，但只要能进一步转用于生产性投资和创新，就可以在"事后"证明自己的贡献或历史的合理性。② 否则，如果只是在"事前"（即在相关收入被利用或支配前）认定要素收入具有所谓贡献，则

---

① 马克思：《哲学的贫困》，载《马克思恩格斯全集》（第 4 卷），人民出版社，1958，第 180 页。

② 在中国社会主义市场经济中，一方面，地方政府是土地租金的占有者，另一方面，在城市间竞争的推动下，地方政府同时成为这种租金的生产性使用者，在"招商引资"的过程中，它们通过各种途径将租金再分配给那些具有竞争力的企业，从而使地租转化为后者的超额利润。

除了提供一种对现状，即对现实产权制度安排的非批判的辩护外，并不具有任何科学的意义。

然而，正如笔者曾经指出的，在现实中，相对剩余价值生产往往不能以纯粹的方式实现，它会遇到多重条件的约束。笔者试图将这些约束条件概括为三个方面，称之为相对剩余价值生产的三重条件，它们分别是相对剩余价值生产的科学－技术条件、相对剩余价值生产的制度条件以及相对剩余价值生产的经济条件。①

相对剩余价值生产是以机器大工业，或马克思所说的"特殊的资本主义生产方式"为前提的，这种生产方式的特点不仅在于利用了机器体系，而且体现于科学在其中的系统化运用。科学技术知识存量的增长，事实上是相对剩余价值生产得以实现的条件。但问题是，和资本积累相比，科学技术知识存量的增长经常不能赶上前者增长的速度，从而限制了相对剩余价值生产的实现。

在《资本论》里，马克思着重探讨了相对剩余价值生产的经济条件，笔者用这一概念代指有利于资本积累的经济环境，后者可以通过马克思所采用的范畴或变量，如剩余价值率、资本有机构成、资本周转速度、两大部类的关系、平均利润率等来刻画。正如马克思所指出的，那些造成相对剩余价值生产的因素，也会带来破坏相对剩余价值生产的趋势，其中最为突出的便是利润率下降趋势，后者会导致资本过剩和人口过剩的并存，从而破坏相对剩余价值生产的经济条件。

在《资本论》的论述中，马克思所忽略的是相对剩余价值生产的制度条件。在分析资本积累的有利或不利环境时，马克思大体撇开了这一层面的问题。以法国调节学派和美国社会积累结构学派为代表的当代马克思主义制度经济学派，对相对剩余价值生产的制度条件开展了分析。他们提出，马克思用来刻画资本主义经济运动规律的那些变量和范

---

① 孟捷：《〈资本论〉的当代价值》，《光明日报》2018 年 6 月 5 日；孟捷：《〈资本论〉与现代市场经济》，微信公众号 CPEER，2018 年 5 月 3 日发布，https：//mp. weixin. qq. com/s/3ItI5_ pxTL5aNHudUsxdEA。

畴，在现实中是和各种制度型式（相对剩余价值生产的制度条件）相结合而发挥作用的；应该在《资本论》所分析的一般运动规律的基础上，引入所谓"中间层次"的分析，即将马克思的抽象理论与更为具体的制度分析相结合，进而形成一种关于资本主义发展的历史阶段的理论。[①]

相对剩余价值生产三重条件的概念，可以成为国家的经济理论得以构建的前提。在这三重条件难以满足的情况下，全社会剩余价值便不能充分地用于生产性投资和创新，从而导致人口过剩和资本过剩，大量剩余价值此时将转而被用于奢侈性消费和与实体经济无关的金融资产投资，这样一来，相对剩余价值生产的机制就遭到了破坏。在这种条件下，若要回到我们的参照系，即纯粹意义的相对剩余价值生产模型，就必须由国家出面，以帮助恢复相对剩余价值生产的三重条件，从而使现实经济向上述参照系复归。大体说来，在这三重条件中，保证相对剩余价值生产的技术（或者科学－技术）条件，要求国家在汉密尔顿－李斯特倡导的国家创新体系中发挥作用；保证相对剩余价值的经济条件，要求国家发挥凯恩斯主义的宏观调控作用，同时还要发挥李斯特和发展型国家论所注重的制定长期战略和产业政策的作用；至于相对剩余价值生产的制度条件，它与其他两种条件是密切结合的，大体而言，这些制度条件涉及国家和市场的关系、中央和地方的关系、地方（城市）之间的关系、资本和资本的关系（包括国资和非国资的关系）、资本和劳动的关系等。国家在所有这些方面的制度变迁中都起到重要作用。

发展一个具有内生性的国家理论，是中国特色社会主义政治经济学的学理化所需完成的第三项任务。熟悉新制度主义经济学的人一定会发现，我们在此问题上的思路和诺斯有形式上的近似。诺斯的理论框架主要由以下三个环节——或可通俗地称之为"三位一体"——构成。第

---

① 对这两个学派的介绍，可参见科兹《法国调节学派和美国积累的社会结构学派之比较》，田方萌译，孟捷校，《西北大学学报》2018 年第 5 期；孟捷《资本主义经济长期波动的理论———一个批判性评述》，《开放时代》2011 年第 10 期。

一，在诺斯看来，解释经济增长的机制，是由新古典经济学的完全竞争市场理论提供的，后者描绘了一个理想的市场经济，即提供了一个观察现实的参照系。第二，由于制度和交易成本的存在，现实市场经济和这个参照系是偏离的。第三，为了实现向参照系的复归，就必须发挥国家和意识形态的作用，推动制度变迁，削减交易成本。诺斯理论的提出有其明确的针对性和目标，其要旨是要革新新古典经济学，使之在与马克思主义的竞争中处于不败之地。诺斯曾明确地表述了这一意图，他写道："与马克思主义相比，自由市场意识形态并未在一个包含社会、政治和哲学（更不必谈形而上学）理论的包罗万象的框架内发展。结果是，在面临各种条件的变化时，要维持和取得各个集团对它的忠诚，面临着严峻的困难。"[1] 由于诺斯的努力，新制度经济学成功地帮助新古典主义实现了一次"创造性转化"。新古典经济学本来是一个解释力非常狭窄的理论，对现实历史中的制度变迁并无说服力，但在诺斯之后，原本为马克思主义者耳熟能详的概念，如生产关系、国家、意识形态等，现在也改头换面，成了新制度主义的核心概念，并据此形成了新制度主义的原理和体系。[2]

马克思主义和新制度主义的关键区别，首先在于各自树立的理论参照系的差异。长期以来，国内马克思主义经济学，即所谓中国特色社会主义政治经济学，忽略了这样一个参照系对于阐释市场经济（包括社会主义市场经济）效率的重要性。而缺少这样一个参照系，就无法真

---

[1] North, D. C., *The Structure and Change in Economic History* (London and New York: W. W. Norton & Company, 1981), p. 53.

[2] 诺斯用新制度经济学的术语表达了马克思主义关于生产关系的两重功能及其相互间矛盾的思想。他写道："使统治者（或统治阶级）租金最大化的产权结构和那种会带来经济增长的产权结构是相冲突的。这类冲突的一个变种是马克思主义关于生产方式的矛盾的见解，根据这种见解，所有制结构和由不断演化的一组技术变革所带来的潜在收益的实现是不相容的。"见 North, D. C., *The Structure and Change in Economic History* (London and New York: W. W. Norton & Company, 1981), p. 28。对诺斯等人的进一步分析，可参见孟捷《历史唯物论与马克思主义经济学》，社会科学文献出版社，2016，第三章。

正解释市场经济的动态效率，也就无从开展和新制度主义经济学的批判性对话。事实上，只要明确地将相对剩余价值生产理论树立为马克思主义经济学理解市场经济动态效率的参照系，则诺斯的"三位一体"结构，即他为构建其制度变迁和国家理论所运用的手法和步骤，在形式上都可为马克思主义所借鉴。既然诺斯在拓展新古典经济学的解释力时不惮于借鉴马克思，马克思主义者何以不能借鉴新制度主义呢？在建构马克思主义制度变迁和国家理论时，同样需要"三位一体"的结构，具体而言，首先，要树立一个参照系，即相对剩余价值生产理论，以解释18世纪产业革命以来——在中国则是从改革开放以来——生产率和产出的增长。其次，要解释现实市场经济何以会与这一参照系发生偏离，这意味着，需要发展一个马克思主义的市场失灵理论。在笔者看来，只要相对剩余价值生产理论被树为参照系，则以相对剩余价值生产的三重条件为基础，就可发展出一个理论，以解释该参照系何以在现实经济中难以兑现，即造成市场失灵。最后，在前两个理论的基础上，还可引申出国家的经济理论，以解释由国家主导的制度变迁，何以能向前述参照系收敛，从而实现生产率或产出最大限度地增长。在这一理论架构下，国家的作用是"内生的"，其含义不仅在于国家通过嵌入市场经济内部发挥作用，而且在于国家发挥其经济作用的过程，是国家因应市场经济在矛盾中的发展而再形成的过程。在此意义上，国家的经济理论同时也是一个国家形成的理论。从理论逻辑来看，这意味着，即便国家在迈向市场经济的历史进程中表现为制度变迁的最初推动者，但在构建国家的经济理论时，却可采取和这种现象相反的路径，即先提出一个市场经济理论（包括前述参照系及其实现条件的理论），然后再引入国家的作用，形成国家的经济理论。此外，参照前文关于历史唯物主义的讨论，国家的内生性作用还有另一重含义：国家权力担负着生产关系的功能，是经济基础的组成部分。

上述结论与那种主张国家是中国特色社会主义政治经济学逻辑起点的进路是不同的，依照后面这种见解，国家事实上只能游离于市场经济外部，即限于作为"外生"因素而起作用。在张宇所著的《中国特色社会主义政治经济学》和另一本同名教材中，国家理论的建构大体依循了外生路径。依照张宇的表述："社会主义国家实行宏观调控的主要依据不是所谓的市场失灵或缺陷，而是生产资料的公有制以及在此基础上产生的有计划按比例发展规律。无论存在不存在所谓的市场失灵，只要公有制占据主体地位，国家作为生产资料公共所有权和社会公共利益的总代表，都需要并且能够在社会的范围内按照社会的需要有计划地调节社会再生产过程，合理地配置社会资源，以满足人民日益增长的物质文化需要，实现社会主义生产目的，从而成为推动经济发展的主导力量。""因此，社会主义市场经济中的国家调控不同于资本主义经济中的国家干预，具有鲜明的制度属性，体现了社会主义经济的本质要求。"[①]

张宇等人并不截然排斥在市场失灵的前提下建立国家理论，而是把市场失灵看作国家经济作用的次要依据。张宇在其著作中专门辟出篇幅批评了新古典经济学的市场失灵理论，认为这一理论是以完全竞争市场为前提的，具有多重片面性，无法反映市场经济的总体矛盾。[②] 但问题是，在批判新古典市场失灵论的同时，应该发展一个马克思主义的市场失灵理论作为替代，张宇等人却没有提出这一问题。这样一来，建立一个内生性国家理论的任务，在他们那里实际上就被悬置了。

在把社会主义市场经济作为研究对象的时候，仅仅在外生的意义上理解国家的经济作用，必然造成理论上的自相矛盾。在张宇等人的著作里，这种矛盾体现在，他们承认在社会主义市场经济中，国家是生产关系的承担者，因而国家是作为经济主体在市场经济内部发挥作用的（这可视作另一重含义的内生性）；与此同时，他们又主张国家的经济

---

① 张宇：《中国特色社会主义政治经济学》，中国人民大学出版社，2016，第222页；张宇、谢地、任保平、蒋永穆等编著《中国特色社会主义政治经济学》，高等教育出版社，2017，第73~74页。

② 张宇：《中国特色社会主义政治经济学》，中国人民大学出版社，2016，第220~221页。

作用仅仅产生于公有制和社会主义有计划按比例发展规律等，而与市场经济的运行和发展基本无关。这种理论上的矛盾反映了一种犹疑态度，即担忧国家在发挥其内生性作用，或在其形成过程中会脱离社会主义的价值和目标，沦为譬如纯粹凯恩斯主义的国家。这种担忧是合理的。但在笔者看来，解决这一问题的出路可能并不在于否认或过度贬低国家经济作用的内生性，而在于认识到，国家的外生性作用在很大程度上是通过向内生性作用转化而实现的。中国特色社会主义政治经济学的国家理论，应该是以解释国家的内生性作用为主、兼及外生性作用的理论。

三　逻辑和历史相一致不是中国特色社会主义政治经济学体系的建构原则

在前一节里，我们讨论了价值规律与相对剩余价值生产等其他规律之间的关系。在马克思那里，虽然价值规律在叙述逻辑上最先得到阐述，但从研究方法来看，它实际上是资本积累运动规律造成的结果。将价值规律和资本积累其他运动规律割裂开来，在方法论上还受到逻辑和历史相一致观点的影响。将逻辑和历史相一致看作《资本论》的叙述方法所奉行的原则，滥觞于恩格斯。在我国，这一观点的流行乃至上升为教条，在相当程度上要归于苏联《政治经济学教科书》和卢森贝《〈资本论〉注释》的影响。20 世纪 80 年代以来，国内一直有学者反思和批评这种观点。例如，沈佩林等研究者就指出，《资本论》在其叙述逻辑中的确结合了历史，但所谓逻辑和历史相一致则全然属于虚构，与《资本论》的叙述方法并不吻合。[①]　近年来，

---

①　参见沈佩林《〈资本论〉中范畴的逻辑顺序和历史顺序问题》，《中国社会科学》1987 年第 2 期；袁吉富《对逻辑与历史相一致方法的质疑》，《教学与研究》2007 年第 4 期。著名马克思主义哲学家卢卡奇也批评过恩格斯的逻辑和历史相一致的观点，指其沾染有黑格尔泛逻辑主义的色彩，见卢卡奇《关于社会存在的本体论》（下卷），白锡堃、张西平、李秋零等译，白锡堃校，重庆出版社，1993，第 325 页。

主张中国特色社会主义政治经济学应以国家理论为逻辑起点的一派学者，在论证其观点时也是以逻辑和历史相一致为依据的。在笔者看来，对恩格斯这一教条的清算已成为推进中国特色社会主义政治经济学学理化的一项重要任务。

在《资本论》叙述逻辑中，价值概念是从交换价值抽象而来的，但这并不意味着，凡是存在交换价值的地方，都存在价值概念和价值规律。交换价值是一种"洪水期前的存在"，是隶属于商品经济一般的范畴，而价值是更为特殊的概念，是只有在现代市场经济条件下才能获得现实性的概念。马克思在《资本论》开篇所做的抽象，是相对于资本主义市场经济这一具体整体而做的抽象，其特点是将起点范畴（商品）与思维重建的具体整体之间的全部中介联系暂时撇开，而不是从不同时代的交换价值中提取表面的共性。后一意义的抽象可称为形式共相，与前一种抽象即具体共相相反对。

从思想史来看，《资本论》所运用的这种方法不仅继承了黑格尔，还可溯源到 18 世纪的启蒙哲学。18 世纪启蒙哲学认为，人类的认知包括两个阶段，首先是分析，将对象分解为最为简单的元素；然后是思维重建，即将认识对象作为整体在思维中予以恢复。[①] 马克思在历史唯物论的前提下继承了这种方法，将它运用于建构自己的经济学体系。所谓分析，在马克思那里被称作从具体到抽象，思维重建则被称作从抽象到具体。在《资本论》中，为了重建资本主义生产方式这一具体整体，马克思选择以商品作为逻辑起点。《资本论》第一卷开篇写道："资本主义生产方式占统治地位的社会的财富，表现为'庞大的商品堆积'，单个的商品表现为这种财富的元素形式。因此，我们的研究就从分析商品开始。"[②] 由此可知，整个叙述逻辑的起点商品就是资本主义商品，但这一点在叙述逻辑的开端还不能充分展现出来。为了达成思维重建的

---

① 卡西尔：《启蒙哲学》，顾伟铭等译，山东人民出版社，1988。
② 《资本论》（第 1 卷），载《马克思恩格斯全集》（第 23 卷），人民出版社，1972，第 47 页。

目的，马克思须将商品作为资本产品、作为资本形态变化的环节等特点暂时撇开不予考虑，而一旦这样做，商品就立即成为一个"稀薄的"抽象，它与资本主义生产方式这一具体整体的中介联系就暂时消失了。只是随着叙述逻辑的展开，那些在开端被舍象的中介环节又渐次被引入，起点商品是资本主义商品这一点才真正得以确立。①

与上述对《资本论》叙述逻辑的理解相反，恩格斯提出，马克思在其经济学著作中运用了逻辑和历史相一致的原则。根据恩格斯的意见："历史从哪里开始，思想进程也应该从哪里开始，而思想进程的进一步发展不过是历史过程在抽象的、理论上前后一贯的形式上的反映""整个说来，经济范畴出现的顺序同它们在逻辑发展中的顺序也是一样的"②。由此派生的观点，是将《资本论》的起点商品曲解为简单商品经济的商品，即简单商品。这样一来，从商品到资本的叙述逻辑，就成为对历史进程的一种反映；从抽象到具体，也就成为一种历史方法，而不是思维重建的方法。③ 这一阐释显然与前文引证的马克思本人的诸多见解相龃龉，也不符合 18 世纪启蒙哲学和 19 世纪德国古典哲学对人类认知方法的理解。

在这个问题上，笔者还想特别提到列宁。在《哲学笔记》里，列宁尖锐地指出："不钻研和不理解黑格尔的**全部**逻辑学，就不能完全理解马克思的《资本论》，特别是它的第一章。因此，半个世纪以来，没

---

① 捷克哲学家科西克在 20 世纪中叶发表的著作《具体的辩证法》恰当地描述了马克思的这一方法。令人遗憾的是，这一著作虽有中译，却无法作为信本，读者可参考该书的英文本：Kosik, K., *Dialectics of the Concrete*（Springer, 2012）。

② 恩格斯：《卡尔·马克思〈政治经济学批判〉》，载《马克思恩格斯全集》（第 13 卷），人民出版社，1962，第 532 页。

③ 苏联哲学家伊林科夫（或译伊利延科夫）的《〈资本论〉中从抽象到具体的辩证法》在解释《资本论》的辩证方法时，系统地发挥了恩格斯的逻辑和历史相一致的观点。该书可能是同类观点中论述最为系统、最有代表性的著作。伊林柯夫的著作有两个中译本，分别是伊利延科夫《马克思〈资本论〉中抽象和具体的辩证法》，郭铁民、严正、林述舜译，周复校，福建人民出版社，1986；伊林柯夫《马克思〈资本论〉中抽象和具体的辩证法》，孙开焕、鲍世明、王锡君、张钟朴译，山东人民出版社，1992。

有一个马克思主义者是理解马克思的!!"① 列宁虽未明言他所批评的对象，但我们有充分的理由推断，其矛头所向正是恩格斯，这是因为：第一，列宁提出的是一个全称论断，在他所指的时间范围内（"半个世纪以来"，即从《资本论》第一卷问世直至写成《哲学笔记》的 1914～1915 年），不仅囊括了所有第二国际理论家，而且涵盖了恩格斯；第二，恩格斯最先结合马克思的经济学著作，考察了马克思对黑格尔辩证方法的继承和发展，如果恩格斯的相关见解是大体正确的，列宁便没有任何理由提出上述全称论断。

四　中国特色社会主义政治经济学的学术话语与现实生产关系的建构

20 世纪 70～80 年代，法国马克思主义者戈德利耶对历史唯物主义进行了十分重要的概念重构，他的理论贡献包含如下重要见解：包括生产关系在内的一切社会关系都包含所谓"精神成分"（mental part，或译思想成分），或言之，思想和观念是社会关系的"内在成分"，是"社会关系的形成（以及再生产）的必要条件"。戈德利耶的这些观点是对葛兰西的继承和发展，在葛兰西那里，思想和观念因素已不限于在上层建筑发挥作用，而是延展到整个社会，戈德利耶则更为明确地提出，观念因素是生产关系赖以建构的原则。这意味着，思想和观念因素不仅是对生产关系的反映，而且作为生产关系的构成性原则加入经济基础，成为现实生产关系再生产或制度变迁的直接推动力量。②

从这种观点出发，中国特色社会主义政治经济学的话语体系，就不只是对中国当代制度变迁、对中国特色社会主义市场经济体制的观念反

---

① 列宁：《哲学笔记》，载《列宁全集》（第55卷），人民出版社，1990，第151页。
② Godelier, M., *The Mental and the Material* (London：Verso, 1986), pp. 151, 170. 在拙著《历史唯物论与马克思主义经济学》的第一章，笔者结合卢卡奇的思想，对戈德利耶的这些观点做了进一步阐释和发展。

映，其核心内容直接就是这种经济体制（作为生产关系体系）内部的观念因素，是现实生产关系的构成性原则。从这个意义来讲，中国特色社会主义政治经济学的话语生产及其领导权就具有极端的重要性，因为一旦这种话语发生根本的改变，现实生产关系的构成性原则就会立即变化，经济生活就会依循不同的原则来组织。

在中国特色社会主义政治经济学的话语生产中，来自国内高校和科研机构的学者是主要参与者之一，这些学者所生产的学术话语，是中国特色社会主义政治经济学话语体系的有机组成部分，其要端即与实践发生关联的部分，同样可能转化为现实生产关系的构成原则。中国特色社会主义政治经济学的学术话语赖以生存的那些组织和制度，可以视为现实生产关系在上层建筑领域内的延伸，或者反过来说，这些组织或制度，在某种程度上已经不再单纯地属于上层建筑，而是嵌入了经济基础。在高校和科研机构，人文社会科学的"学科"以及以此为基础的院系体制在某种意义上便是这样的制度，它们代表了一种权力关系，协调和分配学术生产的各种资源，并为社会实践中此时此地的特定目标服务。中国特色社会主义学术话语的生产能否和学科和院系等制度结合，是决定这种话语能否形成葛兰西意义的文化领导权，进而向现实生产关系的构成性原则转化的重要条件。

近年来，国内高校普遍设立了马克思主义学院，这对于推动和发展高校马克思主义研究、加强中国特色社会主义话语体系的宣传起了积极的作用。但同时须看到的是，在高校普遍设立马克思主义学院的同时也伴随着一些负面现象。在一些高校，只有马克思主义学院的人在从事马克思主义和中国特色社会主义政治经济学话语的研究和宣传，其他院系或学科似乎与此没有直接关联。再如，政治经济学是理论经济学的二级学科，但在有些高校（有一些还是"985"名校），只有马克思主义学院保留了这一学科，而在本应设置该学科的经济学院或经管学院，政治经济学反而被边缘化或濒于消失。这样做的结果必然是削弱中国特色社会主义政治经济学学术－理论话语的建设，并使相关学科和院系相应地沦为新自由主义构建其话语霸权的"阵地"和"堑壕"。为此，笔者建议，应该在高校推动新一轮制度变革，让马克思主义和中国特色社会主义政治经济学学术话语的生产与各个学科的发展紧密联系起来，让马克思主义和中国特色社会主义政治经济学学术话语像毛细血管一样渗透进人文社会科学的各个学科、各个院系。只有这样做，中国特色社会主义政治经济学话语的学理化才能在学术生产的制度上得到保障。

中国经济学教育改革建议书[*]

贾根良[**]

摘　要： 尽管目前我国高等学校的经济学教育体制不同于西方发达国家，但在过去大约20年的时间里，我国一直在刻意模仿西方发达国家的经济学教育体制。这种教育体制在西方发达国家受到了"经济学教育改革国际运动"的持续批判，它不仅有违多元主义科学原则，而且不适合我国国情，不适合中国特色哲学社会科学发展的要求。本文在综合"经济学教育改革国际运动"的师生们在过去17年所提出的改革建议的基础上，针对我国经济学教育体制由于模仿西方发达国家经济学教育体制所产生的弊端，从多元化改革的总体目标、课程体系设计、教学方式、独立自主的学术评价体系、人才队伍建设和学科评估等10个方面提出了具体的改革建议，目的就在于改变目前西方主流经济学对我国经济学教育的支配局面，逐步形成一种以多元化课程体系、批判性教学和实际问题导向为核心的中国经济学教育新体制。

关键词： 经济学多元主义　经济学教育改革国际运动　中国经济学教

---

* 本文受国家社会科学基金重大项目"外国经济思想史学科建设的重大基础理论研究"（14ZDB122）的资助；2014年6月~2017年3月完成初稿，2017年8月定稿。

** 贾根良，中国人民大学特聘A岗教授，中国特色社会主义经济建设协同创新中心研究员，主要研究方向为经济思想史、当代西方经济学流派和演化经济学等。

育体制改革　中国特色社会主义政治经济学　中国特色哲学社会科学

目前，西方发达资本主义国家的经济学教育体制是在冷战时期形成的，其重要特点就是以新自由主义意识形态为特征的西方主流经济学占据支配地位，缺乏经济学多元主义精神。20 世纪 50 年代初，在资本主义和社会主义两大阵营尖锐对立的情况下，在美国产生的麦卡锡主义不仅排挤马克思主义经济学家，而且通过动用国家机构、商业团体力量和高等教育机构中的精英阶层打压对资本主义制度的弊端持批评见解的非马克思主义的非主流经济学家，从而形成了西方主流经济学在发达资本主义国家经济学界一统天下的局面。直到 1970 年之后，西方主流经济学动用国家力量打击西方非主流经济学的行为才退居为间接作用，但在那时，西方主流经济学利用其绝对支配地位，开始通过大学科研绩效评估特别是通过期刊等级评价等职业力量进一步排挤西方非主流经济学。在美国，主流经济学将经济学杂志和学院排名作为清除非主流经济学家的主要机制，并达到将教学和研究限制在主流经济学设定的范围之内①，从而更加强化了其统治地位，以至于有西方学者认为，目前西方发达国家的经济学多元化程度甚至还不如 20 世纪 70 年代以前，例如在英国。②

冷战结束后，西方经济理论界开始反思西方主流经济学垄断地位所带来的危害。1993 年成立的"经济学多元论国际联合会"（ICAPE）指出，由于主流经济学在美国的统治地位，在美国，"很难发现不追随主流宗旨的研究生教育项目。实际上，美国大学的所有经济系都已被经济学是什么、应该怎样研究经济学的单一观点所控制，通常伴随着深奥的数学技术，（自由）市场理论的论证已成为该专业绝对必需的东西，深

---

① Lee, Frederic S., "Heterodox Economics," *The Long Term View*, 2008, 7 (1).

② Dow, Sheila C., "Heterodox Economics: History and Prospects," *Cambridge Journal of Economics*, 2011, 35: 1151 – 1165.

奥的证明而不是社会目标赢得了更响亮的掌声。在美国所确立的这种专业取向，经过某种时滞，正扩散到欧洲和日本，在全球范围内造成了各种丰富的经济思想传统的生存危机。造成这种状况的原因部分来自这种事实：许多经济学家在美国受到训练，然后带着他们所吸收的新古典主义精神，回到本国的大学和研究中心。追随美国模式，这些国家在专业人员的招募、提升、薪金和奖赏等方面正转向新古典的和数学化的理论标准。虽然这并没有完全被完成，但在欧洲和亚洲，同质化和方法论统一的相同过程正在稳步地被推进。"①

但在进入 21 世纪之后，西方主流经济学的统治地位开始遭到越来越普遍的质疑。首先举起经济学教育改革大旗的是法国经济学学生，2000 年 7 月，他们在互联网上发表了《法国经济学学生请愿书——法国经济学学生致本学科教授和教学负责人的公开信》，对主流经济学在西方国家高等学校的统治地位提出了挑战，表达了他们"对所接受的经济学教育的普遍不满"：经济学教学缺乏现实性；没有控制地使用数学，数学本身已经成为一种目的；新古典理论（即本文所指西方主流经济学）及其方法在大学经济学课表中居压倒性的支配地位；武断的教学方法，不允许批判性的和反思性的思考。法国经济学学生宣称：我们希望脱离新古典经济学虚构的世界，反对无节制地使用数学，要求经济学方法的多元化，呼吁教师们尽早觉醒，因为"我们再也不想让这种脱离现实的所谓科学强加于我们"。② 法国学生的请愿活动揭开了经济学教育改革运动的序幕，在法国、德国、西班牙、英国和美国等国家产生了广泛的影响，得到了经济学教师和一些经济学研究机构的支持，它们也发起了自己的请愿。

国际金融危机爆发后，"经济学教育改革国际运动"再次风起云涌。2009 年，亿万富翁乔治·索罗斯有感于发达国家高等学校中讲授

① http：//icape. org/，请参看 ICAPE History，2017 年 7 月 29 日访问。
② 爱德华·富布鲁克编《经济学的危机：经济学改革国际运动最初 600 天》，贾根良、刘辉锋译，高等教育出版社，2004，第 12 ~ 13 页。

的经济学课程已不适应当代世界经济发展的需要，出资成立了"新经济思维研究所"（Institute for New Economic Thinking），其中重要目标之一就是改革经济学课程设置，编写新的经济学教科书。2012 年，德国学生发起了新一轮的经济学教育改革请愿活动，这种活动很快就扩散到了世界各地，在许多国家涌现出了众多的"后危机经济学社团""重新思考经济学联盟"等学生社团组织。2014 年 5 月 5 日，来自 19 个国家的 42 个学生团体发起成立了"国际学生经济学多元化倡议行动"；一年之后，这一组织就已发展到了 31 个国家的 82 个学生社团。

新一轮"经济学教育改革国际运动"再次直指西方主流经济学在大学经济学教育中的统治地位。例如，英国曼彻斯特大学"后危机经济学社团"在其 2014 年的调研报告《经济学、教育与无知——曼彻斯特大学的经济学教育》中指出，曼彻斯特大学将经济学的新古典经济学范式提升为经济学唯一的学习对象，其他经济学流派如制度主义、演化经济学、奥地利学派、后凯恩斯主义、马克思主义、女性主义和生态经济学等在经济学专业的课程设置中几乎是完全缺乏的，这种状况压制、损害和扼杀了对于经济学的认知至关重要的创新、创造力和建设性的批判，违背了曼彻斯特大学自己的教育指导方针。^① 在学生们看来，这种状况在民主社会中是不正常的，"并非仅有世界经济处在危机之中。经济学教学也同样处于危机之中，并且此危机所殃及的范围远在象牙塔之外。今日之所教塑造了明日执政者的头脑，因此也塑造了我们栖身的社会……归根到底，经济学的多元化教育是健康的公共辩论的必需品，她是民主生活中的一件大事。"^② 因此，《国际学生对经济学多元化的呼吁书》呼吁："不同的校园，同一的心愿，我们期盼，经济学课程

---

① The University of Manchester Post-Crash Economics Society, "Economics, Education and Unlearning: Economics Education at the University of Manchester," http://www.post-crasheconomics.com/economics-education-and-unlearning/, 2016 年 3 月 16 日访问。

② 《国际学生对经济学多元化的呼吁书》（http://www.isipe.net/zhw）。

能有所改变"。①

但是，与上述经济学教育改革的这种国际潮流背道而驰，中国经济学界在过去 20 年左右的时间里却在加速推行西方主流经济学的教育体制，从而导致了西方主流经济学的教条主义在中国的兴起并占据了支配地位。根据这种教条主义，经济学原理是一元的和统一的，经济学是不应该有国别差别的，这就是说，世界上只有一个真正的经济学，这就是作为"现代经济学"的西方主流经济学。② 在当时经济学要与国际接轨的旗号下，中国经济学中出现了"经济学现代化就是美国化，美国化就是新古典化，新古典化就是数学化"的教条主义，这种教条主义的本质就在于将西方主流经济学看作唯一科学的经济学，要求将这一范式的学术主张和实践上升为中国经济学界必须遵循的学科标准和学术规范，并将它们贯彻到经济学课程体系、教材建设、科研评价体系、人才选拔、研究生入学考试等各个方面。

早在 2003 年，笔者就在《南开经济研究》第 2 期以"专论"形式发表了《中国经济学发展的西方主流化遭遇重大质疑》，对上述发展潮流提出了强烈的质疑。该文将"经济学教育改革国际运动"介绍给了国内学术界，是我国最早对中国经济学界盲目追随西方主流经济学的潮流进行系统性批判的论文。该文认为，"经济学教育改革国际运动"的兴起标志着"现代经济学"的发展遭遇到自大萧条以来最严重的危机，这场运动对西方国家经济学教学和研究的现状进行了批判，而这对于中国经济学发展的西方主流化趋势不啻当头棒喝，中国经济学发展的方向需要重新思考。在笔者看来，科学的真正精神是多元主义的，西方主流经济学无疑是现代经济学的重要组成部分，不能完全被放弃，但它许多严重的缺陷和"科学性"的多少长期得不到讨论，其霸权地位也已对

---

① 《国际学生对经济学多元化的呼吁书》（http：//www. isipe. net/zhw）。

② 钱颖一和田国强是其代表性人物，见钱颖一《理解现代经济学》，《经济社会体制比较》2002 年第 2 期；田国强《现代经济学的基本分析框架与研究方法》，《经济研究》2005 年第 2 期。

学术自由造成了严重的威胁，这是战后美欧经济学发展的重要教训，我们不应重蹈覆辙，而应认真研究这场国际运动所提出的问题，放弃中国经济学发展的新古典主流化和数学形式化这种取向，采取渐进的和试错的改革办法，兼收并蓄，走出一条具有中国特色的经济学教育与发展之路。[①]

但是，任何事物的发展都有其内在规律，特别是中国经济学界盲目追随西方主流经济学的潮流具有深刻的社会、政治、经济、哲学和文化等诸多根源。因此，笔者从没有奢望自己对它进行激烈批判的论著能够阻挡这种错误的潮流。相反，人们可以观察到，在 2005 年之后，这种潮流变本加厉，并在 2016 年 4 月教育部学位与研究生教育发展研究中心下发的《全国第四轮学科评估邀请函》（〔2016〕42 号）中达到了高峰。对此，笔者自然要表示一下自己长期以来的反对态度，遂于 2016 年 4 月 29 日晚草就一篇名为"第四轮经济学专业学科评估指导思想的根本性错误"的博文，对《A 类期刊名录》反映出的指导思想进行了批判。[②] 该文指出，第四轮学科评估经济学专业的《A 类期刊名录》反映出其指导思想的根本性错误。第一，将已经走入死胡同的西方主流经济学的学术规范上升为经济学的唯一规范，与"经济学教育改革国际运动"的潮流背道而驰。第二，将导致马克思主义经济学在高校被进一步边缘化，与习近平总书记有关建设中国特色社会主义政治经济学的指导思想背道而驰。第三，用行政手段压制学术争鸣，违背"百花齐放、百家争鸣"的学术自由精神。第四，理论经济学专业将蜕变为"西方主流经济学"专业，与后者处于同等地位的理论经济学其他二级学科如经济思想史、经济史和政治经济学等专业将进一步衰落，面临严

---

① 贾根良：《中国经济学发展的西方主流化遭遇重大质疑》，《南开经济研究》2003 年第 2 期。在 2003～2008 年，笔者针对中国经济学界盲目追随西方主流经济学的潮流特别是"只有一种经济学"的洋教条主义撰写了 10 多篇论文，并在 2009 年出版了《"经济学改革国际运动"研究》一书。

② 贾根良：《第四轮经济学专业学科评估指导思想的根本性错误》，新浪博客，http：//blog. sina. com. cn/s/blog_ c334383f0102w3m4. html。

重的生存危机。建议教育部暂停经济学科的第四轮学科评估，组织相关专家对国内外经济学现状进行彻底的调查研究，制定出与建设中国特色社会主义相适应的经济学专业评估的实施办法。

《第四轮经济学专业学科评估指导思想的根本性错误》一文说出了许多经济学者的心声，因此在经济学界乃至整个哲学社会科学界都产生了广泛的影响，并得到全国政协委员何新先生的呼应。2016 年 5 月 2 日，何新委员给教育部发出一封问责信《反对教育部强化新自由主义经济学垄断的制度化举措》，该文产生了广泛的社会影响。继何新的问责信之后，5 月 3 日，福建师范大学的高俊教授就历史学《A 类期刊名录》等问题也向教育部发出了问责信。在广大社会科学工作者的支持下，这些质疑之声很快就对政策决策产生了影响，教育部学位与研究生教育发展研究中心最终决定在第四轮高等学校学科评估中"仍沿用上轮的评估方式，暂不增列'A 类期刊'指标"。

然而，虽然教育部学位与研究生教育发展研究中心在第四轮高等学校学科评估"暂不增列'A 类期刊'指标"，但从其《A 类期刊名录》中反映出来的上述指导思想以及相关重大问题并没有得到任何解决，这里仅以经济学为例对其中的两个主要问题加以说明。

首先，《A 类期刊名录》反映出我国教育管理部门缺乏学术评价体系的自主意识。虽然《全国第四轮学科评估邀请函》附件《第四轮学科评估指标体系及有关说明》宣称，A 类期刊指标体系设置的目标是"建立更科学的'中国版 ESI 高被引论文'和人文社会学科我国自主的'A 类期刊'评价体系，树立中国论文评价的国际地位"，但在经济学的 A 类期刊中，国内期刊只有 8 种，占 40%；国外期刊 12 种，占 60%，而且都是英美期刊，外文期刊比中文期刊多出 50%。在这种外文期刊占多数的情况下，所谓"建立……人文社会学科我国自主的'A 类期刊'评价体系，树立中国论文评价的国际地位"将如何做到？恐怕"树立中国论文被英美学术界评价的国际地位"更有可能。更有评论者指出，在人文社会科学领域"这样具有鲜明政治和价值倾向性的领域，大规模采用英美学术标准，不仅是学术领域的自我殖民化，而且严重违背党中央、教育部近年来不断强调的学术价值取向——以中国方式、中国风格、中国气派，研究中国问题，建构中国学术话语体系的主导思想。"①

其次，《A 类期刊名录》只是揭开了中国经济学教育体制所存在严重问题的冰山一角。按照《第四轮学科评估指标体系及有关说明》，这个《A 类期刊名录》是由"学位中心请汤森路透、爱思维尔、CNKI、CSSCI、CSCD 根据文献计量学等方法遴选产生初步名单，并请全国博士生导师进行网络投票，再由国务院学位委员会理论经济学、应用经济学学科评议组推荐确定"的。这个说明揭示出，虽然在此前的"学科评估指标体系调研会"上，一些学者对《A 类期刊名录》提出了质疑和反对，但它实际上获得了大多数博士生导师和学科评议组成员的赞同，这真实地反映出了"崇洋迷外"在我国高等学校中的学术评价体系占支配地位的现状，反映出了西方主流经济学在我国高等学校的支配地位，反映出了中国经济学教育体制在一定程度上已经沦为发达资本主义国家经济学教育体制的复制品，尽管两者仍存在很大不同。

由于我国高等学校目前的经济学教育体制在过去大约 20 年一直在刻意模仿西方发达国家的经济学教育体制，因此，它在相当程度上也存在与中国特色社会主义制度不相适应的意识形态问题。作为一名非马克思主义学派的学者，美籍华裔著名教授黄宗智曾满怀忧虑地写道："在'国际接轨'的大潮流下，新自由主义已经在制度上深入教科书、核心刊物等，而由此也在研究生的遴选、教员的聘任与评审中占据霸权地位。一个具体的例子是，我自己这几年所在的国内单位，虽然是在一位认同于'另类'学术的非常能干的院长的领导之下，并且附带有新左派的倾向，但事实上，在关键性的招生、招聘以及评审方面，实际上几

① 吴文新：《关于第四轮学科评估的问题和意见》，http://www.kunlunce.cn/gcjy/jjjs/2016-05-08/96940.html，2016 年 5 月 8 日。

乎完全由占据霸权地位的'主流'经济学所左右——依据它们的标准而选定必读书目，设计考卷问题，规定要在哪些刊物发表论文等，几乎完全臣服于新自由主义知识体系之下。因此，在实际操作中，学科的未来其实完全被新自由主义所掌控。"[①]

不少学者将目前中国经济学教育中所存在的问题称作"西化"问题，如邱海平教授发表的相关论文曾引起了较广泛的关注和争论。[②] 邱海平教授是从马克思主义经济学的角度对这种现象提出批评的。但与之不同，笔者自 2003 年以来发表的相关论文是从经济思想史、多元主义科学原则、经济学的未来发展方向和学术生态系统的角度对西方主流经济学在中国经济学界的霸权地位提出批评的。实际上，在西方发达国家，无论是"经济学多元论国际联合会"的成员，还是参与"经济学教育改革国际运动"的学者，绝大多数属于非马克思主义经济学派的西方非主流经济学流派，而非马克思主义经济学派。因此，中国经济学教育体制中所存在的严重问题并非像许多人所理解的那样只是一个所谓的"意识形态"问题。笔者的研究领域并非马克思主义政治经济学，笔者在这里也不是从马克思主义经济学或者"意识形态"的角度出发，而是秉承本人长期以来的研究视角，针对中国经济学教育体制存在的问题，提出以下 10 点具体的改革建议。

第一，多元化改革。

我国与西方国家在经济学教育体制上存在一个不同之处，这就是在财经类大学或专业学院一般都开设有马克思主义经济学传统的政治经济学课程。从这个角度来说，我国经济学教育体制的多元化程度高于西方发达国家，但也有一些大学的经管学院和商学院完全不开设政治经济学或马克思主义经济学的课程。即使在开设有马克思主义经济学课程的绝大多数财经类学院，总讲授时数也不能与开设的西方主流经济学（微

[①] 黄宗智：《我们要做什么样的学术？——国内十年教学回顾》，《开放时代》2012 年第 1 期。

[②] 邱海平：《中国经济学教育严重西化倾向及其危害》，《经济导刊》2014 年第 10 期。

观、宏观和计量经济学等）相比，因此，许多马克思主义经济学者存在一种被边缘化的感觉。与西方国家一些所谓二三流的大学开设有西方非马克思主义的非主流经济学课程不同，我国几乎没有高等学校财经类专业开设有此类课程，从这个角度来说，我国经济学教育体制的多元化又低于西方发达国家。从总体上来看，我国的经济学教育体制在多元化程度上尽管略微高于西方发达国家，但西方主流经济学不仅在我国高校课程体系的设置上占主导地位，而且在学术研究成果的评价、人才队伍建设、科研奖励、研究生入学考试课程和学科评估中都居支配地位，因此，同样需要多元化改革。

西方发达国家经济学界在过去 30 多年中，涌现出了大量的对西方主流经济学进行批判的文献，但国内几乎没有人去研究。笔者在 2004 ~ 2005 年曾对之进行过深入研究，但发现文献太多，如果陷到里面，一个人终其一生，就很有可能像剑桥大学的托尼·劳森等人一样，成为西方主流经济学的批评家，而再没有时间研究具体的经济问题，所以在 2007 年后，笔者就很少阅读这方面文献了。这些文献的一个主要发现就是西方主流经济学在哲学基础、研究方法和理论的现实相关性上都存在严重的缺陷。个别经济学者如格瑞恩甚至认为，西方主流经济学是与现实无关的，因此，他曾经提出了在经济学教育改革中是否还应当保留西方主流经济学课程的疑问。

但是，"经济学教育改革国际运动"的绝大多数参与者认为，分析、理解充满复杂性、不确定性的世界需要多元化的方法，因此，经济学多元主义就成为"经济学教育改革国际运动"的核心纲领。所谓经济学多元主义，用尤斯凯利·梅基的话来说，就是"一个世界与多个理论"[①]：虽然客观世界是唯一的，但它是由无数个事物、复杂的演化过程以及不确定的未来所构成的，由于观察者的角度不同，世界就会呈

---

① 尤斯凯利·梅基：《一个世界与多种理论》，载杰弗里·M. 霍奇逊主编《制度与演化经济学现代文选：关键性概念》，贾根良等译，高等教育出版社，2005。

现千姿百态，观察者对它的解释也就呈现多样性、可错性和不完备性。按照这种理论，经济学的各种范式（包括西方主流经济学）都不可能对现实问题提供完备的和最终的答案，但这些范式为认识经济现实提供了不同的窗口，从各个不同侧面提供了关于经济现象的知识，它们都是理解现实的可供选择的手段，保留西方主流经济学课程是完全有必要的。经济学教育的多元主义及其多元化课程体系的设计实际上强调的也是"通才"和"通识"教育。

从学术竞争的生态环境角度来看，保持西方主流经济学作为一支重要力量也是避免其他经济学范式走向教条主义的必要条件。因此，无论是从哲学基础来看，还是出于学术竞争的考虑，"经济学教育改革国际运动"都反对以一种新的教条取代旧的主流教条，倡导在经济学教育中形成一种多元主义的竞争格局，使多元主义成为经济学家基础文化的一部分，从而实现各种经济学范式之间的相互宽容并在平等基础上进行竞争。多元主义经济学教育现在已经成为经济学研究的一个专门领域，出版的《多元主义与经济学教育国际杂志》（*International Journal of Pluralism and Economics Education*）已于 2011 年变成季刊。但与经济学多元主义这种科学精神相悖，在我国曾流行一时的"只有一种经济学"的思潮目前仍有很大影响，在这种思潮影响下模仿西方发达国家建立起来的中国经济学教育体系导致了西方主流经济学的支配性影响，因此有必要进行多元化改革，包括理论、方法和学科这三方面的多元化改革，我们下面首先讨论这些问题。

第二，开设概论性的非马克思主义的非主流经济学课程，在基本经济理论的教学上，形成由西方经济学、政治经济学和西方政治经济学共同构成的多元化课程体系。

笔者认为，自改革开放以来，我国在引进西方经济理论方面最大的失误就是盲目追随西方主流经济学的潮流声势浩大，而对非马克思主义的非主流经济学进行研究的人却屈指可数，并初步探讨了导致这种状况的原因。一方面，当"西方经济学"通过打压和排挤将"非马克思主义的非主流经济学"从西方国家的名牌大学中清除掉之后，除了极少数学者外，我国在大规模引进西方经济理论之时，注意到的就只能是"西方经济学"了。另一方面，福山式的"历史终结论"对我国引进西方经济理论有支配性影响：在冷战时期，由于东西方对抗，苏式政治经济学和西方主流经济学都走向了极端和教条，冷战的结束导致了前者的终结，并使后者似是而非地成为胜利者，在对西方非马克思主义的非主流经济学视而不见或者完全不知晓的情况下，我国几乎所有经济学者就将西方主流经济学看作西方发达国家"唯一"的西方经济理论。[①]

但在笔者看来，非马克思主义的非主流经济学不仅在经济思想史中源远流长，学派众多，而且对市场经济的运行机制和规律的研究相比"西方经济学"（即西方主流经济学）提供了更真实和更深刻的描述和分析。正如雅各布和马祖卡托在《重新思考资本主义》一书的导言中指出的："主流经济学不能解释西方资本主义在最近 10 年中面临的主要问题——疲软的增长、金融不稳定、下降的投资、金融化、生活水平的停滞、日益上升的不平等和危险的环境风险……幸运的是，在经济学中有大量的资源对此类问题进行过研究。因为资本主义经济的这些特征几乎不是自我揭示的，因此，它们在过去 100 多年的经济学中得到了研究。这些研究构成了一些伟大经济学家著作的基础，这些经济学家是卡尔·波拉尼、约瑟夫·熊彼特和梅纳德·凯恩斯以及最近的演化经济学、制度经济学和后凯恩斯主义经济学者。就像本书各章所表明的，以这种经济学为基础的分析可以对目前的经济政策进行彻底的批判，并提出强有力的替代性观点。"[②]

西方非马克思主义的非主流经济学包括老制度主义经济学、后凯恩

---

① 贾根良：《我国应该加强西方政治经济学的教学与研究》，《政治经济学评论》2017 年第 1 期。

② Jacobs, Michael and Mariana Mazzucato, *Rethinking Capitalism: Economics and Policy for Sustainable and Inclusive Growth* (Wiley-Blackwell, 2016), pp. 17, 18.

斯主义经济学、新熊彼特经济学、女性主义经济学、社会政治经济学、替代性教规经济学乃至生态经济学等诸多经济学流派，国际金融危机爆发后，名噪一时的海曼·明斯基就属于后凯恩斯主义经济学。自 20 世纪 90 年代以来，非马克思主义的非主流经济学在美国、欧洲和澳大利亚等地虽然受到西方主流经济学的打压，但仍然得到了蓬勃的发展，编写大学教科书的事情已经被提到其议事日程。2016 年，路易斯 - 菲利浦·罗尚（Louis-Philippe Rochon）和塞乔·罗西（Sergio Rossi）主编出版了西方非主流经济学（包括马克思主义经济学）的第一本宏观经济学教科书《宏观经济学导论：经济分析的非主流方法》。① 由于在我国大学中讲授的"西方经济学"是清一色的西方主流经济学，因此，笔者建议在适当的时候对我国财经类专业的西方经济理论本科课程设置进行改革，压缩"西方经济学"课时，将西方非马克思主义的非主流经济学（笔者又称之为"西方政治经济学"）增列为与"西方经济学"具有同等地位的核心课程。②

由于目前经济学本科教学的教学时数已经不能再增加了，因此，只能通过减少过分膨胀的西方经济学教学时数来加以调整。在我国许多大学的经济学院，本科课程中开设了中级甚至高级的微观经济学、宏观经济学和计量经济学，这些课程的设置没有考虑到服务于学生的实际需要，因为大量的财经类本科学生毕业后并不从事经济理论研究，没有必要学习这些更高深的课程。因此，这些中、高级的本科课程都应该被取消，同时取消"现代西方经济学流派"课程，将西方主流经济学流派的讲授合并到"西方经济学"的教学中，取消的这些课程课时的 1/4 分配给"西方政治经济学"，3/4 用于经济学方法论并加强经济史、经济思想史和马克思主义经济学以及其他课程的教学。这样，在基本经济

---

① Rochon, Louis-Philippe and Sergio Rossi, *An Introduction To Macroeconomics：A Heterodox Approach To Economic Analysis*（Edward Elgar, 2016）.

② 贾根良：《我国应该加强西方政治经济学的教学与研究》，《政治经济学评论》2017 年第 1 期。

理论的教学上，西方经济学（即西方主流经济学）、政治经济学（马克思主义经济学）和西方政治经济学（西方非马克思主义的非主流经济学）就构成了一种多元化的课程体系。

第三，马克思主义经济学多样化发展的问题。

马克思主义经济学的创新有多种途径，这里只讨论其多样化发展问题。马克思主义经济学的多样化发展就是要反对故步自封，倡导马克思主义经济学内部的相互容忍和宽容，鼓励创建新的学派并编写具有不同风格的教科书，这是巩固马克思主义经济学在高等学校地位的重要途径。在这方面，西方发达国家马克思主义经济学创新的经验和教训值得我们借鉴。马克思主义经济学的多样化发展并不是没有原则，而是在坚持马克思主义经济学基本原理基础上的创新。因此，在笔者看来，所谓"理性选择马克思主义"并非马克思主义经济学，而是新古典经济学的应用，但调节学派和社会积累学派则是在坚持马克思主义并吸收西方非主流经济学基础上的创新，导致这种差别的原因就在于，马克思主义经济学与前者没有，但与后者具有共同的哲学和方法论基础。例如，批判实在论社会科学哲学构成了西方非主流经济学所有流派的共同基础，它是在马克思的先驱思想基础上发展起来的，近 20 年来，西方学界对这种发展是否就是马克思主义的科学哲学一直存在争论。

我国马克思主义经济学研究者几乎没有人对马克思主义经济学与批判实在论社会科学哲学、西方非主流经济学之间的关系进行过研究，更遑论像调节学派和社会积累学派那样做出创新。造成这种状况的原因是多种多样的，其中，许多马克思主义经济学家虽然也反对经济学的数学形式主义，但仍对西方主流经济学的数学和计量模型青睐有加，而对历史方法的西方非马克思主义的非主流经济学视而不见，甚至与西方主流经济学家一样将西方非主流经济学视作"旁门左道"，只要一谈西方经济学，就言必称西方主流经济学。所以，我国在引进西方经济理论上的失误在相当程度上也是马克思主义经济学家自身造成的。在这种情况下，马克思主义经济学不仅失去了西方非马克思主义的非主流经济学这个非常重要的同盟军，而且拒绝了对其理论创新最能提供借鉴的西方经济理论，这反映出我国马克思主义经济学界存在某种程度的故步自封的缺陷，马克思主义经济学在我国高等学校被边缘化也是有其自身重要原因的。

笔者在本文中提出马克思主义经济学发展多样化问题的一个重要意义就在于，马克思主义经济学在我国高等学校中要巩固地位，就不能局限在政治经济学学科中，而应在理论经济学其他学科和应用经济学中扩大影响。在这方面，以马克思主义政治经济学为基础，借鉴和批判性地吸收西方非马克思主义的非主流经济学的研究成果是一个重要的途径。以编写财政学、货币银行学和国际经济学教材为例，除了马克思主义教材建设工程教材外，目前我国高等学校这三门课程的教材基本上都是以西方主流经济学为基础编写的。但据笔者所知，西方非马克思主义的非主流经济学在这三个领域都有很多重要的创新，马克思主义经济学家完全可以在批判、借鉴和吸收其研究成果的基础上，编写出比西方主流经济学更令学生们喜闻乐见的财政学、货币银行学和国际经济学（包括国别经济概论）教材。

第四，以争论为核心和批判性的教学。

多元主义经济学教育要求培育争论和批判性思维，无论是西方主流经济学，还是马克思主义政治经济学、非马克思主义的西方非主流经济学的理论和方法都不能被看作理所当然正确的，都应该在同等程度上接受批判性的争论，从而明确各自的优势和劣势。多元化教学并不是简单地将不同的理论和方法罗列在一起，而是要赋予每种理论平等的竞争机会，围绕着重要的经济问题，对各种经济理论（甚至是相互冲突的理论）展开争论，显示它们彼此冲突的观点，在比较中实现对理论批判性的学习、理解和选择。这种教学方式颠覆了传统的科学观，根本上不同于教授一种一致赞同的思想的传统教学方式，这也就意味着要改变学生在学习时非此即彼的二元认知模式（不是真理，即是谬误），使他们认识到科学存在持久的争论，科学知识是可错的，科学结论具有暂时性，即使搜集再多的经验数据、进行再多的数量分析也依然如此。

以争论为核心和批判性的教学对教师的知识结构提出了挑战。在理论经济学中，西方主流经济学、马克思主义政治经济学和非马克思主义的西方非主流经济学构成了经济学的三种基本研究范式或理论研究传统，但目前在我国高等学校工作的大多数海归学者在海外接受的几乎是清一色的西方主流经济学的教育，没有受到马克思主义经济学的系统训练。无论是国内还是海外培养的教师，绝大多数不了解西方非主流经济学，这就对教师的知识结构提出了一个"补课"的问题，因为如果教师只知道这三种经济学基本研究范式的一种或两种，怎能胜任以争论为核心和批判性的教学任务呢？例如，西方非主流经济学对西方主流经济学及其教科书有大量批判，但目前我国的绝大多数西方经济学教材并没有对其理论的局限性、缺陷做出评论，批判性教学更是无从谈起，主要原因之一就是绝大多数西方经济学教师根本就不知道这些文献的存在。

多元化经济学教育和批判性教学在理论经济学和应用经济学的各学科中都应该得到贯彻。对于从事西方经济学、政治经济学和未来可能开设的西方政治经济学等基础性课程教学工作的教师来说，他们都应该能够胜任这三门课的教学。为了保证批判性教学得到切实的落实和优化，每位教师在长期从事这三门课程中的任一门课程教学工作之前，至少应该有其他两门课程中一门课程的三年教学经历。具体地说，由于短期内不可能在我国高等学校开设西方政治经济学，西方经济学的教师应该至少从事三年政治经济学的教学工作，反之亦是，这种"轮岗"应该成为西方经济学和政治经济学教学的一种制度性要求。经济学研究的三种基本范式或理论传统不仅存在于理论经济学的各学科之中，而且大量存在于应用经济学的各学科之中，例如财政学、货币银行学、国际贸易、国际金融、发展经济学、农业经济学、城市经济学、区域经济学、国民经济学、经济地理学、卫生经济学等，在这些学科中，多元化经济学教育和批判性教学得到根本性保证的措施是编写经济学的三种基本范式都能得到反映并进行比较分析的教材。

第五，以现实问题为导向，而非以工具为核心。

以现实问题为导向，而非以工具为核心，在教学法上是以争论为核心和批判性的教学方式的根本性要求，因为在对不同的理论范式进行批判性教学时，所针对的目标只能是不同的理论在解释和解决现实问题上所存在的优缺点，所谓以争论为核心的教学也只能是针对现实问题而就不同理论范式的解释及其在解决现实问题上的优缺点展开的争论。

但在我国经济学教育和西方发达国家的经济学教育中，教学是以数学和计量经济学模型等研究工具为中心的，这被称作"数学形式主义"，即根据研究工具选择所要考虑的经济现实类型。结果是大量的经济现实被从教学科研中排除，而许多数学和计量经济学模型的教学和运用与现实问题并不相关，这种经济学教学和分析的对象是一个虚构的世界。针对这种现状，法国经济学学生在引发"经济学教育改革国际运动"的请愿书中大声疾呼：要摆脱虚构的世界，反对滥用数学。

"经济学教育改革国际运动"的师生们认为，真正的科学方法应该首先保持模型与现实之间恰当的抽象关系，而与使用数学没有必然关系。只有摆脱科学主义立场，树立新的科学观，采取真正科学的态度，将经济学的科学地位、研究方法和研究程序与观点的一致性脱钩，与数学形式化脱钩，才能为经济学重新定向于解释和解决现实问题开辟道路，才能为形成多元主义的智力格局开辟道路，才能为数学形式化方法之外的多种研究方法开辟道路。

"经济学教育改革国际运动"主张要彻底颠倒西方主流经济学有关工具和经济现实之间的关系，主张以问题为中心，即不顾教条的束缚，根据所需分析的经济现实问题来选择或发展工具，工具运用本身不是目的，与分析的问题相关的工具才有存在价值。这种问题中心论，就是要求经济学的教育与科研要以当前重大的、紧要的经济问题（如收入分配、贫困、失业、社会排斥、生态危机、能源危机、国际金融体系等）为导向，以现实相关性为中心，使理论实质重于技巧、内容重于形式，使真实压倒虚构，从而恢复和加强经济学的经验基础，将经济学带回现实。由于数学形式主义在西方发达国家的经济学教育中已经制度化，成为它难以根除的痼疾，我国经济学教育应该吸取教训，纠正目前已经过火的以工具为核心的教学方法，改革经济学教育体制，从根本上根除数学形式主义对经济学教育和科研的支配。

第六，开设经济学方法论或科学哲学的必修课程，实现方法和学科交叉的多元化。

针对数学在经济学教育和科研活动中的泛滥，加奎·萨皮尔曾经指出："我仍然相信，如果我们能够把数学课程的时间砍掉一半，将之用于方法论和认识论，那么每个人都将从中获益。"[1] 如何认识数学和计量模型在经济学中的适用范围，是涉及经济学方法论或更一般地说涉及科学哲学的问题，但在国内外经济学教育中，很少有经济学院开设经济学方法论或科学哲学课程，这就为西方主流经济学特别是数学形式主义在经济学教育和科研活动中的支配地位提供了制度条件。正如有学者指出的，"科学本身不是一种制度，但是只要它受制于持久的管制、合法性及其优秀的标准以及评价程序，它就被制度化了……如果我们认为方法论管束并设定了科学，那么由于它是由怎样进行科学研究以及使科学合法化的一套规则所构成的，所以方法论本身也是一种制度"。[2]

开设经济学方法论或科学哲学课程的目的就是要解放思想，打破西方主流经济学的世界观和科学观对经济学教育和科研的支配局面，为经济学理论、方法和学科交叉发展的多元主义提供理论基础。就科学观来说，与西方主流经济学将经济学类比于数学和物理学不同，马克思主义经济学和西方非主流经济学都认为经济学本质上是一门社会科学，而非

① 〔英〕爱德华·富布鲁克主编《经济学的危机：经济学改革国际运动最初 600 天》，贾根良、刘辉锋译，高等教育出版社，2004，第 62 页。
② 转引自 Foster, John and J. Stanley Metcalfe（eds.），*Frontiers of Evolutionary Economics*（Edward Elgar, 2001），p. 46。

数学和工程学之类的自然科学。这两种不同的科学观在经济学教育上产生了截然不同的理念和行为，西方主流经济学导致经济学远离社会科学其他学科，只承认数学形式主义是经济学唯一科学的方法，正如剑桥大学著名科学哲学家和后凯恩斯主义经济学家托尼·劳森指出的，在西方经济学界，"一份稿件要想在主流圈子内被算作经济学（或拥有读者），作者就必须采用数学方法并最终建立一个形式化模型（formal model）"，甚至经济理论已成为"数学建模"的同义语，只有数学化的经济学知识才被认为是重要的。[①]

但对于马克思主义经济学特别是西方非马克思主义的非主流经济学来说，数学和计量经济学模型只是众多经济学研究方法中的一种，它们并不反对使用数学和计量经济学模型，但认为它只是经济学的一种辅助研究方法，经济学最基本的研究方法是历史的、比较的、利益分析的、统计学的和解释学的研究方法。由于马克思主义经济学和西方非主流经济学认为经济学本质上是一门社会科学和历史的科学，因此，它们将经济现象看作与政治、法律、社会、文化和地理环境密切相关的社会整体中的一部分，因而更注重从社会科学其他学科的发展中吸收营养；相比于数学和计量经济学模型的研究方法，它们更看重理论分析、案例研究和调研报告的价值，注重从社会科学其他学科的发展中吸收新思想和借鉴新的研究方法。按照马克思主义经济学和西方非主流经济学的科学观，经济学的研究方法应该是多元主义的，经济学教育应该开设社会科学其他学科的一些选修课程，从而实现研究方法和学科交叉发展的多元化。这种科学观应该成为目前我国经济学教育改革的指导思想，除了开设作为必修课程的经济学方法论或科学哲学以及社会科学其他学科的部分选修课外，目前最值得注意的是从社会学中引进定性研究方法，如扎根理论等。

第七，重视经济史（或经济社会史）和经济思想史的教学。

---

①　Lawson, Tony, *Reorienting Economics* (Routledge, 2003), p. 4.

（政治）经济学本质上是一门历史的科学，在发达资本主义国家的经济学教育体制中，经济思想史和经济史学科曾长期作为必修课在经济学系（经济学院）被讲授。然而，正如道格拉斯·多德教授指出的，直到20世纪50年代，经济学专业的学生有三个必选的"课题领域"：经济理论、经济史和经济思想史。此外，还有自选的两到三个其他领域。但现在呢？经济理论仍然存在，加上数学；但两个历史学方向已很少要求，也很少开设了。① 著名经济思想史家马克·布劳格在久负盛名的《经济展望》杂志中的一篇文章中写道，"经济思想史的学习和研究备受主流经济学家的歧视，甚至有时被公开蔑视为嗜古成癖已经不是一个秘密。这种现象并非今天才发生。实际上，过去30年以来，提到思想史在现代经济学中所扮演的角色，论者都不禁对此哀叹"。② 海因茨·D. 柯兹2006年在"经济思想史欧洲年会"上发表主席讲演时也指出，经济思想史学家已成濒危物种，该学科被边缘化由来已久。③

经济学家们探讨了经济思想史学科在经济学教育中日益衰落的各种原因④，其中最主要的原因是受到西方主流经济学单一范式的支配性影响，正如英国著名经济学杰弗里·霍奇逊指出的，经济学数学形式主义的做法，既不需要经济学史的知识，甚至也不需要了解现实经济的历史，经济学即使还未死亡，也是正在死去。⑤ 在西方发达资本主义国家，经济学的数学形式主义革命滥觞于20世纪30年代，完成于50年

---

① 道格拉斯·多德：《资本主义经济学批评史》，熊婴、陶李译，凤凰出版传媒集团，2008，第20页。

② Blaug, Mark, "No History of Ideas, Please, We're Economists," *Journal of Economic Perspectives*, 2001, 15 (1): 145.

③ 柯兹：《经济思想史走向哪里？——方向不明，但仍慢慢前行》，王今朝译，载《经济思想史评论》第5辑，经济科学出版社，2010；Kurz, H. D., "Whither the History of Economic Thought? —Going Nowhere Rather Slowly?" *The European Journal of the History of Economic Thought*, 2006, 13 (4): 463 – 488。

④ 中文材料请参见贾根良、兰无双《如何评价经济思想史家大都是异端经济学家？》，《南开学报》（哲学社会科学版）2016年第9期。

⑤ 转引自贾根良、徐尚《"经济学改革国际运动"研究》，中国人民大学出版社，2009，第221页。

代，直到现在，数学形式主义仍支配着发达资本主义国家的经济学教育，它不仅拒斥非主流经济学的历史方法，而且傲慢地将经济思想史学科拒之门外。在过去 10 年中发生的两个标志性的事件凸显了经济思想史和经济史学科在经济学教育中所面临的生存危机。2007 年，澳大利亚国家统计局拟将这两个学科划归"历史、考古学、宗教和哲学"分类中，由于遭到经济思想史学家的激烈反对，这种试图从经济学分类中移除这两个学科的动议才未落到实处。而欧盟研究委员会曾将这两个学科归类到"人类过去的历史研究：考古学、历史和记忆"之中；2011 年，经过经济思想史家的努力，它们才重新被划归经济学科的分类之中。① 但是，经济思想史和经济史学科是否还能在西方发达国家高等学校的经济学院生存下去仍是未知数。②

在过去 20 多年里，由于西方主流经济学在我国的支配性影响，作为与西方经济学处于平等地位的经济思想史和经济史学科，长期受到严重忽视，学科发展状况远不如西方国家，许多高校的经济思想史的研究工作几乎陷入停顿状态。例如，除了笔者单独以及与学生合作发表的论文外，笔者至今仍没有见到有国内学者引用和使用过 2003 年在美国出版的《经济思想史指南》③ 一书中的材料。经济思想史学科目前在全国普遍面临后继乏人的状态，以中国人民大学经济学院为例，其学位点在 20 世纪 80 年代是以经济思想史学科申报下来的，但到了 2015 年初，该学科只剩下笔者这样一位年过半百的教师。即使是从事经济思想史教学的教师，也几乎没有以该学科为志业的。在我国，相对于经济学其他学科的繁荣而言，经济思想史和经济史学科可谓门庭冷落，备受歧视，尽管这两个学科近年来开始受到人们在认识上的

---

① Kates, S., *Defending the History of Economic Thought* (Edward Elgar Publishing, 2013).

② 贾根良、兰无双：《关于经济思想史学科专业归属和栖息地的争论》，《经济学动态》2016 年第 12 期。

③ Samuels, Warren J., Jeff E. Biddle and John B. Davis, *A Companion to the History of Economic Thought* (Blackwell Publishing Ltd., 2003).

重视。

在我国，重视经济史（或经济社会史）和经济思想史的教学同样存在如何贯彻多元主义经济学教育原则的问题。以经济史学科为例，近年来，一些海归经济学人在国内高校大力推行"量化史学"（计量史学），许多年轻人趋之若鹜，以为这是唯一科学的历史研究方法，殊不知它存在严重的缺陷，在西方史学界遭到了批判。计量史学实际上是非历史的新古典经济学在经济史研究领域中的应用，用非历史的方法研究历史，这本身就是一个悖论。在 20 世纪 50 年代末发生"计量史学"革命之前，强调技术、制度和经济结构的重要性和历史特定性的研究传统在西方国家的经济史研究中一直占据着主流地位，这包括马克思主义的经济史研究，19 世纪到 20 世纪 30 年代的德国和英国历史学派的经济史研究，韦伯、杜克海姆和美国老制度主义的经济史研究，以及 20 世纪 40 年代才开始出现的波兰尼经济史研究，等等。这些多元化的经济史研究传统对于我国经济史学科发展的重要性远比"量化史学"强得多，但我国经济史研究中能够运用这些传统的学者越来越少了，在"量化史学"的大潮中是否将完全消失也未曾可知。因此，笔者在 2016 年 9 月召开的"第二届北大经济史学大会"的主题报告中，呼吁"经济史学研究需要多元化的理论视野"。

第八，海外发文和建立独立自主的本土学术规范问题。

本文在前述讨论中对 2016 年我国高等学校第四轮学科评估中暂时被取消的（经济学专业）《A 类期刊名录》提出了批评，笔者现在继续讨论它反映出来的问题。在 20 世纪末和 21 世纪初我国经济学界掀起的"经济学要与国际接轨"的大潮之下，海外发文就逐渐成为我国高等学校学术评价和职称晋升的基本标准。目前，我国绝大多数高校把 SSCI（社会科学引文索引）和 A&HCI（艺术与人文社会科学引文索引）视作评价我国哲学社会科学研究成果的最高标准。但在我国高等学校的经济学专业中，海外发文并不是被一视同仁对待的，而是设置了不同的外文期刊（基本上是英文期刊）分级。目前在国内最有代表性且最具认同性的大概是上海财经大学常任轨教职学术刊物目录的期刊分级①，它将经济学的英文期刊划分为了四个等级：顶级（总共 5 种，所谓的 Top 5）、第一类、第二类和第三类。第四轮学科评估经济学专业《A 类期刊名录》的全部外文期刊的 12 种中就有 11 种来自其顶级（总共 5 种）和第一类（其中的 6 种）期刊，这反映出上海财经大学常任轨教职学术刊物目录在我国高等学校学术评价中具有高度代表性。

那么，上海财经大学常任轨教职学术刊物目录存在什么问题呢？查阅这些期刊目录和它所刊载的论文，人们不难发现它具有以下几个特点。第一，在它收录的 300 多种 SSCI 期刊中，没有一本马克思主义经济学的期刊，马克思主义经济学的研究论文也不可能在其顶级、第一类和第二类期刊上发表，在第三类上发表的可能性也很小。第二，这个期刊目录没有考虑到学科特点之间的差别。例如，没有一本经济思想史学科的期刊入选。第三，它是由数学形式主义单一范式和研究方法主导的。例如，与经济思想史学科不同，这个期刊目录中有不少与经济史相关的期刊入选，原因就在于这些入选的经济史期刊已经被计量史学所支配。第四，在其顶级、第一类和第二类期刊中，没有一本西方非主流经济学各流派的学术期刊，只是在其最低期刊级别即第三类期刊中，才选录了《剑桥经济学杂志》（*Cambridge Journal of Economics*）一种杂志。第五，值得注意的是，上海财经大学常任轨教职学术刊物目录没有选录一本中国本土的经济学期刊，其学术评价完全以国外期刊为准。我国其他高校经济学专业的外文期刊分级虽然与上海财经大学不尽相同，但基本上都具有上述前四个特点。

实际上，上海财经大学常任轨教职学术刊物目录的期刊分级完全是西方主流经济学学术评价体系在中国的翻版。在西方发达国家，西方主流经济学进行期刊分级评价的目的非常明确，就是在大学中排挤和清除

---

① 上海财经大学常任轨教职学术刊物目录（http：//econ. shufe. edu. cn/se/kxyj_ con/87/1489）。

马克思主义经济学和非马克思主义的西方非主流经济学；为了达到这种目的，它还把经济思想史学科等包括在清除目标中。这种期刊分级作为指挥棒对马克思主义经济学、老制度主义经济学、熊彼特主义经济学、后凯恩斯主义经济学、非新古典的发展经济学、经济思想史学科以及以非数学形式主义从事经济史和现实经济问题研究的学者在西方发达国家高等学校的生存造成了致命的打击，因为这些经济学或学科几乎完全不能在其权威（Top 5）、重要（上海财经大学分级第一类）和比较重要（第二类）期刊上发表研究成果。在学科评估中，这就必然对存在这些经济学研究的相关大学系科的学术评价非常低，在这种指挥棒之下，为了提高评估绩效，这些大学在招聘、晋升、研究战略等决策上不得不采取歧视这些经济学的制度、政策和手段，甚至不惜驱逐西方主流经济学之外的所有经济学研究者，这是导致西方主流经济学在西方发达国家长期占据支配地位的根本原因。

以上海财经大学常任轨教职学术刊物目录期刊分级为代表的学术评价体系对我国高等学校"百花齐放、百家争鸣"的学术生态环境已经造成了不良影响。在这一影响下，我国许多重要科研机构所办的经济学专业期刊也日益"西方主流经济学化"，对我国高等学校的职称评定、学术发展方向、人才选拔和意识形态造成了许多严重的负面影响。例如，它难道不是导致马克思主义经济学在我国高等学校中日益被边缘化的重要原因吗？难道它不是导致经济思想史、经济史、政治经济学等学科严重衰落的重要原因吗？这种状况不改变，我国学者的问题意识和我国的学术话语权难免会被西方发达国家所主导。因此，这是笔者说，虽然我国高等学校第四轮学科评估迫于压力，"仍沿用上轮的评估方式，暂不增列'A类期刊'指标"，但在指导思想以及相关重大问题上实质问题并没有得到任何解决的重要原因。以上海财经大学常任轨教职学术刊物目录期刊分级为代表的学术评价体系从根本上是与建设中国特色哲学社会科学的指导思想背道而驰的，是与党中央、教育部近年来不断强调的学术价值取向——以中国方式、中国风格、中国气派，研究中国问题，建构中国学术话语体系的主导思想——背道而驰的。

此外，以上海财经大学常任轨教职学术刊物目录期刊分级为代表的学术评价体系不仅助长了我国经济学教育以（数学和建模）工具而非以现实问题为导向的教学方式，而且漠视中国问题意识，从而导致了脱离实际的不良学风。在我国一些名牌大学，评教授已经不看国内期刊上发表的成果，更不看研究成果在解决中国实际经济问题中的作用，只看在国外所谓"顶级"和第一类等期刊上发表文章的数量。清华大学某文科学院的一位 40 岁左右的副教授曾告诉笔者，他根本无暇关心现实问题，只是整天琢磨着如何迎合国外期刊的口味，在这些期刊上发表论文，否则就别想晋升教授。早在 30 多年前，美国著名发展经济学家托达罗就将这种现象称作"智力外流"：发展中国家的经济学者热衷于与其经济发展毫不相干的"高深"数学模型，盲目地推崇在国外主流经济学杂志上发表论文作为经济学家的标志，而对发展中国家亟须解决的技术创新、收入分配差距拉大、贫困、失业、教育、农村发展和环境保护等问题毫无兴趣。这种学术评价受制于国外学术研究的问题意识，严重背离了解决中国重大实际经济问题的指导思想，助长了"依附型经济学"和挟洋自重的恶劣学风，打击了广大社会科学工作者的民族自信心。早在 2006 年，笔者就已指出，在当时的我国已经出现了"依附型经济学"的发展趋势。[①] 因此，如何在学术评价体系中突出中国问题意识，建立独立自主的本土学术规范，是目前我国经济学教育中亟待解决的重大问题。

第九，人才队伍建设和经济学研究生入学考试问题。

我国高等学校教师队伍建设大量引进"海归"肇始于 2005 年 6 月在中国人民大学举行的"中国经济学教育十年回顾"研讨会，在该会上，复旦大学的一位著名教授提出，中国的经济学教育应该减少培养本

---

① 贾根良、黄阳华：《德国历史学派再认识与中国经济学的自主创新》，《南开学报》2006 年第 4 期。

土的经济学博士,而专注于向西方国家输送优秀的博士生。令人惊讶的是,这个提议竟然得到了不少与会者的赞同,笔者在当时就对这种思潮提出了批评,针锋相对地提出经济学高级人才应该主要由国内来培养①。正是在这种思潮影响下,在过去的 10 年中,我国高等学校的经济学院掀起了一股高薪引进发达国家特别是美国名牌大学毕业博士以及在海外招聘经济学院院长的热潮,这一势头目前仍有增无减,相应的,在学科评估的教师队伍建设这一项指标中,海归所占比例也在不断地加码。

与自然科学领域不同,我国高等学校经济学教师大规模招聘海归担任的做法不利于我国经济学的健康发展,存在以下严重弊端。首先,西方主流经济学垄断了发达国家的名牌大学,它所信奉的新自由主义意识形态不仅与中国特色社会主义格格不入,而且其理论范式也存在严重的缺陷,其政策主张与包括我国在内的广大发展中国家的利益相冲突。其次,近 10 多年来,我国引进的海归几乎是清一色学习西方主流经济学的学生,学习马克思主义政治经济学、西方非马克思主义的非主流经济学的海归屈指可数,学习经济思想史的几乎没有,这种大规模地引进海归必将加强西方主流经济学中在中国经济学教育中的支配地位。最后,2014 年在法国发生的经济学教育改革事件说明,一旦西方主流经济学彻底统治了中国经济学界,不仅马克思主义政治经济学、经济史和经济思想史等学科,而且西方非主流经济学各流派和经济学创新在中国都将陷入更严重的生存危机之中。②

鉴于经济学专业海归主要是在西方国家(主要是美国)由西方主流经济学中存在严重缺陷的一元化教育体系培养出来的,笔者提出以下建议。首先,我国高等学校经济学专业引进的海归教师不应超过教师招聘总数的 1/3,经济学教师队伍的建设应该主要靠国内多元化经济学教

---

① 贾根良:《中国经济学革命论》,《社会科学战线》2006 年第 1 期。
② 贾根良:《法国经济学一超独霸之教训及其对中国的警示》,《中国社会科学评价》2016 年第 1 期。

育体系培养人才。其次，大规模缩减经济学专业领域中针对海外高层次人才的"千人计划"项目，因为这些"千人计划"的人才不仅基本上是西方主流经济学一元化教育体系的产物，而且许多还是西方主流经济学教育体系在国内不遗余力的推行者，例如上海财经大学经济学院院长，对国内经济学学术生态系统造成严重影响的上海财经大学常任轨教职学术刊物目录期刊分级就是由他主持制定的。最后，总结我国高等学校十几年前实行的"国家经济学人才培养基地"的经验教训，为我国高等学校经济学专业教师队伍提供人才储备。由于西方主流经济学的人才可以由海归提供，所以，笔者建议，"国家经济学人才培养基地"应集中培养西方主流经济学研究范式之外的经济学理论人才。

与此相关的是改进经济学硕士和博士入学考试科目和内容问题。目前，在我国高等学校绝大多数硕士点的招生考试中，主要的考试科目是数学和"西方经济学"；在博士点的招生考试中，"西方经济学"所占考分比例超过一半以上，有的甚至达到 2/3～4/5。笔者早在 2005 年就指出，"2002 年教育部规定，数学在经济学硕士生入学考试中所占分数等于 4 年所学经济学在考试中所占的分数，无疑将对经济学的数学形式化起到推波助澜的作用。"① 经济学硕士和博士入学考试科目和内容过分注重数学和"西方经济学"是模仿西方主流经济学占支配地位的西方发达国家经济学教育体制的产物，应该进行改革。为了抛砖引玉，笔者在这里针对经济学硕士生入学考试科目的改革问题，提出一个不成熟的建议：经济学硕士生入学考试应该以较全面地考察经济学本科所学基础课程为目的，除了考外语和政治两门课外，再考两门专业基础课，分别为专业基础课Ⅰ和专业基础课Ⅱ，专业基础课Ⅰ包括数学、经济思想史、经济史（外国近现代经济史或中国近现代经济史任选一门）三门课程，每门各占 50 分；专业基础课Ⅱ也包括三门，政治经济学、西方

---

① 贾根良：《西方异端经济学传统与中国经济学的激烈转向》，《社会科学战线》2005年第 3 期。

经济学（微观、宏观）以及西方政治经济学（西方非马克思主义的非主流经济学）或经济学方法论任选一门，每门也各占 50 分。

第十，改革学科评估办法和鼓励各高校经济学教育的多元化竞争。

2016 年 5 月，针对当时全国第四轮学科评估的办法，笔者提出了如下建议：经济学专业应该恢复以前从二级学科对（重点）学科进行评估的做法，而不是一揽子地从理论经济学或应用经济学的一级学科层次在总体上进行评估。这是因为，在这两个一级学科中，不同的二级学科具有很不相同的特点。例如，从理论经济学一级学科来说，其中包括政治经济学、西方经济学、经济史、经济思想史、世界经济以及人口、资源与环境经济学六个二级学科。这些不同的二级学科不仅"冷热"度不同，而且从学术上来说，本来就不存在相同的评价标准。因此，不应该对这些不同的二级学科采用完全一样的评估标准。

在笔者看来，在过去 10 年中，在一级学科层次上笼统地进行学科评估，已经造成了学科发展之间的严重失衡。以理论经济学一级学科为例，由于不直接评估二级学科，在许多经济学院一窝蜂地大力发展西方主流经济学的情况下，西方主流经济学的一家独大导致了与"西方经济学"具有同等地位的经济史和经济思想史这两个学科的严重衰败，造成了政治经济学学科受到严重挤压，以至于像中山大学、山东大学等许多高校的政治经济学学科实际上已经垮掉，即使在国内号称"马克思主义政治经济学"学科龙头的中国人民大学经济学院，实际上真正从事政治经济学教学和研究的目前只有几个人而已。出于这些考虑，笔者建议恢复从二级学科对重点学科进行评估的做法，其作用主要表现在两个方面。第一，避免西方主流经济学一家独大导致理论经济学其他学科的衰落。第二，有利于避免我国大学经济学学科同质化严重的现象，鼓励各大学特别是北京、上海、广州和天津等之外的大学发展自己独特的学科竞争优势，有利于优秀人才在国内各大学特别是中西部大学之间较为均衡地分布。

至此，笔者针对中国经济学教育体制中存在的弊端，比较全面地提出了十点具体的改革建议。在过去几年中，笔者曾将这些改革建议的大部分内容多次报送《成果要报》或内参，但没有一次被采纳。网文《第四轮经济学专业学科评估指导思想的根本性错误》发表后，某著名报纸的记者曾于 2016 年 5 月就中国经济学学术评价中存在的问题对笔者进行了访谈，但《经济学专业学术评价：警惕被西方主流经济学所支配——专访中国人民大学经济学院教授贾根良》最终被该报拒绝发表。这些情况说明，中国经济学教育体制改革的阻力仍是很大的，因此，本文在很大程度上仍可能只是一个备忘录，以供有志者在改革时机成熟时参考和借鉴。在笔者看来，中国经济学教育体制改革是笔者长期倡导的中国经济学自主创新的内在要求，是建设中国特色哲学社会科学的内在要求，也是中华民族伟大复兴的内在要求。对于本文提出的中国经济学教育改革的建议，正如弗朗西斯·培根约 400 年前在《伟大的复兴》一书的序言中针对他描述的对象所指出的那样，笔者同样"希望人们不要把它看作一种意见，而要看作一项事业，并相信我们在这里所做的不是为某一宗派或理论奠定基础，而是为人类的福祉和尊严……"。

经济数学为何如此落伍却自封社会科学之王？

——经济学的七大困惑

陈 平[*]

我在没有研究经济混沌之前，读经济学著作深感思想深刻，但是方法落后。1984 年普里戈金的学生和同事尼克利斯夫妇在从岩芯数据中提炼出气象混沌（奇怪吸引子）的证据后，大为惊奇。不但接受郝柏林对布鲁塞尔子模型的三维混沌的计算机数值解，而且立即叫我放下即将答辩的劳动分工的演化动力学模型，马上寻找有无经济混沌的证据。可见，理论物理学家的灵感之源，不是先验的哲学信念，而是经验观察的证据。在爱因斯坦和波尔关于量子力学波动解释的决定论与概率论之争后，物理学家得了一个严肃的教训：只要发现和原有理念矛盾的经验事实，科学的态度不是为原有假设辩护，而是立即探讨相反的假设。

经济学家的文化却和物理学家相反，大量相互矛盾的事实导致相互对立的学派，学派之争犹如宗教之争。连引入数理模型和计量分析的数理经济学和计量经济学也具有鲜明的意识形态色彩。

普里戈金给我讲过一个故事。他是一个好奇心很强的人，对任何学

---

* 陈平，复旦大学新政治经济学中心高级研究员、学术委员会主任，春秋研究院高级研究员，哥伦比亚大学资本主义与社会研究中心外籍研究员，主要研究方向为宏观经济、金融、经济复杂性、代谢经济学。

科的成果都会感兴趣。他有一次碰见诺奖经济学家，和阿罗一起发展一
般均衡模型的德布鲁（G. Debreu），好奇地问他研究什么问题。得知他
研究一般均衡，就问他有什么用处。任何物理学家碰到这个问题，都会
借机宣传自己理论的应用前景，即使研究黑洞这样离人类生活遥远的事
物的霍金，也要关心地球以外的事情，准备在人类错误地毁灭地球之前，
在星际空间找到新的生命家园。不料，德布鲁对普里戈金的问题非常生气。
他回答说：这个理论非常美妙，这就够了。他不提任何应用的实例，这让
普里戈金大为惊奇。所以，他坚持我的任何理论猜想，都必须有经验证据。

我从 1984 年起，研究经济学，不是从教科书开始，而是直接从收
集分析时间序列的经济数据开始。我立马就发现经济学理论、经济学模
型、计量分析手段，和经验数据分析之间有巨大鸿沟。经济学自誉为社
会科学的王冠，因为用的数学模型最多，分析数据也最多。号称经济学
可以和物理学相比。不用数学的奥地利学派，包括哈耶克、熊彼特，演
化经济学，老制度经济学，以及只用简单代数的马克思，都主要依靠历
史和哲学的方法来批评古典和新古典经济学。但是他们的学生只要不用
数学模型，就是"非科学"的经济学研究者，在美国的经济系、管理
系，就都没有发展空间。欧洲、日本、澳大利亚还包容一点，但也是被
边缘化的。发表文章、找教职或找工作都很难。但是，经济学家中除了
少数几位，如丁伯根（Tinbergen）接受过物理学训练外，其他多是应
用数学家和统计学家，不了解物理学的基础知识。在经济学界如雷贯耳
的理论，如果有物理学的常识，立马就知道是荒唐的理论。因为新古典
经济学的基本目的是为市场经济的不稳定性和非均衡发展辩护，但是没
有任何治病的处方。美国新学院大学的马克思主义经济学家邓肯·弗里
（Duncan Foley）数学很好，哲学功底也强，被圣塔菲研究所和索罗斯的
新经济思维研究所聘为顾问。他对主流经济学的评价是"理论神学"[①]，

① Foley, Duncan K., *Adam's Fallacy: A Guide to Economic Theology* (Harvard University Press, 2008).

非常深刻！

我给大家分享我作为物理学家观察到的新古典经济学造成的"七大困惑"。

（1）离散时间的差分方程排斥连续时间的微分方程。号称先进的经济数学还处在牛顿以前的时代。

我发现经济混沌，只能用延时微分方程描写，不能用差分方程描写。因为差分方程的时间单位是固定不变的，生态学家最早在逻辑映射（Logistic Map）差分方程中发现它只能产生"白混沌"，就是它的傅里叶频谱是接近水平的横线，和白噪声类似。但是洛伦茨模型或 Rossler 模型是微分方程产生的"色混沌"，用频谱分析，就会看到在类似噪声的背景上，出现分频的尖峰。和线性谐振子的垂直尖峰不同，色混沌的尖峰比较"胖"，特征频率有一定的变动范围。这是"生物钟"的特点。比如你的心脏跳动可能在每分钟 50 次和 120 次之间变化，但不会固定在一个频率上，那只有机械钟才有可能。

为什么经济学家不用微分方程呢？诺奖经济学家、计量经济学的大家——格兰杰——给了我一个没有物理学常识的理由：他说，经济学数据都是离散的，比如年度、季度、月度、每日数据，都是离散的。当然要用差分方程。我说物理学用微分方程，是动力学规律应当和测量的单位或精度无关。不能说我实验精度提高了，牛顿方程就要改写了。但是他无法理解。

后来扎诺维奇在 1993 年邀请我去芝加哥大学商学院讲我的混沌研究，出席的计量经济学家非常困惑，不明白我研究经济动力学机制，为什么不用回归分析。

我的回答是决定论混沌如果存在，说明对应的动力学系统是不可积系统，没有解析解，当然不能做回归分析。他们还是不懂。我说，物理学早期也用回归分析，例如发现欧姆定律，你可以固定电阻，变动电压，然后测出相应电流，把实验点回归，得到线性的比例关系。但是麦克斯韦提出电磁场方程、量子力学提出波动方程，是依据实验的理论推导，不可能用经验数据回归发现方程系数，因为你不知道你假设的线性方程是否存在。结果我猜他们听懂了，也难以接受，因为这等于放弃他们的饭碗。

采用固定时间单位的计量经济学分析的一个困惑，就是在国内大名鼎鼎的哈佛大学教授曼昆，做过一个"单位根"的研究。单位根的意思是线性随机过程的根是单位圆。差分方程的解，如果落在圆内，就是衰减震荡的随机游走；如果在圆外，就是发散震荡的随机游走。那如何解释市场不停震荡，又持续存在呢？就只能走钢丝，解只能在单位圆上变动，不能进去，也不能出来。曼昆宣布从宏观季度数据中做回归分析，证明存在单位根。但是别人用月度数据分析，单位根就不存在了。其实没有单位根，因为这样的震荡是不可能持续的。这也是弗里希线性振子模型，不可能用噪声冲击维持的理由。但是，只学数学，不学物理的经济学家不能理解。倒是学过电机工程的经济控制论和系统工程学家一听就懂。

（2）美妙的微观经济学"一般均衡模型"是违背牛顿力学和相对论的超距作用的。

微观经济学假设不同商品的价格均衡可以自动存在，不需要时间调整。比如各产业都用能源。能源最方便的是石油。油价涨跌很快，但是用石油生产的化肥、农药如果价格跟着变，实行大规模生产的农场就可能生产过剩，卖不出去，因为生产成本如果高于销售价格，就会破产。微观经济学大谈一般均衡，从来不提价格变动的幅度，多大是均衡，多大是非均衡；从非均衡到均衡，需要多长时间。

结果，市场贷款利率如果变动几个百分点，企业的现金流就会产生危机，好企业也会倒闭。美国投机资本操纵的油价、玉米价等大宗商品的价格，真实需求变动几个百分点，国际期货市场就变动几十个百分点甚至一倍多。大批企业倒闭的原因，究竟是金融市场过度变动，还是微观企业非理性投资导致的生产过剩？

阿罗－德布鲁一般均衡模型是静态的，假设产品寿命无穷长，市场调整不需要时间。等价于牛顿方程的速度无穷大，显然违背相对论，因为最大速度是光速。物理学家用几十个人造卫星定位，用的是牛顿力学加相对论的修正。经济学呢？只有超距作用的乌托邦。也就是说，中东战争造成的油价波动，中国的生产企业可以立马调节，没有时间延迟。现实呢？哈佛大学经济学家指导下的休克疗法，市场从自由化以后的大起大落到稳定缓慢增长，经过几年（如波兰）到二十年以上（如乌克兰），无穷大速度的超距作用在哪里？

（3）新古典经济学的价格决定论，等价于物理学的标量场论。

新古典经济学的微观、宏观、金融、制度经济学，本质上是价格万能论。物理学叫"标量场"理论。典型的例子是牛顿的引力场，决定两个粒子间相互作用强度的只有一个变量——粒子间的距离，它是时间和空间的函数，所以是个"场"，有时间和空间分布。但是电磁场就是"矢量场"，电场、磁场都有三个分量，解电磁场方程最少有六个分量。如果做天气预报，还要加热力学的状态方程，所以天气预报需要超级计算机，和控制弹道导弹、巡航导弹及发射人造卫星一样，要解大型的系统微分方程组。爱因斯坦建立相对论，引力场从标量变为四维时空的张量场，如此才需要霍金这样的数学天才来加入黑洞研究。如果解计量经济学问题，哪里需要理论物理学家。

本人在郝柏林之问下逼出来的延时微分方程，比微分方程组还要复杂，和神经元方程类似。经济问题涉及许多变量。宏观政策不仅要考虑国内的人口、天灾、资源、交通的约束，还要关注国际地缘政治的挑战，根本不存在自由贸易。在随时面临西方列强的封锁、禁运和制裁的条件下，怎么可能做到只用一个气象站（即统计局）照搬封闭均衡系统的加权平均就能指导不同地区不同生态条件的地方规划呢？中央统计局应当借鉴中央气象局的观测和建模方法，建立地区网和全球观测网的信息收集系统，再发展复杂系统方程的动态经济预测。

经济学的理论，因为价格没有空间分布和时间演化，所以只有一个点，号称均衡态。连场都谈不上，还要空谈价格机制？说给课堂上的学生听可以蒙混过关，说给马云那样的企业家听，如何决策，如何经营？

（4）有效市场和理性预期的完全信息理论违背量子力学的测不准关系。

有效市场理论宣称市场价格有完全信息。发动反凯恩斯革命的卢卡斯提出理性预期理论，说是老百姓可以完全预测政府干预的效果，知道政府在愚弄百姓，所以"上有政策，下有对策"，可以微观调控个体行为，对冲政府政策，使政府干预完全失灵。这理论高妙吧，把号称数学优势的咸水（东岸）经济学家（麻省理工学院、哈佛大学）的凯恩斯派打得偃旗息鼓。有道理吗？

物理学家看，经济学家的所谓信息，好像是不需要能量代价就可白捡来的。经济学家讲什么信息完全、信息对称，好像市场信息犹如标准字典，一查就知道答案。真正实战的人知道，市场信息互相矛盾，虚假信息满天飞，因为商战也是"兵不厌诈"，谁能根据市场价格的时间序列预测未来？搞技术分析的大投行，都在比赛谁的情报多、数据多，计算机容量大，分析快，做计算机交易，就比交易员喊价快得多。这是华尔街的常识。

可是这些经济学家从来不参与市场交易，才会想象市场有"完全信息"，政府和老百姓对着干，每个人都有无穷大、无穷快的计算机，消耗无穷大的能量，可能吗？当然不可能。因为测不准关系告诉你，任何信息的传播都是用波作载体，如声波、电磁波、光波。波动的测不准关系告诉我们信息传输需要消耗能量。经济学家的完全市场要消耗无穷大能量，是完全不可能的。

（5）自由主义经济学家的"无摩擦力世界"，不懂牛顿力学惯性运动和加速运动的区别。

以交易成本理论爆得大名的科斯，非常喜欢用物理学的无摩擦力世界来描写理想市场，用增加交易成本做理由来反对政府的市场监管。

他说过一个非常可笑的论据，说在无摩擦力的世界，物体可以瞬间加速起飞。他不知道在发射卫星到太空的过程中，加速需要消耗巨大能量，只有到了预定轨道做惯性运动才不需要消耗能量。磁悬浮列车稳速运行时，如果使用超导，消耗很少能量。但是列车启动、加速、减速、制动，都要消耗巨大能量。经济学的道理也一样。经济起飞需要投入大量基础建设材料和消耗大量能源，经济衰退、社会动乱，政府也要投入大量资源。这都是"看不见的手"，即中小企业或个体户无法承担的。这样基本的道理，任何工程师、农民、企业家、政府官员一听就懂。你和主流经济学家说，比让基督徒改信伊斯兰教还难，别说科学了。

普里戈金的耗散结构和自组织理论告诉我们，任何生命都要靠持续不断的能量流、物质流、信息流维持，能量耗散的结果是排出废热，物理学的测量叫熵。然而科斯理想的乌托邦市场，没有摩擦力，不消耗能量，当然不散热。这里有生命吗？没有生命，还有市场吗？

一般均衡模型，做微观个人和宏观的优化控制，有多少信息？要消耗多少预算？优化的误差有多少？调控趋于均衡的时差多长？不回答工程师也要计算的具体问题，空手搓掌，大谈市场万能，好呀好呀，为什么自己不去开工厂，做投资试试？起码要计算多长时间收回投资吧。

我问过芝加哥大学我颇为尊敬的诺奖金融学家米勒（M. Miller）：经济学家说均衡的测量标准是利润为零，那经济学家怎么可能赚钱呢？他的回答太妙了：你可以搭平台做顾问呀，让顾客们自己去交易，是赔是赚，都是自己情愿，输赢和你无关；你只需提成，或收交易费就可以了。原来如此！怪不得实体经济越不好，赌场和金融市场越繁荣。借用美国一个描写金融游戏的电影标题："那是别人的钱"（Other People's Money）。彭德怀批评李德和博古的话是："崽卖爷田心不疼。"如果投机的是借来的，或挪用的、集资来的"别人的钱"，什么产权理论、激励机制也管不了投机客。

（6）微观与宏观经济学的理论框架缺乏医学、生理学和生态学的常识。

新古典经济学的基本假设是人性是贪婪的，人生目标是追求希腊式的快乐，消费多多益善，所以所谓的需求曲线斜率为负，价高量减，却对金融市场的追涨杀跌视而不见。中医养生的基本经验就是饮食有度，天人合一。如果追求舌尖快乐，肚子吃胀了不但会得肠胃病，还会得肥胖病、糖尿病、心血管病、内分泌病以至癌症。如果人生病求医住院，而非闭门修养，就叫"国进民退""大政府""看得见的手"，讳疾忌医，岂不荒唐。

经济学天天吵吵嚷嚷"政府"和"市场"的边界问题，如果你看看脊椎动物，血管之外，有大脑、神经、淋巴系统，都是大脑调节血液流动的微观和中观机制，请问神经系统和血液系统的边界在哪里？现代网络企业也好，产业链、阿里巴巴也好，乃至丰田的中小企业供应链，它们之间的产权边界在哪里呢？医生看病，究竟是用药越多越好，还是越少越好，或者是对症下药最好呢？医生好坏的评价，究竟应该是同行与病友的口碑，还是级别、工资、利润和市场的排名呢？

我听《黄帝内经》的解读，汉代的中医就有人体生理结构和运行的概念。人体结构和皇朝结构类似，心是君主之官，肺是宰相之官，肝是将军之官，胃是仓廪之官。血是属阴的向下流动，犹如耗散结构的物质流，气是属阳的向上运动，犹如耗散结构的能量流，魂是指导能量流，能量流又带动物质流的信息流。《黄帝内经》复杂系统观念的完整，和经络系统与病理诊断经验的吻合，远超当代的系统工程和复杂系统。再看被封为经济学圣经的斯密《国富论》，经济只有交易和贸易。生产只看到劳动分工可以提高效率，市场规模导致市场权势，却看不到"看不见的手"不可能达到贸易的自动平衡。就和斯密去世后出现的铁路、电网、通信网一样，请问它们是计划经济、指令经济、自由经济，还是协作（coordination）经济？

当过五年铁路工人的我，看到中国本土经济学家马洪、孙尚清所做的经济结构分析，它对中国工农业发展的结构演进和决策顺序的理解，远超新制度经济学的产权理论。因为产权理论可以解释个体户的激励机制，但是无法解释当代的大企业、大基金。请问没有核心股东的通用电气、通用汽车将土地赠予大学、教师退休基金会，谁有控制权？它们算是私有企业、社会企业、国有企业还是集体企业？哪家企业、军队和政府机关是可以自由进出、没有结构性约束的组织呢？生物细胞没有细胞膜，让有害物质任意进出，生命能存在吗？

我专门去问过美国名列前茅的德克萨斯大学商学院营销系的专家，有无边际定价的现实案例？回答是不可能有。现实只有策略定价，成本加成定价，如果实行边际定价，等于初始投资没有成本，可以不用偿还。只要借钱要还，投资要回报，边际定价等于自杀，除非是破产清算。

迷信新古典微观经济学理论的"本本主义者"，请回答营销学和企业家的现实问题：企业为什么要做广告，增加交易成本？企业家和投资家为何关注不同行业不同的投资回报率、资金周转周期？空谈制度的顶层设计，能保证企业打赢国际国内的市场竞争、创新竞争和质量竞争吗？

（7）金融和计量经济学的数据分析方法，落后于大萧条以后的数据爆炸及信息时代的"火箭科学"。

客观而言，当经济学家也难。因为传统的供求曲线理论，是大萧条以前的农业经济学家开创的，那时分析农产品价格的波动，只有年度数据，列个表格就够了。大萧条以后政府开始大量收集宏观经济数据，也就年度、季度数据，几百个点，做点统计分析，算算平均值、方差和百分变化率，用中等数学就够了。20世纪50年代出现期货、期权市场，逼经济学家找应用数学家来建立股票市场模型，金融学开始用微分方程，描写布朗运动。微观和宏观经济学家还在玩供求曲线，最多把需求斜线上移、下移或平移。计量经济学听了弗里德曼鼓吹实证经济学可以检验假设是否正确，也只会回归分析。没想过经济动态过程如果是非平稳态、非线性、不可积的，没有解析解，如何可能做回归分析呢？

等到自混沌研究以来，经济学家用的软件包，连工程师、医生都懂的频谱分析也没有，解微分方程的算法也没有，只会解差分方程和矩阵迭代。信息论、信号处理的常识也没有。不知道什么样的问题需要多细的采样间隔、多高的采样频率。对大数据束手无策。经济学的研究又是当教书匠的业余。没有科学家那样的研究经费，可以买先进的计算机和软件，如物理学家用的 Matlab，就是研究原子弹的物理学家开发的，价格比经济学、管理学使用的软件高得多，当然功能也强大得多。

许多人奇怪，为什么我在物理学研究中心研究经济问题。我的回答非常简单，当代科学的前沿是三个"极"："极小（分子、原子、基本粒子）""极大（星球、宇宙）"，还有一个新的"极为复杂（凝聚态、生命、经济、社会）"。研究三个极的基础研究，需要大量工具、大量经费、长期投入。没有政府、大学和基金的支持，急功近利，是不可能做出来的。美国没有几个经济学家在成为终身教授之前，敢做演化经济学和经济复杂性研究。即使成为终身教授以后，研究异端经济学也不能在主流杂志上发文，拿不到赞助基金，影响自己在学校和社会的地位。

我在研究经济混沌之前，物理系的研究中心的跨学科研究可以合法研究生物学、心理学（脑科学），但是没有人做经济学。为了把我的研究"合法化"，1987 年我拿到博士学位之后，普里戈金专门给德克萨斯大学校长写信，把普里戈金中心从原来的"统计力学与热力学中心"改名为"统计力学与复杂系统中心"，把经济混沌的研究列为复杂系统的开创之路。所以，我才能在普里戈金中心坚持约 20 年，直到普里戈金和罗斯托都同年去世。我没有料想到的是，回到北大，加入新创立的中国经济研究中心，科学院的老领导宋健、周光召、杜润生，以及新建的管理科学中心的数学专业出身的副主任陈良昆，都对经济混沌的研究非常重视。

我没想到的是，我在清一色留美回来人员组成的北大中国经济研究中心开异端经济学课会遇到极大阻力。中心领导开明，倒是给了我一个自留地，但是我没有办法把自己在北大具有数学物理背景的学生中发现的、可以冲击诺贝尔经济学奖的天才学生留住。在普里戈金去世、普里戈金中心改名为量子复杂中心之后，为了抓住机遇建成可以在世界领先的中国的经济复杂性或复杂金融中心，形成发展经济学的中国学派，我只能转战到复旦大学的中国研究院，但依然难以突破现有学科体制的障碍。即使郝柏林这样地位超然的中国科学院院士，要推动物理学和生物学的跨学科人才接纳和提升，想必也困难重重。中国主流经济学的发展，至今照抄美国经济学教科书的主流模式，没有自然科学与时俱进的跨学科体制，代价高昂。尽管今天中国改革开放的实践举世震惊，但是中国的主流经济学家比美国经济学家还坚定地维护已经过时的经济学理论。他们非常辛苦地讲课筹集资金，但是没有余力拓展更广的科学基础，这阻碍了他们跟上信息时代的进展。

我钦佩的不少经济学家，如林毅夫、卢峰、李玲、平新乔、赵耀辉、胡大源、温铁军、张军、李维森、路风等，能从实践中发现经济理论的问题，给我许多启发；姚洋引入演化博弈论，贾根良引入演化经济学，重振德国历史学派，史正富和孟捷用创新经济学研究新马克思经济学，开拓了新的思路。但是中国金融经济学科学方法的落伍，导致中国金融分析和调控的技术落后，有可能付出重大代价而不自知，因为小农经验已经不能适应"火箭科学"的金融产业。中国必须及早引入高科技人才，吸取当年周恩来引入钱三强、钱学森，以及聂荣臻听取钱三强的推荐，重用邓稼先、周光召的历史经验，如此才会出一批如陈春先、郝柏林那样敢闯入科技高峰的天才，以及业余自学进入研究前沿的本科生。这不是现在许多拥有国外名牌大学学历的博士就能比的。须知：中国改革许多是由"上山下乡过"的地方干部推动的。

诺奖经济学家斯蒂格利茨给我讲过一个笑话：为什么拉美经济垮了，而东亚四小龙起飞？因为哈佛大学、芝加哥大学培养的经济学家在指导拉美政府，而麻省理工学院培养的工程师去了东亚。这个笑话有点苛刻，因为我见过哈佛大学、芝加哥大学很好的行为经济学家，他们对新自由主义的批评也颇为深刻。如果指的不是学校，而是经济学和工程学或科学的差别，斯蒂格利茨的笑话却是很深刻的。因为日本、韩国的经济学家，针对东亚金融危机后日韩经济的衰落，直截了当地批评留美经济学家搬回来的教条，否定了日本、韩国原创的企业家经营模式和宏观决策对金融自由化的抵制。中国经济学家可以问问这些本土经济学家，对美国主流经济学有什么体会。不要因媒体经济学的炒作而将它当成普适的均衡经济学。

亚当·斯密自己就明白，劳动分工的发展一定会导致市场竞争，结果一定是非均衡的"权势"（power）。马克思对资本主义内生不稳定性的观察，比哈耶克更深刻。有待发展的只是数据分析和复杂模型。哈耶克对经济周期的观察比凯恩斯、弗里德曼深刻，但是哈耶克不懂资本主义和帝国主义的政治。哈耶克主张废除央行，回到意大利城邦时代的金融体制，他完全不懂英国、美国建立央行是发战争债，而央行只不过是实现帝国争霸的金融工具。国内有些学者把哈耶克的自生秩序和普里戈金的自组织系统混为一谈。其实普里戈金和杨振宁一样，是非常关心国际政治的科学家。他们主张的科技政策和社会发展，远比哈耶克和霍金高明。我与普里戈金和杨振宁都有交往。"高山仰止，景行行止。"科学家的历史地位和思想影响，不是论文被引用数量或诺贝尔奖就能衡量的。

经济学多元主义：历史、主旨和中国意义

杨虎涛[*]

摘　要： 经济学多种理论、多种方法在思想市场上的平等竞争和对话一直是促进经济学学科发展的重要途径，但自战间多元主义时代之后，经济学逐步转向新古典体系支配下的一元主义，虽然不断有新的理论对主流经济学提出挑战，但并未改变这种一元主义的格局。当前西方经济学界积极推进的经济学多元主义运动有着深刻的方法论基础，它并不只是一种群体诉求，也是一种经济学学科本身发展趋势的体现，真正而有价值的经济学多元主义应当是一种以学科宽容和学科自由为宗旨的，强调学科平等竞争和自由对话的主张，理解并实践这种多元主义，对中国经济学的发展具有重要的意义。

关键词： 经济学　多元主义　方法论　中国经济学

如果以 2000 年法国经济学专业学生的请愿书行动为起点，旨在推进经济学多元主义的国际经济学改革运动已经持续了 15 年。而 2008 年爆发的全球经济危机成为这一运动的催化剂，2014 年 5 月 5 日，来自 30 个国

---

* 杨虎涛，中国社会科学院经济研究所研究员，主要研究方向为演化经济学。

家的 65 个学生团体发起成立了"国际学生经济学多元化倡议行动"
（International Student Initiative for Pluralism in Economics，ISIPE）。一年
后，这一组织已发展到了 31 个国家的 82 个学生社团。与 2000 年法国
学生只是要求"真实世界的经济学"相比，国际学生经济学多元化运
动的组织者提出了更为清晰的纲领和诉求，对多元化的态度也更为理性
和宽容。在《国际学生对经济学多元化的呼吁书》中，他们明确表示，
理论的多元化、方法的多元化和学科交叉的多元化必须置于课程体系的
核心，经济学教育不仅包括基于新古典的范式，还要包括常常被排斥在
外的古典经济学、后凯恩斯经济学、制度学派经济学、生态经济学、女
权主义经济学、马克思主义经济学以及奥地利学派经济学等众多其他非
主流经济学。而多元主义的目的，"不是选择站队，而是理智地鼓励充
分的辩论和从对立的观点中钻研性地学习。"①

　　回顾经济学说的发展历史，多种理论的碰撞、交流与并存是常态，
即使是在新古典体系逐渐取得垄断地位之后，经济学家也从未停止过关
于多元理论存在和发展的必要性和合理性的讨论。1992 年，包括莫迪
里安尼（Franco Modigliani）、萨缪尔森（Paul Samuelson）、西蒙
（Herbert Simon）和丁伯根（Jan Tinbergen）在内的 44 名经济学家在
《美国经济评论》上呼吁经济学应有一种"新的多元主义精神，从而在
不同的方法之间能够进行批判的和宽容的对话和交流"。② 然而，这种
由学生团体发起和推进的、持续时间长达 15 年之久的运动，却是罕见
的，这也不得不让人反思，它反映的究竟是学生社团或学生群体的诉
求，还是经济学发展本身的要求？现代经济学已经产生了如此众多的分
支，它为什么还不是多元的？如果多元主义对经济学是必要的，它应当
是一种怎样的多元主义？对于中国经济学而言，经济学多元主义意味着
什么？

---

① 详见 http://www.isipe.net/。
② 贾根良：《"经济学改革国际运动"研究》，中国人民大学出版社，2009，第 82 页。

一 过去的多元主义和现在的多元主义

在经济学说的形成和发展历史上，多种理论和多种方法在经济学中并存是常态，而不是偶然。不必将经济学思想史上溯到古典经济学甚至更远的时代，20世纪一战和二战间的近30年时间，就被经济思想史学界认为是最典型的多元主义时代，即著名的战间多元主义（interwar pluralism）时代①，其特征是制度主义、奥地利学派、马克思主义、边际主义等多种思想并存发展，形成了一个自由竞争的思想市场，并不存在一种理论或一种方法垄断大学教育和科学研究的现象。在这一战间多元主义时代，无论是哪一种理论或思想都在这种多元竞争中获得了长足的发展。

二战后，边际主义、一般均衡和数学分析方法完全战胜了制度主义、历史学派和描述分析方法，新古典就此取得经济学教学和研究领域的统治地位。新古典的胜利，至少与以下三个因素密切相关：第一，运筹学（择优分配）在战间经济中的广泛运用，使新古典更容易深入人心，因为择优分配正是这一体系的强项；第二，科学哲学思潮的变化使社会科学开始全面地仿效自然科学的方法和体系，努力将自己塞入"物理学的紧身衣"中，而在这方面，新古典具有天然优势；第三，马歇尔认为，为了避免希腊人试图包揽一切自然科学反而束缚了自然科学发展这样的后果，应当分割社会科学领域，实施专业化的研究从而加快进程。② 这一进程在二战之后开始明显加速，社会科学的不同分支需要一种独特的标准将自己与其他学科区分开，而显得更为纯粹，在主题和

---

① Morgan，M. S. and M. Rutherford（eds.），*From Interwar Pluralism to Postwar Neoclassicism*（Durham and London：Duke University Press，1998）；Colander，David，"The Death of Neoclassical Economics，"*Journal of the History of Economic Thought*，2000，22（2）：127 - 143.

② 马歇尔：《经济学原理》，彭逸林等译，华夏出版社，2004，第590页。

方法上和其他社会科学学科不存在"边界不清"的新古典经济学更容易分离出来。在多种因素综合作用下，新古典经济学就确定了自己在经济学领域的垄断地位，标志是进入大学教科书，解决了该学术体系的大规模代际传承问题，新古典体系也从此获得了一个稳定的、可持续的发展环境。

尽管新古典自取得统治地位以来一直不乏批评之声，如假设的非现实性、类型论思维方式的局限性等，逻辑实证主义的缺陷和证伪主义运用范围的有限性也得到了广泛的讨论和反思，但所有这些，都没有影响新古典的地位。相反，通过保护硬核、修正保护带和获得正向启示，新古典经济学扩张到了政治学、法学、社会学，甚至生物学的领域，产生了法与制度经济学、公共选择理论、家庭经济学、宗教经济学等一系列分支，形成了一次经济学的帝国扩张运动。但是，无论从哪个角度看，这种扩张都不能被称为一种多元主义，它本质上只不过是一个范式的多个应用。

21 世纪初，在法国学生开始递交请愿书的同时，一些经济学家却宣布了新古典的死亡，开始讨论经济学第二次多元主义时代的特征和发展趋势问题。① 大卫．科蓝德认为，现代经济学已经消灭了新古典体系的标志性特征。② 而欧洲制度主义的代表人物霍奇逊也乐观地认为，现代经济学已经转向。③ 实验经济学、行为经济学、博弈论、认知心理学在这一时期内所取得的进展，或者单独，或者共同挑战了个体主义方法论、稳定偏好、完全理性等传统假设，与此同时则有力地支持了异端经济学的种种观点，如异质性、历史特定性、场景依赖性和过程理

① Dow, Sheila C., "Prospects for the Progress of Heterodox Economics," *Journal of the History of Economic Thought*, 2000, 22（2）: 157 – 170; Fullbrook, Edward, *The Crisis in Economics—The Post-Autistic Economics Movement: The First* 600 *Day*（London and New York: Routledge, 2003）.

② Colander, D., "The Death of Neoclassical Economics," *Journal of the History of Economic Thought*, 2000, 22（2）: 127 – 144.

③ Hodgson, G. M., "The Revival of Veblenian Institutional Economics," *Journal of Economic Issues*, 2007, 41（2）: 325 – 340.

性等。与 20 世纪 70 年代由贝克尔等人发起的帝国扩张运动不同的是，这一次经济学多元主义的特征是——经济学帝国被侵略了，来自心理学、脑科学、神经科学这些"硬"科学的研究者，以经济学家一直羡慕但一直无法使用的可控实验手段，证明了新古典体系的诸多荒谬。这正是科蓝德和霍奇逊等人判断"第二次多元主义时代"已然来临的理由：新异端（行为经济学、实验经济学、神经元经济学等）在挫败了正统（新古典）的同时，证明了长期以来被边缘化的老异端（后凯恩斯经济学、女性经济学、激进经济学）的理论价值，这有什么理由不相信多元主义时代来临了呢？他们甚至开始担忧，在一个如此复杂的多元主义时代，经济学理论的碎片化和学术隔绝主义会不会出现。[①]

今天看来，科蓝德等当初过于乐观了。从研究领域看，现代经济学的主流的确已经不再拘泥在新古典体系了，但这并不意味着同质性和类型论思维方式的改变，也不意味着数学形式主义和逻辑实证主义这类典型特征的清除。在一个更为庞大和复杂的主流经济学阵营内，我们依然隐约可见新古典体系的基本框架。曾被寄予厚望的新异端经济学，或者游离于体系之外，或者被主流经济学作为一种偶然的意外被轻描淡写地消解，甚至被容纳或成为新的工具。15年来的经济学多元化运动并未对现有的经济学教学体系和科研评价体系产生根本性的影响，学术评价体系仍然对异端经济学家持歧视态度，绝大部分异端经济学家难以升迁甚至不可能在经济学系谋得教职。而在大学的教育体系尤其是本科教育体系中，新古典仍处在垄断地位，并没有出现多种学说的竞争。在 2014 年欧洲演化政治经济学年会上，霍奇逊不得不承认，除了演化博弈论被吸收之外，什么也没有改变。[②]

---

① Backhouse, R. E., "Should Economics Embrace Postmodernism?" in Backhouse, R. E., *Explorations in Economic Methodology* (London：Routledge, 1998), p. 144.

② Hodgson, G. M., "Introduction to the Special Issue on the Future of Institutional and Evolutionary Economics," *Journal of Institutional Economics*, 2014, 10 (4)：513 - 540.

二 为什么经济学需要多元主义以及
需要怎样的多元主义？

为什么经济学需要多元主义？答案似乎是显而易见的：思想的竞争无疑会带来思想的丰富，而且，对于如此复杂多样的世界，经济学也没有理由以"一种方式来教学，并且以同一种方式来观察真实世界"①。经济学怎样才算是实现了多元主义？答案似乎也是明确的：对于学生来说，如果有更多的理论可以自由选择，就是多元主义；对于教师来说，如果不同的研究方法、理论和观点也可以得到学术评价的认可，而不是必须站队和使用同样的工具甚至格式的话，那就是多元主义。

但是，如果经济学家不能阐述多元主义的必要性和合理性，那么提供不同的经济学理论就缺乏足够的理由，甚至可以被一元主义经济学家视为对学生的不负责任——如果现存的体系是唯一科学和可行的体系，为什么需要多种理论和方法的存在？因此，对经济学多元主义存在的必要性的解答，是一个经济学家无法回避的方法论问题。严格意义上说，经济学多元主义首先是关于解释多种理论存在的原因及其合理性的学说，只有在方法论的意义上使经济学的多元主义获得支持，讨论多元主义的实现形式才是适当的。无论是 20 世纪 80 年代以来关于批判的多元主义（critical pluralism）、建构主义（constructivism）和批判实在论（critical realism）的讨论，还是关于逻辑实证主义的反思和争辩，它们的共同意义，就是为经济学多元主义存在的必要性寻求方法论意义上的支持。

在方法论的意义上，多元主义主要涉及三个递进层次，即方法、认识论和本体论，与这三个层次对应的是方法的多元主义、认识论的多元

---

① 详见 http://www.isipe.net/。

主义和本体论的多元主义。① 这三个层次的递进关系体现在，方法的多元主义需要认识论的多元主义作为基础，而方法论和认识论的多元主义又建立在本体论多元主义的基础上。这三个递进层次的讨论，从方法上的多元主义，如演绎法和归纳法之争，到认识论的多元主义，如对逻辑实证主义的讨论和反思，再到本体论的多元主义，如对原子本体论和演化本体论的讨论，一直是经济学家所关注的问题。而且在长期的争辩和反思中，经济学家已经认识到，一元主义，无论是方法的一元主义还是认识论以及本体论的一元主义，都是不可接受的，这也就是说，经济学多元主义不仅是一种群体诉求，也是一种经济学学科本身发展趋势的体现。

然而，在从方法论层次上去探讨多元主义的合理性问题，一个容易被忽视的问题就是经济学作为一种社会科学本身所应具有的人文特征。由于经济学与政策密切相关，一种具有价值判断的经济学本质上是不可避免的，为了避免经济学沦为一种价值、一种社会力量的工具，保持经济学的人文性，经济学不仅需要方法论意义上的多元主义，同时也需要一种价值的多元主义。保罗·罗默在《经济增长理论中的数学滥用》一文中就指出，由于经济学与政策息息相关，纯粹客观、包容且科学的争论越来越难以得到保障，经济争论很难不受个人政治立场左右。② 从"被踢开的梯子"到华盛顿共识，从"芝加哥男孩"的新自由主义实践到伦敦政治经济学院主管"令人尴尬的辞职"③ 都表明，如果只允

---

① 严格地说，极端的多元本体论是站不住脚的，经济学家所认可的这种本体论多元主义，更多的是强调因主体视角不同而导致的不同的本体论判断，希拉·道（S. C. Dow）把一个世界原则下的不同的本体论立场称为"改进的本体论多元主义"，这是一种有别于建构主义的本体论多元主义。对本体论多元主义的详细解释，可参见贾根良《"经济学改革国际运动"研究》，中国人民大学出版社，2009，第 77 ~ 80 页。

② Romer, Paul M., "Mathiness in the Theory of Economic Growth," *American Economic Review*, 2015, 105（5）：89 - 93.

③ 艾伦·弗里曼、安迪·丹尼斯：《在多元化原则下确立经济学家的行为准则》，王斑译，《当代经济研究》2016 年第 1 期。

许价值判断上的一元主义存在，经济学和经济学家可以犯下多么惊人
的错误。

尽管国际经济学多元主义运动中的一个主旋律就是对主流经济学的
批判，但这并不意味着多元主义是以消灭主流经济学为目的的，它也不
是寻求异端经济学的替代地位，因为这会导致另一种一元主义的经济学
垄断。在经济学需要什么样的多元主义问题上，经济学家也经历了长期
的讨论和观点的交锋，但更多的经济学家，尤其是异端经济学家所持有
的态度是鲜明的。① 第一，不能作为一种反主流的策略而强调多元主
义，因为这会导致另一种一元主义，仅出于反对主流经济学的策略的多
元主义实质上仍是一元主义。第二，多元主义是一种范式之间的共存、
比较和对话的关系，反对非此即彼的观念。主流经济学和非主流经济学
之间是一种交流性和互补性的关系，而非简单的替代关系。一味地反对
主流经济学不是多元主义的真正出发点，正如鲍尔斯（Samuel Bowles）
和金迪斯（Herbert Gintis）所强调的那样，"我们认为瓦尔拉斯模型是
错的，并不是它的细节有问题，而在于它的基本抽象不能解释一些根本
性的问题"②。第三，多元主义不是否定数学的工具性，而是反对数学
工具的滥用，反对出于科学主义目的的数学化。简言之，经济学的多
元主义是一种旨在促进经济学本身发展和更好地服务社会的学科宽容
和学科自由主张。正如麦克罗斯基所强调的那样，科学是一种市场方
式的交流，是不同知识和观点间的对话，促进学术发展的有效途径并
不是建立和强化一个统一的本体论和方法论，而是倡导一种学术价值
观念上的多元主义。一如国民财富依赖于市场范围一样，学术繁荣也
取决于交流范围，知识分子的责任大小和价值高低，取决于他们是否

---

① 参见爱德华·富布鲁克主编《经济学的危机》，贾根良等译，高等教育出版社，
2004，第119~125页；贾根良等《"经济学改革国际运动"研究》，中国人民大学出
版社，2009，相关章节。

② Bowles, Samuel and Herbert Gintis, "Walrasian economics in retrospect," *Quarterly Journal
of Economics*, 2000, 115 (4): 1411 – 1439.

愿意以及是否能够与其他成员进行平等的交流对话，从而促使知识在这种平等交流中获得发展。[1] 这才是应有的经济学多元主义，也只有这样的多元主义，才是可持续的多元主义。

三　经济学多元主义与中国经济学的发展

耐人寻味的是，国际学生经济学多元化运动所涉及的 31 个国家中没有中国。西方经济学界对经济学多元化的讨论和诉求似乎没有对中国经济学界产生实质性的影响，如果这种影响是指"理论的多元化、方法的多元化和学科交叉的多元化"，而不仅仅是指在某些具体问题上学术观点的分歧和争鸣的话。事实上，在理论多元和方法多元的意义上，在经济学国际多元化运动的 15 年内，中国经济学更为明显地呈现一种一元化的倾向。

这种一元化首先表现在方法的一元化上。进入 21 世纪以来，中国经济学开始全面转向计量化和模型化时代，计量软件、数学建模和计算机模拟的重要性日趋提升。无论研究主题和研究领域是否存在区别，也无论问题的意义和现实性，经济学研究开始遵循用一个模板"讲故事"——假说、模型、计量、解释。毫无疑问，这种学术研究使数学与统计背景更具有优势，绝大部分经济学研究成为只求逻辑上自洽、数理上严密和数学模型优美，只供少数同行和专业小圈子内部互相讨论而与现实经济运行已经没有多少关系的一种智力游戏。[2] 在这种智力游戏中，历史的、比较的、思辨的研究方法受到了冷遇，定性分析被视为虚妄的无根据的推断。经济学家或许没有必要否认：在这个工具和方法的一元化时代，经济学本科教育是没有必要的，它应当从属于

---

① McCloskey, D. N., *The Rhetoric of Economics*, Second Edition (Madison: University of Wisconsin Press, 1998), p. 163.

② 参见韦森《中国理论经济学的现状与问题》，http://finance.ifeng.com/a/20150911/13968849_0.shtml。

数学系。

　　中国经济学一元化的另一个表现，则是理论的一元化。在教学上，这种一元化体现为排斥多个理论的并存竞争。中国经济学课程改革的国际化和现代化，实质上是以新古典化和数学化为导向的一元化，传统的政治经济学、经济思想史和经济史（两史一论）课程或者课时被极大地压缩，或者干脆从培养方案中去掉了。在研究领域内，异端经济学家除非做出某种理论观点上的修正主义和形式上的附和，否则很难获得发表论文、晋升职称和争取课题研究的机会。这种一元化的严重之处在于，通过数十年的代际传递，异端经济学很快就会失去后续的教学和研究者，从而彻底地从中国经济学的教学科研体系中消失。经济学家或许忘记了一个简单的事实，今天的经济学，就是明天的经济思想史。这种一种理论的教学和研究体系，正如《国际学生对经济学多元化的呼吁书》中所指出的那样："在其他学科那里是闻所未闻；攻读心理学学位的没有人只是单一地专注于弗洛伊德学说，学习政治学的也不是只学国家社会主义。"我们不得不问：在如此复杂多变的人类经济社会体系面前，一个怎样的理论体系可以自负到认为自己具有唯一的和终极的解释权？如果不是这样，让多种理论并存竞争又何妨？

　　为了免于阴谋论或其他更为多样的指责，也为了避免将多余主义狭义地理解为非此即彼、非左即右的争论，我更愿意相信中国经济学呈现的这种加速一元化的态势，所体现出的是经济学人对经济学科现代化和国际化的一种热切希望。形成这种热烈而急切的一元化的潜在逻辑或许是：因为西方这样讲故事，所以我们也应当这样讲故事，因为西方期刊是这样的，所以我们也应当是这样的，如果我们的故事内容和形式不能为西方所理解和接受，中国经济学就失去了发展的机遇。那么，我们不得不问，如果中国经济学的成功只是用西方主流经济学的理论和方法阐述了一个中国问题并为西方经济学界所接受的话，那是否意味着，作为一个新体系的中国经济学的构建根本上是不可能和不必要的？经济学说的发展历程充分表明，特定的情境和脉络，特定的国情和时代背景，是催生新理论的重要因素，中国经济社会发展的独特实践及其对国际经济政治格局的影响，难道不构成中国经济学家试图贡献一种中国经济学理的理由吗？

更为重要的是，不仅具有解释意义，而且具有政策指导意义的经济学理论一旦形成一元化的格局，就意味着在发展战略和政策的选择上没有给自己留下可选择的空间。一种流行的观点认为，中国经济学已经超越了讨论思想、讨论价值判断的"落后"年代，这与其说是一种工具理性主义的偏狭，倒不如说是一种面对大问题的惧怕和在大历史转向之际的逃避。纵观发达国家的强国历史，没有哪一个国家会愚蠢到只留下"一个锦囊"去应对发展过程中无数的不确定性。英、美、德、日等国的崛起无不依赖于多种经济学说的并存与竞争，假如重商主义、美国学派、李斯特经济学都被当时的流行学说所清除，这些国家的富强是不可想象的。而对于中国这样一个正在崛起的世界上最大的发展中国家和世界第二大经济体，我们又怎能想象一种一元主义经济学的格局会导致怎样的后果。

宏观经济学的困境

保罗·罗默*

秦 蒙 齐 昊译**

摘 要：在过去 30 多年中，宏观经济学发生了倒退。如今，宏观经济学对识别问题的处理并不比 20 世纪 70 年代早期更值得信任，但它因为更加不透明而逃避了质疑。宏观经济学的理论家忽略了明显的事实，假装不知道诸如"紧缩的货币政策可以引起经济衰退"这样简单的道理。他们的模型把宏观变量的波动归因于假想，而这些原因不受任何个人行为的影响。通过把宏观经济学与物理学中的弦理论进行比较，我们可以看到科学中一种一般的失败模式。当对德高望重的领导者的尊重演变成对权威的顺从，且这种顺从取代了客观事实在科学真理中的最终决定性地位时，这种失败模式就会发生。

关键词：真实经济周期模型 动态随机一般均衡模型 经济衰退 识别问题 伪科学（译者添加）

---

* 保罗·罗默（Paul Romer），纽约大学斯特恩商学院经济学教授，内生经济增长理论的主要创始人之一，现任世界银行首席经济学家。

** 秦蒙，中国人民大学经济学院硕士研究生，主要研究方向为增长与分配；齐昊，中国人民大学经济学院讲师，主要研究方向为马克思主义政治经济学、后凯恩斯主义经济学、劳工、金融化、分配、中国经济。

Lee Smolin 只是注意到，在他 25 年的研究生涯中，物理学在其核心问题上没有任何进展，于是他开始写作《物理学的困境》一书。[1] 然而，宏观经济学的困境更加严重——我已经观察到超过 30 年的知识倒退了。

20 世纪 60 年代到 70 年代早期，许多宏观经济学家对识别问题不屑一顾。他们没有意识到，在一个方程组中根据变量的观测值对变量间的因果关系做出判断是多么困难。到 20 世纪 70 年代末，宏观经济学家认识到了这个问题的严重性，但是正如 Canova 和 Sala 在近期一篇文章的标题中指出的那样，我们现在"回到了原点"（Back to Square One）[2]。目前的宏观模型使用令人难以置信的识别假设以得到令人困惑的结论。为了让本文的读者感受一下这些结论有多么奇怪，我们可以看看一位重要的宏观经济学家在一篇发表于 2010 年的文章中是如何评述的：

> 出于公开透明的目的，我必须承认，我自己并不完全相信货币的重要性，除了在严重通货膨胀的情况下。

一　事实

如果想要对"货币政策并不重要"这一观点做一个直截了当的检验，那么沃克尔（Volcker）的紧缩政策就是可用于检验的事件。要记住，美联储直接控制着基础货币，即公众持有的通货与银行存款准备金之和。美联储可以通过买卖有价证券来调控基础货币。

图 1 给出了在沃克尔紧缩政策前后 20 年中历年的基础货币和消费价格指数（CPI）。图 1 上半部分中的实线指基础货币；实线下面的虚

---

[1]　Smolin, L., *The Trouble with Physics: The Rise of String Theory, The Fall of a Science, and What Comes Next* (Houghton Mifflin Harcourt, 2007).

[2]　Canova, F. & L. Sala, "Back to Square One," *Journal of Monetary Economics*, 2009, 56: 431 – 449.

线指 CPI。这两个变量数据的初始时间为 1960 年，初始值都标准化为
1，所以纵轴表示了倍数，每向上移动一小格意味着变量值变化 2 倍。
由于纵轴表示的是倍数，所以通货膨胀率就是 CPI 曲线的斜率。

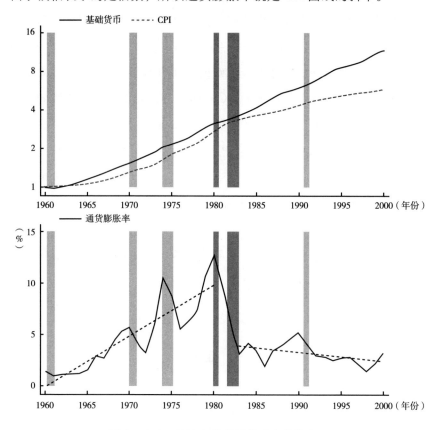

图 1 1960 ~ 2000 年的基础货币和价格水平

图 1 下半部分更详细地给出了每年的通货膨胀率，如图中的实线所
示。图中的虚线是对沃克尔紧缩政策前后通胀率的线性拟合。图 1 上下两
部分都用阴影标明了美国国家经济研究局（NBER）所判断的经济收缩时
期。我用颜色更深的阴影标明了沃克尔紧缩政策时期的两次衰退。从上下
两图中可以看到，通胀的水平和趋势在两次衰退发生时出现了突然的变化。

当一个银行向另一个银行借入准备金时会按照名义联邦基金利率支
付利息。如果美联储让准备金变得稀缺，联邦基金利率就会上升。表明

货币政策宽松程度的最佳指标是实际联邦基金利率，即名义联邦基金利率与通胀率之差。在沃克尔担任美联储主席的时候，实际联邦基金利率比战后任何时期都要高。

沃克尔担任美联储主席两个月后，他采取了一种非同寻常的行为，召开新闻发布会宣布美联储将改变运行方式。Christina Romer 和 David Romer 在他们的研究中对导致这一变化的美联储内部商讨进行了总结。①美联储官员预计这一变化会引起"联邦基金利率的迅速上升"并"抑制经济中的通胀压力"。

在图2中，横轴的时间以1979年8月沃克尔上任时为0时刻。图2中的实线显示实际联邦基金利率在沃克尔上任后不久从接近于0增长到了5%左右。实际联邦基金利率是名义联邦基金利率减去图2中浅色虚线所表示的通胀率之后的结果。浅色虚线表示月度同比通胀率，即CPI在12个月之中的增长率。深色虚线表示失业率。与GDP数据不同的是，月度失业率数据是可得的。在第一次衰退期间，随着失业率从6.3%增长到7.8%，产出下降了2.2%。在第二次衰退期间，随着失业率从7.2%增长到10.8%，产出下降了2.9%。

图2中的数据对美联储官员所预料到的事件提出了一种简单的因果解释。

（1）美联储致力于实现高于现行通胀率约500个基点的名义联邦基金利率，只在第一次衰退期间偏离了这一目标。

（2）较高的实际联邦基金利率降低了产出，增加了失业。

（3）通胀率下降了。要么是较高的失业率与较大的产出缺口相结合导致了通胀率下降，要么是美联储的行为改变了人们的预期导致了通胀率下降。

如果美联储能够使名义联邦基金利率发生500个基点的变化，那么

---

① Romer, C. & D. Romer, "Does Monetary Policy Matter? — A New Test in the Spirit of Friedman and Schwartz," *NBER Macroeconomics Annual*, 1989, (4): 121 – 184.

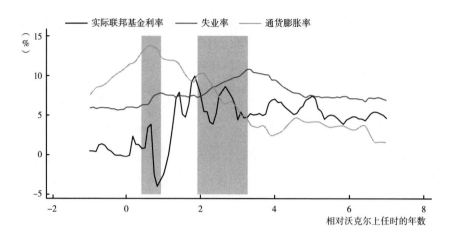

图 2　沃克尔的紧缩政策

对货币政策重要性的质疑就是很可笑的了。面对图 2 中的数据，对"货币政策并不重要"这一教条保持忠诚的唯一途径就是证明不管美联储的官员怎么想，他们并没有改变联邦基金利率；改变联邦基金利率的是一种虚构的冲击，这种冲击使得利率恰好在这个时间恰好提高了那么多，从而使得美联储的官员误认为是他们自己改变了利率。

据我所知，没有经济学家认为提高沃克尔任期内实际联邦基金利率的是一种虚构的冲击，但许多人赞成那些表达这种观点的模型。

二　后真实模型

在 Kydland 和 Prescott[1] 建立起真实经济周期模型（RBC）后，宏观经济学家习惯了这样一种观点，即宏观变量的波动是由虚构的冲击造成的，而不是由人们所采取的行为造成的。究其本质，真实经济周期模型依赖于两个恒等式。第一个恒等式将通常的增长核算残差定义为产出 Y 的增长率与生产投入指数 X 的增长率之差：

---

①　Kydland, F. & E. Prescott, "Time to Build and Aggregate Fluctuations," *Econometrica*, 1982, 50: 1345 – 1370.

$$\triangle\%A = \triangle\%Y - \triangle\%X$$

众所周知，Abramovitz[1] 将这一残差称为"对我们无知程度的衡量"。为了表示对他的敬意，也为了提醒我们自己的无知，我把变量 A 称为"燃素"。

第二个恒等式，即货币数量论，将流通速度 v 定义为名义产出（即实际产出 Y 与价格水平 P 之积）与货币总量 M 的比值：

$$v = \frac{YP}{M}$$

真实经济周期模型将经济衰退解释为"燃素"的外生性下降。给定产出 Y，货币总量 M 的变化所产生的唯一影响就是价格水平 P 的同比例变化。在这个模型中，货币政策的效果是那么微不足道，正如 Prescott 在明尼苏达大学教给研究生的那样："就理解经济问题而言，邮政经济学比货币经济学还要关键"[2]。

真实经济周期模型的支持者把这一模型的微观基础当作模型的主要优势之一。这样问题就来了：这一模型所采用的负面"燃素"冲击并没有微观证据支持，对负面"燃素"冲击究竟是什么意思也没有合理的理论解读。

在一封私人信件中，一个曾与 Prescott 在明尼苏达大学有过交往的人告诉我一个故事，在我们都变得麻木之前帮助我记住了遇到"负面技术冲击"是什么样子的：

> Prescott 邀请我担任他的一个学生预答辩的第二考官……我还没有见过或想过世上还存在那个学生所做的校准工作。我认为出于很多原因这种工作没有什么科学价值，但是在学生报告进行的过程

[1] Abramovitz, M., "Resource and Output Trends in the United States Since 1870," *NBER*, 1965, pp. 1 – 23.

[2] Chong, A., R. La Porta, F. Lopez-de-Silanes & A. Shliefer, "Letter Grading Government Efficiency," *Journal of the European Economic Association*, 2014, (12)：277 – 299.

中，我还算认真地去理解报告内容。当轮到我提问时，我（甚至没有去想技术性冲击这个概念并不是那个学生的研究所针对的问题）问道："这些技术性冲击是什么？"

Prescott 紧张得就好像刚刚中了一颗子弹。在经过了四五秒的尴尬后，他咆哮着说："技术性冲击就是那拥挤的交通。"（我们所在的房间能够看到外面一座桥上在午后时段的拥堵，这座桥在几十年之后垮塌了。）很显然，倘若他真正所想的东西有效说明了这个概念的话，我是会听下去的……

这段引文特别能够反映的是，倘若有任何人严肃对待微观基础的问题，那么这种懒惰的理论构建就会得到遏制。假定一个经济学家认为交通拥堵是对宏观波动打的一个比方，或者认为交通拥堵就是宏观波动的原因，那么显然，这种理论继续发展的方向就是去探讨司机们决定何时开车以及走什么路线。从这些决策的相互作用中就会出现看起来随机的交通流量波动。这是考察波动的一种合理方式。这种方式与假设存在一种虚构的、不是由人的行为所造成的交通冲击是完全对立的。

作为对虚构冲击的回应，标准的辩护会引用 Milton Friedman 来自未知权威的方法论主张，即"理论越重要，其假设就越不切实际"。① 近年来，"所有模型都是假的"这一论断似乎已经被普遍用作一种理由来抛弃那些与流行模型不相符合的事实。

这些来自方法论的托词，这些"无法令人信服的"对事实的抛弃，反映出模型对真理不置可否的关系，这种关系远远超越了后现代主义的讽刺，使这些模型应该得到它们自己的标签。我给它们起名为"后真实模型"（Post-Real Models）。

---

① Friedman, M., *Essays In Positive Economics* (University of Chicago Press, 1953), p. 14.

三 动态随机一般均衡（DSGE）模型
对 RBC 核心模型的扩展

（一）更多虚构的冲击

一旦宏观经济学家认为采用一个虚构的冲击变量是合理的，他们就会使用更多这样的变量。由此，连同我建议的名字一起形成了一个"大观园"。

- 一种一般型的"燃素"：能够增加由给定投入生产的消费品数量。

- 一种"投资专用"型"燃素"：能够增加由给定投入生产的资本品数量。

- 一种"巨魔"：能够随机改变支付给所有工人的工资。

- 一种"小鬼"：能够随机改变产出的价格水平。

- "以太"：增加投资者的风险偏好。

- "热质"：使人们想要减少闲暇。

除了"燃素"以外，模型建立者假设这些变量无法直接衡量。"燃素"从原则上可以通过增长核算来衡量。但在实践中，残差的计算对投入利用率的衡量偏差特别敏感，因此即使对于"燃素"来说，衡量也通常被忽略掉。

（二）黏性价格

为了让货币政策有可能产生作用，DSGE 的经验模型用黏性价格"装扮"RBC 模型。黏性价格使货币政策有可能影响产出，但是，拟合或校准的模型所得出的结果从来没有远离 RBC 的教条。也就是说，即使货币政策有作用，它的作用也非常小。

正如我将说明的，当模型中变量的数量增加时，模型识别问题会更为糟糕。在实践中，这意味着计量经济学家在决定出现什么结果上具有更大的自由度。

识别问题的意思是：为了得到结果，计量经济学家必须要在方程组中加入除数据之外更多的东西。我把加入的东西称为"未知真相的事实"（Facts with Unknown Truth Value，FWUTV），是为了强调以下这一点：虽然计量的估算过程把 FWUTV 假设为已知真相的事实，但是估算过程并没有反映出真相是什么。当前，DSGE 经验模型的做法是通过"校准"一些参数的值加入一些 FWUTV，或施加紧绷的贝叶斯先验分布。正如 Blanchard 所观察到的那样："在很多情况下，紧绷的先验分布最多具有较弱的合理性，估算结果所反映的更多是研究者所施加的先验分布而不是似然函数。"[1]

这个说法细想起来极为恐怖。对一个参数施加的先验分布可以对其他参数的结果产生决定性影响。这意味着，计量经济学家可以去搜寻一些先验分布施加给看似次要的参数，以找到那些给经济学家所关心的参数带来预料结果的先验分布。

（三）一个例子

Smets 和 Wouters 的模型（以下简称"SW 模型"）被誉为 DSGE 计量经济方法的一个突破性成果。Smets 和 Wouters 把模型应用于包括沃克尔紧缩政策时期在内的一段美国历史时期的数据，得出了以下结论[2]：

> 货币政策冲击在所有情况下只对产出的预测变化中的一小部分产生影响。（p. 599）
> 货币政策冲击只对通货膨胀波动产生一小部分的影响。
> （p. 599）

---

[1] Blanchard, O., "Do DSGE Models Have a Future?" *Police Briefs*, 2016：16 – 11.

[2] Smets, F. & R. Wouters, "Shocks and Frictions in US Business Cycles：A Bayesian DSGE Approach," *American Economic Review*, 2007, 93：586 – 606.

[在对产出和通胀相关性的解释中]：货币政策冲击不起作用的原因有两个，其中之一是货币政策冲击对通胀和产出变化只产生一小部分的影响。(p. 601)

在这个模型中，重要的不是货币而是虚构的冲击力。下面就是这两位学者关于这些冲击力的说法，我只是修改了斜体字的部分，同时用缩略词"AKA"代替"亦称为"：

"需求"冲击，比如以太(AKA 风险溢价、外生支出) 和投资专用型燃素(AKA 技术性冲击) 在很大程度上解释了短期产出预测的变化，而巨魔(AKA 工资加成) 或热素(AKA 劳动供给) 以及产出专用型燃素(AKA 技术性冲击) 在相对较小的程度上解释了中长期产出预测的变化……第三，通胀的变化大部分受小鬼(AKA 短期价格加成冲击) 和巨魔(AKA 长期工资加成冲击) 所驱使。(p. 587)

在随后的一篇文章的评论中 (Linde，Smets，Wouters，2016，脚注16)，作者强调了虚构的驱动力给后真实宏观经济学所带来的自由度(同上面一样，我只增加了斜体字部分)[1]：

小鬼的价格加成和巨魔的工资加成在解释 SW 模型中的通胀和实际工资变动时的突出作用受到了 Chari、Kehoe 和 McGrattan (2009) 的批评，他们认为这两个因素的解释力过大了。然而，Galí、Smets 和 Wouters (2011) 的研究说明价格加成冲击的解释力大小可以通过允许热素(亦称为对家庭偏好冲击) 的存在而大幅度减小。

---

[1] Linde, J., F. Smets & R. Wouters, "Challenges for Central Banks' Models," *Sveriges Riksbank Research Paper Series*, 2016, p. 147.

四 识别问题

由于允许虚构冲击的存在而使模型含有更多变量的建模策略使得识别问题更加严重。这给决定怎样获得实证经验的结果提供了更高的自由度。

（一） 最简单的供求模型中的识别问题

考虑任何有关识别问题的方式就是先把它放到一个有供给曲线和需求曲线的市场中去考虑。假设我们有图 3 中的数据，纵轴是工资的对数值 w，横轴是劳动量的对数值 l。为了预测一项政策变化的影响，经济学家需要去了解劳动需求的弹性。在这里，识别问题的意思是：只根据这些分散的点无法计算劳动需求的弹性。

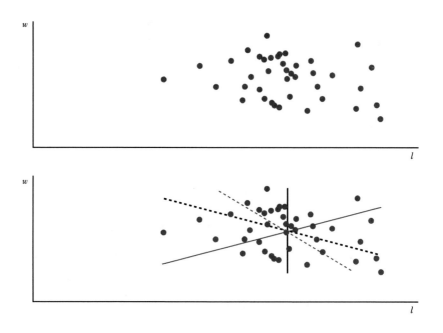

图 3　一个假设的劳动市场

为了生成图中的数据点，我用一个带有随机冲击的对数线性需求曲线和对数线性供给曲线生成数据。然后，我尝试只用这些数据来估计其背后的曲线。我建立一个具有供求曲线和独立误差项的模型，然后用我的统计软件计算供求两条曲线的截距和斜率。结果，统计软件报错了。（软件工程师严肃地向我确认，这是在表示错误。）

接下来，我施加了"供给曲线是垂直的"这一限制条件，即在模型中加入了一个FWUTV。（说得更明确一些，这个限制条件是真是假你们是不知道的，因为我并没有告诉你们我所知道的用于生成数据的曲线的真实情况。）有了这个FWUTV，统计软件得出了结果，如图3下半部分粗线所示。如果统计软件不报错，这个可接受的做法就好像一个人在说"这个模型被识别了"。

再下一步，我通过施加"供给曲线穿过原点"这一限制条件加入了另一个不同的FWUTV。模型再一次被识别，统计软件没有报错。这时得到的结果如图3下半部分细线所示。

你并不知道这两个FWUTV是否为真，但你知道至少其中有一个一定是假的，但估计结果并不能告诉你哪一个可能是假的。因此在没有任何额外信息的情况下，根据统计软件是否报错来进行识别所得出的需求弹性是毫无意义的。

（二）参数量放大问题

假设 x 是关于 m 个变量观测值的一个向量。我们将 m 个变量之间相互作用的线性联立方程模型写为：$x = Sx + c + \varepsilon$。

矩阵 S 对角线上的数值为0，因此等式说明了 x 的每一项等于其他各项的一个线性组合，加上一个常数，再加上一个误差项。为简单起见，假设基于其他一些信息来源，我们知道残差 ε_t 在每一个时期都是独立产生的。同时假设 x 的任何一项都不是其他项的滞后值。这个等式有 m^2 个参数要估计，因为矩阵 S 有 $m(m-1)$ 个非对角线斜率参数，且常数 c 有 m 个元素。

这个系统中的误差项可能包括遗漏变量，这些遗漏变量会影响已经观测到的变量。因此，假设"x 中不同变量所对应的误差项是不相关的"这一判断是没有一个先验基础的。（供求曲线误差项不相关的假设是另一个 FWUTV，我把它混入了产生图 3 下半部分曲线的估算过程中。）这意味着，我们必须用对 x 的方差 - 协方差矩阵做样本估计所得出的所有信息，来计算描述 ε 的方差 - 协方差矩阵的参数。

因此，这个方程组需要从 m 个方程中计算 m^2 个参数，这些方程让 x 的期望值 $\mu(x)$ 等于从观测数据中得出的 x 的平均值 $\bar{x}$。

$$\bar{x} = S\mu(x) + c$$

SW 模型一共有 7 个变量，就有 $7^2 = 49$ 个参数要估算，但只有 7 个等式，因此模型内需要加入 42 个 FWUTV 才能保证统计软件不报错。

（三） 加入预期使得识别问题变得加倍糟糕

Lucas 和 Sargent 在对传统凯恩斯主义模型的批判中，通过引入一套新的"跨方程限制条件"提出理性预期将有助于解决识别问题。[①]

为了看看预期影响决策时会发生什么，假设预期工资对劳动供给有一个影响，且这个影响独立于现时的工资，因为人们是根据预期工资决定是否参加现时劳动市场的。为了体现这个影响，劳动供给等式中必须包含依赖预期工资 $\mu(w)$ 的一项。

一般来说，我们可以在原来的线性系统中加入另一个 $m \times m$ 的参数矩阵 B 来体现 $\mu(x)$ 的影响：

$$x = Sx + B\mu(x) + c + \varepsilon$$

这样的变化给匹配数据中的均值 $\bar{x}$ 的 m 个方程式带来了一点变化：

---

① Lucas, R. & T. Sargent, *After Keynesian Macroeconomics—After The Phillips Curve：Persistence of High Inflation and High Unemployment*（Federal Reserve Board of Boston，1979）.

$$\bar{x} = S\mu(x) + B\mu(x) + c$$

从 m 个等式中，现在的挑战是计算多一倍的参数，也就是 $2m^2$ 个参数。在一个有 7 个变量的方程组中，这意味着有 $2 \times 7^2 - 7 = 91$ 个变量需要通过时间序列 x 之外的信息来确定。

此外，如果参数没有变化或者误差分布没有变化，x 的期望值将保持不变，即使 x 有再多的观测值，即使我们知道所有关于 S 中的斜率系数的知识，从 $B\mu(x)$ 中也不能解出常数项 c。

所以，允许预期有可能影响行为会使识别问题变得至少双倍糟糕。这可能是 Sims 写下面的话时心里所想的：“然而在我看来，理性预期对识别所具有的颠覆作用比起人们已经认识到的还要严重。”[1] Sims 写于 1980 年的文章在今天仍然重要，它也注意到我在前面部分提出的问题，也就是说参数的数量是模型中变量数量的平方；同时，Sims 的文章将从预期项中无法分离出常数项这一问题归因于 Solow 的研究[2]。

五 对待识别问题上的倒退

后真实宏观经济学家并没有对 Lucas 和 Sargent 所说的识别问题[3]给予认真的关注。他们仍然依赖于 FWUTV。他们目前所做的一切似乎是为了寻找加入 FWUTV 的新方式。

（一）自然实验

面对一个估计劳动需求弹性和供给弹性的挑战时，Friedman 和 Schwartz 的方法是寻找两个相邻的时期。这两个时期条件非常相似，除

---

[1] Sims, C., "Macroeconomics and Reality," *Econometrica*, 1980, 48: 1 - 48.

[2] Solow, R., "Comment," *Brookings Papers on Economic Activity*, 1974, (3): 733.

[3] Lucas, R. & T. Sargent, *After Keynesian Macroeconomics—After The Phillips Curve: Persistence of High Inflation and High Unemployment* (Federal Reserve Board of Boston, 1979).

了有这样一个变化，使之前的劳动供给曲线相对于之后发生了位移。为了找到这样的两个时期，他们会仔细审视历史证据，并在散点图中加入信息。①

如果历史环境真的提供了这样一对时期，那么他们就会忽略所有其他数据点，仅基于这两个时期的一对数据点进行估计。如果 Lucas 和 Sargent 的观点——识别问题是宏观经济学的经验分析中最重要的问题——是正确的，那么抛弃那些数据就是有道理的。比起一个有着更小的标准误的无意义的估计来说，一个有着较大标准误的有意义的估计是更好的。

Friedman 和 Schwartz 的方法加入了一个其他人可以对其真伪进行评价的事实。这个方法允许对证据进行积少成多的科学分析。当然，允许这种科学分析意味着要让结果面向批评和修正。

当我读研究生时，我对 Friedman 和 Schwartz 关于准备金增加的观点印象深刻——他们声称，准备金增加造成了 1938～1939 年严重的经济衰退。Christina Romer 和 David Romer 挑战了这种对历史以及大萧条阶段其他几个时期的解读。② 他们认为最可靠的识别信息应来自战后时期，尤其是沃克尔紧缩政策时期。目前我对美国货币政策对产出影响的估算更依赖于最直截了当的实验，即沃克尔紧缩政策时期。

（二）通过假设识别

随着凯恩斯主义宏观经济学模型建立者在他们的模型中增加变量的数量，他们就会碰到"从 m 个等式中估算 m^2 个参数"的问题。这些经济学家以给许多参数赋值的方式加入 FWUTV 来回应这个问题，主要做法就是将参数赋值为 0。如 Lucas 和 Sargent 所注意到的，在很多情况下，不存在独立的证据可以检验这些 FWUTV 的真伪。但值得

---

① Friedman, M. & A. Schwartz, *A Monetary History of the United States*, 1867 – 1960 (Princeton University Press, 1963).

② Romer, C. & D. Romer, "Does Monetary Policy Matter? —A New Test in the Spirit of Friedman and Schwartz," *NBER Macroeconomics Annual*, 1989, (4)：121 – 184.

称赞的是，凯恩斯主义模型的建立者对于他们对模型的处理是公开透明的。

（三）通过数学推导识别

Lucas 和 Sargent 似乎提出解决识别问题的一个关键就是，数学推导可以确定联立系统中的一些参数。[①] 但是解决识别问题意味着加入可检验其真伪的事实，然而数学并不能建立这样一个事实，而且从来不能，永远也不能。

在实践中，数学所能做的就是让 FWUTV 远离对识别问题的讨论。凯恩斯主义者往往说："假设 P 为真，那么这个模型就被识别了。"依赖于微观基础的学者会说："假设 A……假设 B……等等，所以我们证明了 P 为真，那么这个模型就被识别了。"

为了在劳动市场的例子中用足够的"假设 A……假设 B……等等"说明这个过程是怎样进行的，想象一个代表性当事人从消费得到的正效用为 $U(Y) = \dfrac{Y^{\beta}}{\beta}(\beta < 1)$，从劳动得到的负效用为 $-\gamma V(L) = -\gamma \dfrac{L^{\alpha}}{\alpha}(\alpha > 1)$。劳动负效用取决于由随机变量 γ 表示的"以太"水平的波动。

产出 $Y = \pi AL$ 的生产技术就是劳动乘以流行水平的"燃素"π，再乘以一个常数 A。社会计划者的问题就是：

$$\max \quad U(Y) - \gamma \times U(L)$$
$$\text{s.t.} \quad Y = \pi \times A \times L$$

为了导出劳动供求曲线，我们将上面的最大化问题分离成由工资 W 连接的两个分开的最大化问题：

---

① Lucas, R. & T. Sargent, *After Keynesian Macroeconomics—After The Phillips Curve: Persistence of High Inflation and High Unemployment* (Federal Reserve Board of Boston, 1979).

$$\max_{L_S, L_D} \frac{(\pi A L_D)^{\beta}}{\beta} - W_D \times L_D + W_S \times L_S - \gamma \frac{L_S{}^{\alpha}}{\alpha}$$

接下来，对虚构的随机变量 γ、π 做一些分布假设。具体来说，假设它们是对数正态分布的，即 $\log(\gamma) \sim N(0, \sigma_{\gamma})$, $\log(\pi) \sim N(0, \sigma_{\pi})$。在一些代数转换后，最大化问题的一阶条件就还原为下面这个方程组：

$$需求 \quad l_D = a - b \times w + \varepsilon_D$$
$$供给 \quad l_S = d \times w + \varepsilon_S$$

上述各式中，l_D 是 L_D 的对数，l_S 是 L_S 的对数，w 是工资的对数。这个方程组有一个标准的、弹性不变的劳动需求曲线，以及一条截距为 0 的劳动供给曲线——这好像是通过一只"看不见的手"做到的。

有了足够的数学推导，作者就会有足够的自信认为大部分读者将永远找不到 FWUTV 隐藏在模型中的哪一部分。一个论文评审人如果不知道 FWUTV 是什么或者羞于开口问，那就不能说识别中的假设是不可信的了。

在这个例子中，FWUTV 就是 $\log(\gamma)$ 的中值为 0。误差项的分布假设是隐藏 FWUTV 的好地方，因为很少会有人关注这个地方。而且，如果一个批评者确实看到这是识别假设，他又如何能进一步赢得关于"以太"的真正期望值的争论呢？如果作者可以编造一个虚构的变量，"我说这样就这样"似乎成为回答任何有关虚构变量属性问题的相当有说服力的答案。

（四）通过模糊处理识别问题

我从不明白识别是怎样在当前的 DSGE 经验模型中实现的。在某种程度上，DSGE 经验模型依赖于上面一部分提到的通过数学推导处理识别问题的类型。DSGE 经验模型也依赖于校准——校准其实是通过假设识别的别称。但我从不知道 FWUTV 是否会隐藏于模型的其他地方。报告这些经验结果的论文并不讨论识别问题。例如，在 Smets 和 Wouters 的文章中，并没有"识别"这个词出现。

　　为了重新得出那个模型的结果，我阅读了作者使用的统计软件 Dynare 的使用指南。在介绍贝叶斯方法的优点时，使用指南上写道：

第三，先验信息的加入也会帮助识别参数。（p. 78）

　　这是一个启示。使用贝叶斯方法意味着你的统计软件永远不会报错。

　　回想起来，这一点应该很容易看到。为了生成图 3 中的细线，我使用了一个 FWUTV 作为限制条件，即供给曲线的截距为 0。这就像给截距的分布加上了一个紧绷的先验条件。如果我把先验条件放宽一点，并用贝叶斯估计取代最大似然估计，我应该得到一个几乎相同的需求弹性值。

　　如果我这样做，贝叶斯估计过程将表明供给曲线截距的后验分布接近于我所加入的先验分布。因此用专业术语讲，我可以这样说："数据并没有给供给曲线截距的值提供信息。"但另外，我可以说："需求曲线的斜率有一个不同于它的先验分布的后验分布。"通过省略，读者会推断是数据包含关于需求弹性的信息，如同似然函数所做的那样，可事实上是在供给函数的截距上施加的先验条件将需求曲线的弹性固定下来并产生了一个紧绷的后验条件。通过改变我加进供给曲线的先验条件，我可以改变我得到的需求弹性的后验条件，直到得到我喜欢的那个弹性。

　　先验条件就是 FWUTV 的向量，这对我来说是一件新鲜事。但是，一旦理解了这件事并且开始认真阅读后，我意识到这在计量经济学家之间是一个公开的秘密。在本文引言部分中提到的那篇论文中，Canova 和 Sala 写道："不加批判地使用贝叶斯方法，包括使用并没有真正反映分布不确定性的先验分布，会隐藏识别所存在的毛病。"[①] Onatski 和

---

① Canova, F. & L. Sala, "Back to Square One," *Journal of Monetary Economics*, 2009, 56: 431 – 449.

Williams 的研究表明，如果你将不同的先验条件加入早期的 SW 模型，你会得到不同的结构性估计结果。[1] Iskrev 、Komunjer 和 Ng 注意到，如果没有任何来自先验条件的信息，SW 模型就是不可识别的。[2] Reicher 赞同 Sims 在讨论 Hatanaka 1975 年研究的结果时的观点。[3] Baumeister 和 Hamilton 指出，在一个利用贝叶斯办法估计的供求市场的双变量自回归模型中，"即使有无限的样本数据，任何关于需求弹性的推断也只能来自先验分布"是非常有可能的。[4]

六　关于经济学家和物理学家的问题

从"当经济学家试图回答宏观经济学中的一些标准问题时会做什么"的元问题（Meta-Question）中，我们可以分离出这些标准问题，比如美联储是否会上调实际联邦基金率。元问题的一个例子就是"为什么宏观经济学家开始用虚构的驱动力解释波动"。另一个例子就是"为什么他们似乎忘记了已经被发现的关于识别问题的事情"。

我发现一个更具有启示性的根本问题就是"为什么粒子物理学中的弦理论家和后真实宏观经济学家之间有如此惊人的相似之处"。为了说明他们的相似性，我将复制 Smolin 在其著作的第 16 章中所列出的弦

---

[1] Onatski, A. & N. Williams, "Empirical and Policy Performance of a Forward-Looking Monetary Money," *Journal of Applied Econometrics*, 2010, 25: 145 – 176.

[2] Iskrev, N., "Local Identification in DSGE Models," *Journal of Monetary Economics*, 2010, 57: 189 – 202; Komunjer, I. & S. Ng, "Dynamic Identification of Stochastic General Equilibrium Models," *Econometrica*, 2011, 76: 1995 – 2032.

[3] Reicher, C., "A Note on the Identification of Dynamic Economic Models with Generalized Shock Processes," *Oxford Bulletin of Economics and Statistics*, 2015, 78: 412 – 423; Hatanaka, M., "On the Global Identification Problem of the Dynamic Simultaneous Equation Model," *International Economic Review*, 1975, 16: 138 – 148.

[4] Baumeister, C. & J. Hamilton, "Sign Restrictions, Structural Vector Autoregressions, and Useful Prior Information," *Econometrica*, 2015, 83: 1963 – 1999.

理论家的 7 个鲜明特点①：

（1）极度的自信；

（2）一个异常牢固的群体；

（3）对团体的认同感类似于对宗教信仰或政治平台的认同感；

（4）本团体和团体外专家间强烈的界限感；

（5）对不在本团体的专家的想法、观点和工作的漠视和无视；

（6）倾向于乐观地解释证据，倾向于相信夸大的或不完全的结果陈述，忽视理论可能是错误的可能性；

（7）对一个研究项目应该涉及风险的程度缺乏认识。

在弦理论和后真实宏观经济学发展的比较中，两者的相似之处说明了一个依赖于数学理论的科学领域的一般错误模式。当一些有才华的研究者因为在数学建模前沿上的真正贡献而受到尊重时，失败的条件就是存在的。崇拜演变为对这些领导者的顺从。顺从使得研究朝着领导者们推荐的特定路线发展。忠于事实不再需要成为一种协调手段，因为权威的指导能联合很多研究者的努力。因此，如果事实不符合官方认可的理论视角，它们就处于次要地位。最终，证据不再有意义。这个领域的进步由数学理论的纯度来判断，由权威者来决定。

Smolin 的观点中一个令人惊讶之处就是他拒绝弦理论家提出的借口，即弦理论家之所以不注意数据是因为没有可行的方法在弦理论所考虑的层次上收集关于能量的数据，Smolin 在其著作第 13 章中提出了一个令人信服的理由，认为对于大量未被解释的事实来说，如果理论家想要解决，那就可以被解决。在物理学中和在宏观经济学中也一样，对事实的忽视应该被理解为一种主观选择。

Smolin 的观点几乎完全与 Mario Bunge 提出的人类集体努力的分类法相一致。Bunge 首先将"研究"领域和"信仰"领域区分开来。在

---

① Smolin, L., *The Trouble with Physics*：*The Rise of String Theory*, *The Fall of a Science*, *and What Comes Next*（Houghton Mifflin Harcourt, 2007）.

研究领域，如数学、科学和技术，追求真理是协调手段。而在信仰领域，如宗教和政治行动，则是权威协调团体成员的努力。[①]

通过权威协调并非天生不好。有时候我们也别无选择。废奴运动就属于信仰领域，就是依赖于权威来做出决定，这些决定诸如运动的成员是否应当将受监禁的罪犯视为奴隶。一些权威人士必须做出决定，因为既没有一个合乎逻辑的论证，也没有任何事实能让运动的成员独立解决问题。

在 Bunge 的分类法中，伪科学是信仰领域的一个特殊类别，它声称自己是科学。由于信仰领域不同于研究领域由规范来维系，因此它很危险。因为规范通过社会互动传播，混入科学家队伍的伪科学家可以破坏科学生存所需的规范。受人敬重的人在塑造一个领域的规范上异常重要，特别是能给这一领域带来新成员的教师这一角色。出于这个原因，一个对于科学领域有效的防御办法就是让最受人尊崇的研究者恪守最高标准的科学品性。

七　忠诚可以腐蚀科学规范

这种不应该采纳的科学的失败模式是指，当有些人受自身利益驱动时，对科学的威胁就产生了。人们总是受自身利益的驱使。如果科学要求它的参与者是无私的圣人，那它永远也不会存在。

就像市场一样，科学是一个使用竞争把个人私利导向集体利益的社会制度。问题是，在科学中的竞争就像市场竞争一样容易出现互相勾结。

Bob Lucas、Ed Prescott 和 Tom Sargent 推动了后真实宏观经济学的发展。1980 年以前，他们对宏观经济学理论做出了重要的科学贡献。当这些贡献引起可能是讽刺的、蔑视的、过了头的批评时，他们就都

---

① Bunge, M., "What is Pseudoscience?" *The Skeptical Inquirer*, 1984, (9): 36 - 46.

"躲到了洞里"。结果，他们发展出了一种忠诚的纽带，这种忠诚在很多社会环境下都是令人钦佩而富有成效的。

下面两个例子说明了忠诚可以在科学中引入偏见。

（一）例1：Lucas 支持 Prescott

在 2003 年美国经济学会的主席演讲中，Lucas 强烈支持了 Prescott 关于"货币经济学是微不足道的"的观点。

这个态度与 Lucas 于 1995 年所做的诺贝尔获奖演讲很不一致，他在 1995 年的演讲中对认为"货币政策确实重要"以及这个观点给宏观经济理论带来挑战的原因做了一个细致的讨论。这个态度也与 Lucas[①] 对 Ball 和 Mankiw[②] 的一篇论文的评论不一致。在那个评论中 Lucas 写道，Cochrane[③] 提出了一个准确的观点，即"至少对战后的美国来说，关于货币不稳定性的真实效果的重要性及性质很少可以说是牢固确定下来的"。

Cochrane 指出，如果货币按照他的向量自回归模型所认为的那样具有系统性影响，那么，比起"评价使货币政策更加可预测可以如何进一步稳定产出"来说，研究诸如最后贷款人角色的货币政策以及存款保险这样的金融制度是更加重要的。根据 Cochrane 的观点，如果上述评价得到的结果是货币政策的好处很少，那么"可能不是答案错了，而是我们问错了问题"。[④]

然而，Lucas 考察了使货币政策更可预测的效应，并得出了潜在福

① Lucas, R., "Comments on Ball and Mankiw," *Carnegie Rochester Conference Series on Public Policy*, 1994, 41: 153.

② Ball, L. & G. Mankiw, "A Sticky-Price Manifesto," *Carnegie Rochester Conference Series on Public Policy*, 1994, 41: 127 – 151.

③ Cochrane, J., "Shocks," *Carnegie Rochester Conference Series on Public Policy*, 1994, 41: 295 – 364.

④ Cochrane, J., "Shocks," *Carnegie Rochester Conference Series on Public Policy*, 1994, 41: 331.

利收益确实很小的结论，规模"是消费的万分之几。"①

Lucas 在对他 2013 年出版的论文集的介绍中写道：2003 年演讲的结论是，在美国的战后时代，货币因素并不是"这一时期实际不稳定性的一个主要来源，也不是说货币因素并不重要，或者说货币因素从来也没有重要过。我赞同 Friedman 和 Schwartz 对 1929～1933 年大萧条时期的观点，而且这也是我现在看到的雷曼破产后 2008～2009 年经济衰退的方式"。② 事实上，他退了一步并承认了 Cochrane 的观点，也就是研究美联储作为最后贷款人的角色是更重要的。

Lucas 也冒险支持了 Prescott 的估计结果③：84% 的产出变动是由"燃素"或称技术冲击造成的，即使 Cochrane 的同一结果显示这个估计的 t 值大约为 1.2，所以标准误置信区间包含从 0 到 100% 的所有值。事实上，Cochrane 报告说，试图通过其他方法估计这一结果的经济学家得到了从 0、0.002%、0.003% 到 Prescott 估算的约 80% 的各种各样的估计值。

相对于他在演讲前后的文章，对于 Lucas 在 2003 年的演讲中对 Prescott 的强烈支持来说，我所能看到的唯一解释就是他在尽他自己最大的努力支持他的朋友 Prescott。

（二）例 2：Sargent 支持 Lucas

超越科学要求之外的第二个例子就是 Sargent 为 Lucas 于 1980 年发表的关于货币数量论的一篇文章提供的辩护。在 1980 年的文章中，Lucas 估计了名义货币的需求，并且发现它与价格水平成正比，与货币数量论的预测一致。他发现了一种过滤数据的方法，用他所关注一个历史时期的美国经济数据（1953～1977 年）来得到货币数量论的结果，并且似

---

① Lucas, R., "Macroeconomic Priorities," *American Economic Review*, 2003, 93: 11.

② Lucas, R., *Collected Papers on Monetary Theory* (Cambridge: Harvard University Press, 2013), p. xxiv.

③ Prescott, E., "Theory Ahead of Business Cycle Measurement," *Federal Reserve Bank of Minneapolis Quarterly Review*, 1986, (10): 9-21.

乎暗示这样的结论：任何施加到他的过滤方法中的识别假设都必须是正确的，因为用这些假设得出的结论支持了货币数量论。[1] Whiteman 说明了如何明确找出 Lucas 的过滤方法所对应的那些识别假设。[2]

Sargent 和 Surico 重新审视了 Lucas 的方法，并且表明当被应用到沃克尔紧缩政策时期后的数据上时，这一方法产生了完全不同的结果。他们表明变化可能产生于货币供给过程的变化。[3]

在论述这个论点的过程中，他们用最有利的方式描述 Lucas 在 1980 年的文章。Lucas 写道，他的研究结果对"在何种程度上用纯古典的、货币的驱动力来理解评估战后的通胀和利率的程度"[4] 是有意义的。Sargent 和 Surico 对这句话做了不太合理的解释，他们说："Lucas……正是为了说明他的结果依赖于 1953～1977 年这一时期的货币供给过程。"[5]

他们还误读了 Lucas 关于货币数量论可能会不成立的条件所做的评论。从上下文可以清晰地看出 Lucas 的意思是指，对于他的过滤方法所去除的高频变动来说，货币数量论将不再成立。这并不是如 Sargent 和 Surico 所认为的那样是一个警告，即如果美联储采用一个不同的货币供给规则，过滤方法将产生不同的结果。

对 Sargent 和 Surico 的结果最简单的描述就是，只有在关于货币供给的严格限制假设下，使用 Lucas 的估计量，货币需求中价格水平的指数就是可识别的（即得到了真实参数的一致估计量）。Sargent 和 Surico 并没有通过这个方式描述他们的结果。事实上，他们从没有提过识别问

① Lucas, R., "Two Illustrations of the Quantity Theory of Money," *American Economic Review*, 1980, 70: 10005–10014.

② Whiteman, C., "Lucas on the Quantity Theory: Hypothesis Testing without Theory," *American Economic Review*, 1984, 74: 743–749.

③ Sargent, T. & P. Surico, "Two Illustrations of the Quantity Theory of Money: Breakdowns and Revivals," *American Economic Review*, 2011, 101: 109–128.

④ Lucas, R., "Two Illustrations of the Quantity Theory of Money," *American Economic Review*, 1980, 70: 10005.

⑤ Sargent, T. & P. Surico, "Two Illustrations of the Quantity Theory of Money: Breakdowns and Revivals," *American Economic Review*, 2011, 101: 110.

题，即使他们估计自己的结构性 DSGE 模型，因而他们可以进行政策实验并询问"如果货币供给规则改变会发生什么"这一问题。他们表示，他们依赖于贝叶斯估算方法，并且像往常一样，一些参数具有紧绷的先验条件，这些先验条件产生了非常相似的后验条件。

倘若是一个传统的凯恩斯主义者在 1980 年写了一篇文章，提供了一个估计出的货币需求曲线，这个曲线作为方程可以被加入一个 1970 年老式的多方程凯恩斯主义模型中，我估计 Sargent 会对这样一篇文章做出更清晰的回应。尤其是，我怀疑在这种情况中，他就不会在脚注 2 中对某个人（可能是一个论文评审人）提出的识别问题做这样一个含糊的回应了①：

> 此外，就像我们正在使用模型一样，DSGE 模型就是被设计成使用跨方程限制的模型，这些跨方程限制源自 Lucas（1972）和 Sargent（1971）所提倡的理性预期模型的方式，以解释包含通胀的回归将如何依赖于货币和财政政策规则。我们认为，我们正在以模型设计者所想要的一种方式使用我们的结构模型。

当 Lucas 和 Sargent 写道"任何人如果声称具有给出定量经济政策建议的能力，那么就必须解决时间序列的结构模型中的识别问题"②时，他们使用"任何人"这个词意味着，没有人可以得到拒绝回答识别问题的通行证。没有人会说"我们知道我们在做什么"。

---

① Sargent, T. & P. Surico, "Two Illustrations of the Quantity Theory of Money: Breakdowns and Revivals," *American Economic Review*, 2011, 101: 110. 引文中提到的两篇文献为 Lucas, R., "Econometric Testing of the Natural Rate Hypothesis," in Eckstein, Otto (ed.), *Econometrics of Price Determination* (Board of Governors of the Federal Reserve System, 1972), pp. 50 – 59; Sargent, T., "A Note on the 'Accelerationist' Controversy," *Journal of Money, Credit, and Banking*, 1971, (3): 721 – 725。

② Lucas, R. & T. Sargent, *After Keynesian Macroeconomics—After The Phillips Curve: Persistence of High Inflation and High Unemployment* (Federal Reserve Board of Boston, 1979), p. 52.

八 回到原点

我同意 Lucas 和 Sargent 的严厉批评，即以前大型凯恩斯主义宏观模型依赖于并不可信的识别假设。现在的情况更严重。宏观模型使假设更不可信、更不透明。[①]

我也同意 Lucas 和 Sargent 对那些凯恩斯主义模型的预测做出的严厉批评，比如说通胀率的增加将引起失业率的下降的预测。而 Lucas 提出了一个事实论断，其错误更严重[②]：

> 我此次讲座的论点是，宏观经济学在这个原始意义上已经成功了，即它预防衰退的核心问题已经解决了，所有实践中的目标都已经实现了，而且事实上已经实现很多年了。

使用全球产量损失作为一个度量标准，2008～2009 年金融危机表明，比起凯恩斯模型有错的预测，Lucas 的预测是更严重的失败。

所以，Lucas 和 Sargent 对凯恩斯主义宏观模型的以下判断同样适用于后真实宏观模型，适用于生成后真实模型的程序[③]：

> 这些预测非常不正确，并且以前它们基于的原则从根本上说是有缺陷的，这些现在是明摆着的事实……
>
> 处在经济周期中的当代学生面临的任务是整理残骸……

---

① Lucas, R. & T. Sargent, *After Keynesian Macroeconomics—After The Phillips Curve: Persistence of High Inflation and High Unemployment* (Federal Reserve Board of Boston, 1979).

② Lucas, R., "Macroeconomic Priorities," *American Economic Review*, 2003, 93: 1.

③ Lucas, R. & T. Sargent, *After Keynesian Macroeconomics—After The Phillips Curve: Persistence of High Inflation and High Unemployment* (Federal Reserve Board of Boston, 1979), p. 49.

九 我的元模型（Meta-Model）

在关于宏观经济学状况的各种评论中，我关于宏观经济学倒退为伪科学的悲观评价处于十分极端的位置。大多数评论承认宏观经济学存在改进的空间，也赞同稳步地推进，这个进步起码是用看重更复杂的工具的后真实模型的标准来衡量的。元问题中自然要问的问题就是为什么很少有人说我所说的这些话，以及我所做的评论是不是一个应该被拒绝的异类。

要用模型来解释我为什么做出不同选择，那就应该追溯到不同的偏好、不同的价格或不同的信息。其他人也看到相同的文章并且已经参与相同的讨论中，所以我们可以消除信息不对称。

在初步的分析中，假设所有经济学家有相同的偏好似乎是合理的。我们都从做好我们工作的专业精神中得到满足。做好工作意味着当有人做了一个似乎是错误的论断的时候应当公开反对。

当做出错误论断的人是一个受人尊敬的、具有 Smolin 列举的特点的团体领导者时，存在一个与公开反对相关的代价。这个代价对我来说是比较低的，因为我不再是一个学术研究者。我是一个实践者，这意味着我想让有用的知识起作用。我不在乎我是否再次在重要经济学期刊上发表文章或赢得任何专业荣誉，这些对实现我的目标没有太大的帮助。于是，在具有 Smolin 提出的特点的团队中，成员所面临的威胁对我来说并不适用。

（一）科学规范

一些在私下谈话中同意关于宏观经济学现状描述的经济学家在公开场合下并不会这么说。这也符合基于不同代价的解释。他们中的一些人也劝阻我不要公开反对，这种劝说需要其他一些解释。

如果他们不得不亲眼看到批评一个受人尊敬的领导者所引起的不愉快的反应，他们可能就觉得这对他们来说也是一种代价。毫无疑问，不愉快反应的情绪是激烈的。在我批评了 Lucas 的一篇文章后，我有机会遇到了一个非常生气以致一开始气得说不出话的人。最终，他对我说：
"你这是在谋杀 Bob。"

但我的感觉是，问题比逃避更严重。一些我认识的经济学家似乎已经开始吸收后真实宏观经济学家积极推进的规范，即公开批评一个权威人士对于任何人来说是一种严重违反品行准则的行为，而无论事实是真是假、预测是对是错，以及模型是不是没有意义的都不足为虑。

权威机构所设置的不能批评的规范有助于人们作为一个追求政治、道德、宗教目的信仰领域的成员而互相合作。就像 Jonathan Haidt 观察到的①，这种类型的规范具有存在价值，因为当一个群体的成员受到另一个群体攻击时，这个规范能帮助成员发起协同防御。这个规范由两个内在的道德观念支持，一个道德观念鼓励人们服从权威，而另一个则迫使人们自我牺牲以捍卫神圣的纯洁。

科学，以及其他所有的研究领域都由启蒙运动催生，因这些内在的道德观念上的"一切从零开始"而存活下来。成员培养的是一切都不是神圣的和权威应该永远受到挑战的信念。在这个意义上，比起笛卡尔或牛顿，伏尔泰对于启蒙运动的研究领域的知识奠基更加重要。

拒绝对权威的任何依赖，一个研究领域的成员只通过保持对真理矢志不渝的追求来协调彼此独立的研究成果。只有通过对大量公开披露的事实和逻辑的独立评价形成的基本共识，这种对真理的追求才能逐步建立起来。这些事实和逻辑的评价来自崇尚开诚布公表达异议的人，来自接受自己错误的人，以及抓住机会推翻权威的错误论断的人。

即使科学运作良好，它也不是完美的。涉及人的事物都不是完美的。科学家致力于追求真理，即使他们知道绝对真理永远不会被揭示。他们所希望的是确立判断一个论断是不是真理的共识，这种共识的宽松程度如同在股票市场上确立一个公司的价值。这个共识可能会误入歧途，也

---

① Haidt, J., *The Righteous Minds: Why Good People Are Divided by Politics and Religious* (New York: Pantheon Books, 2012).

许偏差还会持续很长一段时间。但最终，它会被自由挑战共识的反叛者和仍然认为正确的事实很重要这一共识的支持者拉回到真实中来。

尽管存在明显缺陷，科学已经相当擅长生产有用的知识了。科学是协调很多人的信仰的一种好方式，也是不使用强制在亿万人中间建立共识的唯一方式。

十　经济学今后的困境

一些经济学家表明后真实宏观经济学是一潭死水，完全可以忽略它，并以此来反击我的担忧；毕竟，"有多少经济学家真的相信极其紧缩的货币政策对实际产出没有影响呢？"

对于我来说，这揭示了一个令人不安的盲点。问题并不是宏观经济学所说的与事实不符。真正的问题是其他经济学家并不在意宏观经济学家不关心事实本身。比起坚定地维护错误，冷漠地容忍一个明显的错误对科学更具有腐蚀性。

可悲的是，一些在早期职业生涯做出重要科学贡献的经济学家走上了一条远离科学的道路。当这些经济学家是我所认识的和我所喜欢的人的时候，当那么多其他我所认识的人将这些领导者当作偶像崇拜的时候，我这么说是很痛苦的。

但科学和启蒙运动的精神是人类最重要的成就。它们比我们任何人的感情都重要得多。

你可能不会和我分担我对科学的追求，但是问问你自己：你想要你的孩子被更忠于朋友而不是医学的医生诊治吗？如果不想，你为什么会期待那些想要答案的人在知道我们更忠于朋友而不是事实后还会继续关注经济学家呢？

很多人似乎很欣赏 E. M. Forster 的论断：对于他来说，他的朋友比他的国家更重要。对于我来说，如果他这样写，"如果我必须在背叛科学和背叛朋友间做出一个选择，我希望我有勇气背叛我的朋友"，我将更钦佩他。

现代宏观经济学的走向错在哪里[*]

约瑟夫·E. 斯蒂格利茨[**]

姜艳庆 译[***]

摘 要： 本文主要对过去 25 年来在宏观经济学中占主导地位的 DSGE 模型进行批判。本文认为该模型失败的核心在于其错误的微观基础，即未能将经济行为的关键方面考虑在内，比如未能纳入信息经济学和行为经济学的视角。对金融部门不恰当的建模意味着它们不适合对经济危机进行预测或给出应对建议；对典型行为人模型的依赖意味着这些模型既不适合分析分配在经济波动和危机中的作用，也不适合分析经济波动对不平等造成的后果。本文提出了可替代的基准模型，在了解严重衰退及其应对方面，这些模型可能更有用。

关键词： DSGE 模型 经济危机 微观基础 典型行为人模型

一 引言

在我看来，在现代宏观经济学讨论中发挥着重要作用的动态随机一

---

[*] 本文是 NBER Working Paper（编号 23795）"Where Modern Macroeconomics Went Wrong"（见 http://www.nber.org/papers/w23795）的节译，略去了文中的注释；关键词系译者所加。

[**] 约瑟夫·E. 斯蒂格利茨（Joseph E. Stiglitz），美国哥伦比亚大学教授。

[***] 姜艳庆，云南大学理论经济学博士后流动站研究人员，云南师范大学讲师，主要研究方向为非正统经济学史、产业组织理论与政策。

般均衡（DSGE）模型，并不能满足精心设计的宏观经济模型应该具备的功能。任何一个宏观模型所面临的最重要挑战，在于洞察反复发生的严重衰退，并且提出应该如何应对。当然，如果我们有模型来预测这些危机，那就更好了。从社会的角度来看，下一年经济增长 3.1% 还是 3.2% 几乎没有什么不同。但是，当国内生产总值（GDP）下降和失业增加时，危机对当前的个人福利以及未来的经济增长都会造成很严重的影响。特别是，现在人们已普遍承认，像美国和欧洲在 2008 年以后面临的那种长期经济疲软对未来潜在的经济增长有着重要影响。

尽管发生了 2008 年的危机，而且 DSGE 模型既无力预测危机，也未能对如何应对危机的后果提出政策指导，使得人们对该模型产生不满，但模型的缺陷远不止这些：DSGE 模型在其他严重衰退的情况下也存在类似缺陷。

DSGE 模型未能解释这些严重衰退，包括引起衰退的经济扰动的根源：为什么系统（在这些模型中）本来应该能够消化吸收的冲击会被放大，并带来如此严重的后果；为什么衰退一直持续，即为什么经济不能如人们在均衡模型中所预期的那样迅速恢复充分就业。这些并非微不足道的弱点，而是造成这个模型的缺陷的根源。

我们从宏观经济学的"基准模型"中能探索到什么其实并不总是很明确。瓦因斯（Vines）写信给我，建议我们应该寻找一个可以教给研究生的简单模型，为他们提供一个误导性较小的研究框架，基于这个框架他们可以开展任何研究计划。

布兰查德（Blanchard，2017）认为：

> 模型应该抓住我们所认为的企业和人的行为的宏观本质特征，而不是试图捕捉所有相关的动态变化。只有这样，模型才能达到目的，保持足够简单，并为理论探讨提供一个平台。

因此，往往要在作为基准模型的核心 DSGE 模型与各种扩展模型之间做出区分，扩展模型引入了大量的复杂性——更多的冲击，而不仅仅是技术冲击；和大量的摩擦——更多的摩擦，而不仅仅是名义工资和价格刚性。的确，当 DSGE 模型的使用者意识到这些模型的一个或多个弱点时，他们只好通过特定的方式去"拓展"这个模型。随之而来的是托勒密式的尝试，把那些以前被排除在模型之外的似乎很重要的特征重新考虑进来。结果，模型失去了曾有的简洁性，模型是基于稳固的微观基础这种断言也被削弱了，而这些正是该模型在政策分析上的信心所依赖的基础。由此产生的复杂性往往使模型解释真正发生的事情变得更加困难。

拥有如此多的参数使得宏观计量经济学变成只不过是一种曲线拟合，把由模型产生的任意矩集（set of moment）与现实作对比。标准的统计学标准被搁置一边。科里内克（Korinek，2017）就此提出了一个致命的批评：

首先，DSGE 模型所采用的时间序列通常使用 HP 滤波法等方法进行去趋势化处理，以便将分析的重点放在经济周期频率的静态波动上。尽管这在某些应用中是有用的，但是由于许多重要的宏观经济现象是非稳态的或者出现频率较低，所以这种做法冒着"将婴儿同洗澡水一起倒掉"的风险。近年来一个特别相关的例子是金融危机的增长效应。

其次，对于给定的去趋势时间序列，评价模型并将它与数据进行比较的矩集合的选择在很大程度上是任意的——在某一特定矩集合的选择上，缺乏严谨的科学依据。在宏观领域已经形成了一些约定俗成的惯例，主要关注二阶矩，即方差和协方差。然而，这是有问题的，对于某些很重要的宏观经济事件，比如金融危机，并不适合二阶矩求解。金融危机是罕见的拖尾事件，在时间序列中引入了大量的偏度和厚尾。因此，由于金融危机和普通经济周期是由一系列不同的冲击所驱动的，一个好的金融危机模型很可能因为与用于评价普通经济周期的模型的传统二阶矩不匹配而明显不同。在这种情况下，与传统矩相匹配的标准甚至可能成为一个模型对现实世界多么有用的危险导向。例如，存在一个与20世纪前10年产出方差相匹配的模型，并不意味着这个模型可以很好地描述近十年来产出的动态变化。

再次，对于给定的矩集合，没有明确的统计数据来衡量 DSGE 模型的拟合度，或者在该框架下做出任何优化。模型产生的矩与现实世界观测到的矩是否能够很好地匹配，通常取决于肉眼的比较，而且主要取决于读者的相机抉择。这种方法的科学严谨性值得怀疑。

最后，（DSGE 模型）经常强加一些与微观证据直接冲突的约束。如果一个模型在某些维度被拒绝了，那么衡量其他维度的拟合优度的统计数据就是没有意义的。

他的结论是，这种方法的"科学严谨性"是"值得怀疑"的，应对它持保留态度。

有时候，在针对不同情况给出实际建议的"政策模型"和具备良好理论基础的模型之间要做出区分。因此，标准的凯恩斯主义模型可能（存在争议）足以告诉我们是否以及如何刺激经济，但其基本方程不具备微观基础这一事实使得它在理论上很难被接受；为了理论的优化，我们不得不转向 DSGE 模型。基于以下两个理由，我认为这些区分是错误的。首先，正如我在下文的解释，我认为核心 DSGE 模型不是一个好的理论模型：好的理论模型是以企业和家庭的实际行为和市场实际的运转为基础的。如果信贷投放比利率更重要，那么一个假定没有信贷配给的模型就不是一个好的理论模型。在危机中，银行无法获得资金，它们的流动性受到约束。这些约束条件与 DSGE 模型的基本假定不一致。其次，基于微观基础建模的原因在于，政策的改变可能会改变之前所发现的简化型关系中的某些方面。我们需要一个理论来分析清楚是否会发生这些可能性。好的政策需要了解行为的潜在决定性因素。

短期政策也涉及短期预测。作为克林顿总统经济顾问委员会——由美国国会建立，旨在通过适当的宏观经济干预，确保经济保持充分就业——的主席，我有责任监督我们的预测，这些预测同样也应用于财政预算中。尽管这是当前的 DSGE 模型发展之前的事，但我们关注的许多考虑因素都被排除在标准模型之外。例如，我们关注预期的变化。但是，对于预期的分析并不是在假定个人有理性预期的基础上分析他们是什么或者做了什么，而是根据调查数据分析预期是什么或者曾经是什么（准确地说，这是我的观点）。

我们也关心消费的变化。显然，在任何好的宏观模型中，消费的决定都是一个关键方面。但是很明显，在中短期内，家庭储蓄率的变化与典型行为人所关注的跨期效用最大化几乎无关。DSGE 模型并不能对这些变化提供准确的预测，比如无法识别出引起消费变化的究竟是偏好的变化、技术的变化，还是预期（特别是如果假设它是"理性"预期）的变化。

DSGE 模型也不适用于政策设计，例如"释放"减税信号的最佳方式。我认为，行为经济学已经提供了一个有说服力的例子，即储蓄行为受到暗示的影响，这与标准模型是不一致的。重要的是，就对 2008 年和 2009 年美国减税措施的不同响应，与被纳入 DSGE 模型中的储蓄行为的决定因素相比而言，行为经济学的解释更有意义。

但是，DSGE 模型似乎把以下观点当成了一个宗教信条，即应该用一个典型行为人在没有借贷约束的无限生命中实现效用最大化的模型来解释消费。这就是这个模型所谓的微观基础。但经济学是一门行为科学。如果凯恩斯是正确的，即每个人将他们收入的固定一部分用于储蓄，基于这一假设的总量模型就是有微观基础的。当然，构成经济的个人是千差万别的，但所有人的生命都是有限的，大部分人是受到信贷约束的，他们的确也会调整消费行为（即便是缓慢地调整）来对经济环境的变化做出反应。因此，我们也知道，无论怎样，个人收入中用于储蓄的部分并非一成不变。所以 DSGE 模型和传统的凯恩斯主义模型都是经过简化的。当它们与一个简单的宏观模型相结合的时候，人们就要说假设经济行为如何如何。这样问题就来了：哪一个模型给出了更好的描述性，哪一套处理方法更好，哪一个模型在未来进行改进和优化的基础更好。答案并非显而易见。因此，对 DSGE 模型的批评并非由于它经过简化，所有模型都进行了简化。对它的批评是因为它做出了错误的建模选择，在可以用更简化的假设来说明宏观经济波动的核心部分时选择了复杂性，而在大部分宏观经济行为发生的领域却选择了简化。

DSGE 模型的复杂性要求大量简化：模型分析需要大量的参数化。我们知道，在 DSGE 模型中运用的参数化（例如固定弹性效用函数）做出的预测很容易被推翻（例如，所有个体都拥有完全相同的风险资产投资组合、同质偏好——对所有商品的收入弹性一致并且对所有资产的财富弹性一致）。更糟糕的是，即便是运用了这种不合理的参数化，用来解释宏观经济中某些现实特征的大型 DSGE 模型也只能通过线性近似法和小冲击来"解决"问题——剔除了让我们脱离线性近似法有效的域的大冲击。

二 致命的缺陷：错误的微观基础

DSGE 模型的致命缺陷可以追溯到几十年前调和宏观经济学与微观经济学的尝试。有两条调和路径。第一条路径是实际经济周期（RBC）理论及其衍生的 DSGE 模型，试图通过引入简化的竞争均衡模型作为微观基础来重塑宏观经济学——正因此，这一模型受到行为经济学、博弈论和信息经济学的发展的质疑。这一路径试图通过寻找模型中的最小变化来解释失业和其他偏离标准竞争模型预测的偏差——假设（通常是名义上的）价格和工资是刚性的。

第二条路径①在 2008 年大衰退的余波中才成为主流，它试图将现

---

① 见 Bernanke 和 Gertler（1989）、Kiyotaki 和 Moore（1997）、Greenwald 和 Stiglitz（1987a，1987b，1988a，1988b，2003）以及参考文献中的其他研究。

代微观经济学和宏观经济学结合起来，把实际市场不完全（"市场失灵"）的方方面面结合起来——他们给出了除名义工资和价格刚性的可能性之外的其他的解释和说明。在此过程中，这一发展路径复兴了一个完全不同的凯恩斯主义经济学分支，而不是基于工资和价格刚性的希克斯式解释，这个分支的代表人物是欧文·费雪（Irving Fisher，1933），他强调的是黏性和债务 - 通货紧缩的后果。在这些模型中发挥关键作用的因素都背离了标准的竞争均衡模型，包括不完全契约和资本市场不完全，也包括结合了信息不完全、市场风险不完全和市场非理性的因素[明斯基（Minsky，1986）对后者尤具影响力]。或许值得注意的还有，最近经济衰退中的政策制定者——日本、欧洲甚至美国——一直关注的通货紧缩和价格下跌的可能性，而不是价格刚性。

在下面的讨论中，我将重点放在通过 2008 年的经济危机来说明 DSGE 框架的缺陷。DSGE 模型的一些倡导者说，这些模型并不是要解决"百年一遇的洪水"。对此，我来做出以下几种回应。首先，我通过一个比喻来说明问题。当一个身患严重疾病的人去看医生的时候，医生回答："很抱歉，我只能治疗感冒。"对这个医生，我们怎么看？

其次，DSGE 模型不但不能预测危机，它甚至认为危机根本不可能发生。在其核心假设（理性预期、外生冲击）下，2008 年这种形式和规模的危机根本不可能发生。

危机使得 DSGE 模型中的缺陷凸显出来，而在我们平时面对的小型、频繁的波动中，这些缺陷并不那么明显。我认为，DSGE 模型的大部分核心部件是有缺陷的——这些缺陷严重到甚至不能为构建一个好的宏观经济模型提供一个良好的起点。这些部件包括：（1）消费理论；（2）预期理论——理性预期和共有知识；（3）投资理论；（4）典型行为人模型的运用（并且目前已有文献对该模型做出了引入异质性的简单扩展）：分布问题；（5）金融市场和货币理论；（6）加总——过度加总隐藏了一些宏观经济学的一阶含义；（7）冲击——经济波动的根源；（8）冲击调整理论——包括关于均衡调整的速度和机制的假设，或关于非均衡行为的假设。这里我不能对 DSGE 模型所有缺陷的所有细节进行评述——比如包括关键制度细节的缺陷——因此我有选择地强调一些缺陷，将它们作为更加普遍的问题的例子。这些缺陷大多相互关联。例如，信息不完全和不对称引发信贷和股权配给问题。因此，为了实现终身效用最大化，个体必须考虑信贷约束的问题，如前文所述，这就产生了与标准 DSGE 模型中所分析的明显不同的问题。典型行为人模型无效的原因之一就是一些个体有信贷约束，而另一些没有。此外，很多研究（Kim et al.，2014；Mian and Sufi，2015；Drehmann et al.，2017）强调了债务对总体行为的重要性；但是在一个典型行为人模型中，债务（家庭的）被剔除了，因而不起任何作用。至少在某些时候，中短期的宏观经济分析需要关注债务和实际的债务动态。在这里，制度细节很重要。从 30 年期的固定利率抵押贷款制度到短期浮动利率抵押贷款制度的转变起着重要作用，特别是当非理性预期和信贷约束同时存在的时候：当房价没有如预期那样持续上涨时（房价显然不可能永远高速上涨），房主在再融资方面受到限制，泡沫破裂，危机随之产生。

正如我之前提到的，我的方法和 DSGE 模型的方法始于相同的出发点：阿罗和德布鲁的竞争均衡模型。显然这个模型不能解释包括宏观经济波动在内的经济的很多方面的问题。DSGE 模型从这个问题开始：与主要被解释为匹配矩的宏观经济行为相匹配的模型所要求的最小偏差是什么？第一个答案是价格和工资刚性，加上未预料到的、不确定的技术冲击。当模型运行不理想的时候，它们以一种相当特别的方式增加多重冲击和扭曲。"寻找微观基础"的标准也基本是按照类似的方式来处理：将货币引入效用函数来"解释"持有货币，但不告诉我们比如如果由于货币政策变化引起信贷投放量变化，或者货币释放的概率分布变化，将发生什么。

三　解释严重衰退

我所倡导的方法是从确定现代微观经济学中的哪些进步与理解宏观

经济波动的根本问题最为相关开始的：冲击的来源；放大效应——为什么看似很小或者很温和的冲击会对宏观经济变量和个人福祉产生如此大的影响；持续性——为什么冲击的影响持续存在，比如在最初的冲击之后很长一段时间内失业率都很高。对这些严重衰退的解释要转化为政策，比如解释为什么政府支出乘数有可能相当大（与之前对放大效应的分析一致），为什么货币政策有可能相对无效。在这类分析中，信息不完全和不对称以及行为经济学往往发挥着核心作用，制度和分配效应也是如此。正如我在下文要论述的，例如，货币政策的无效并不是真正归因于零利率下限，而应当归因于银行的行为，银行是向所有机构和个人而不仅仅是大企业提供信贷的中枢机构。

由于 2008 年的危机是一场金融危机，所以用标准的 DSGE 模型来分析它的起源和演变就特别糟糕：破产、负债和信息不对称等金融的核心问题根本无法在典型行为人模型中出现。谁会借款给谁？只有典型行为人患有急性精神分裂症，才会出现信息不对称的问题，这种精神分裂症很难与通常的理性假设相一致。

一些 DSGE 模型，比如 Smets 和 Wouters（2003）所用的，试图通过加入企业和家庭部门来引入基本的金融因素。但是，2008 年的危机在这类模型中是无法解释的：一些家庭从别的家庭那里借钱引起了危机。此外，只要有典型行为人，无论是否有企业存在，金融总会以公平的形式得到提供——所以根本不会有破产和债务危机。

（一）冲击

对 DSGE 模型与一般性的严重衰退和 2008 年这场特殊危机的适应性的批评，要从这场危机本身的根源开始。例如，在（大多数）DSGE 模型中，衰退是由外生的技术冲击引起的。在农业中，我们知道负面的技术冲击意味着什么——恶劣的天气或蝗灾。但是，在现代工业经济中负面的技术冲击是什么呢——老年痴呆症的流行吗？

相比较而言，即使不是在绝大多数情况下，在很多情况下引起经济波动的冲击都是内生的。2008 年的经济震荡是内生的，是由房地产泡沫破裂引起的，而这些房地产泡沫的产生是由金融市场的创新和误导性政策的助推共同造成的。在某种程度上确实存在外生冲击，但是从另外一个层面来看，受市场结构的影响，企业和家庭面对这些冲击又可以看作内生的。

（二）金融：防止过度风险和设计稳定的系统

当前危机预防的主要问题是围绕防止金融部门过度承担风险，确保金融体系稳定。政策制定者认识到，对经济的一些最主要的冲击会来自金融部门。

在标准模型中，货币需求方程假设可以概括所有与金融相关的内容；事实上这甚至并不那么重要——重要的是，中央银行是否能够控制利率。但是短期国债的利率和家庭与企业面对的利率并不是一回事，两者之间的差距在于一个关键的内生变量。大公司可以转向资本市场，而中小企业（SMEs）则只能依赖银行系统。在目前的安排下，总信用创造与监管当局（包括央行）控制的杠杆之间的联系是脆弱而多变的。重点是，最重要的杠杆之一是那些通常没有被纳入宏观经济分析范畴的规章制度。

而且，金融和金融体系结构关系稳定。了解最有利于稳定的结构，以及中央的权衡（例如，在能够承受小冲击和大冲击的能力之间）是危机以来取得重要进展的领域之一。这些问题在 DSGE 框架内甚至都没有提出来——没法提，因为它们不是在没有明确规定的金融部门的情况下产生的，也不会出现在具有代表性金融机构的模型之内。

典型行为人模型无助于理解宏观波动的主要原因之一，是宏观经济外部性的普遍存在——每一个行为人的行为（在总量上）都有他们所不考虑的宏观经济后果。这些外部性有助于我们理解市场自身为什么如此脆弱，并且不堪一击。这种宏观经济外部性没有出现在 RBC 模型中，只在极有限的范围内出现在标准 DSGE 模型中。在存在不完全风险市场、不完全和不对称信息的情况下，经济外部性问题以及市场均衡一般来说并非帕累托有效的（Greenwald and Stiglitz，1986；Geanakoplos and Polemarchakis，1986）。例如，公司可能会承担过多的债务（在开放经济体中是过多的美元债务），这意味着在经济衰退时期可能会出现大甩卖，随之而来的是具有资产负债表效应的价格下跌，导致经济进一步下滑（见下一节）。银行之间的契约从个体来看可能是理性的，但是会导致更大的系统性风险，尤其是在面对巨大冲击的时候。RBC 模型的结构使得这些宏观经济外部性不会出现，所以市场总是有效率的，甚至在它对冲击做出反应时也是如此。在继之而来的假定工资和价格刚性的新凯恩斯主义模型中，宏观经济外部性只在一定程度上出现。相比之下，它们是我们在本文中论证的替代模型的核心，并且有助于解释有效结果的显著偏差。

在标准 DSGE 模型中，系统性风险的问题根本不会出现。它所关注的是通货膨胀，好像只有过度通货膨胀才是经济稳定的主要威胁。三十多年以来，情况并非如此；反倒是金融不稳定所带来的问题一再出现。

与标准的 DSGE 模型相比，我在这里讨论的这类模型的一个特别重要的含义是，在存在破产成本的情况下，过度多样化（资本市场一体化）可能导致冲击被放大，而不是被抑制和消散——如美联储所假设和标准模型所预测的那样。事实上，基于 DSGE 模型假设的政策性论述缺乏一致性：在危机发生之前，传统观念要求尽可能多样化，例如，通过资产证券化和金融联结/风险分担来实现。危机爆发后，论题转到了传染问题上。从流行病学中借来的这个词本身暗示了多样化的对立面：假如 100 名感染埃博拉病毒的人抵达纽约，没有人会提出一种多样化的政策，向每个州发送两个。传染正是由于相互之间的联结而产生的，除非人们成功地消除未来危机的可能性，否则经济体系的设计必须考虑到危机前后的系统运作，平衡危机之前相互联结产生的利益和危机之后产生的成本。传统观念从未这样考虑过。这不是一个小小的失败，而是一个重大的失败。

（三） 放大效应和持续性

除了解释冲击的起因和经济体受到冲击的程度之外，一个恰当的宏观模型还需要解释的是，即使是中度的冲击，它是如何产生巨大的宏观经济后果的。2008 年危机中一个关键的失败是预测，即使是一个很大的次贷危机，也不会产生如此严重的经济后果，因为风险是多样化的。在关键的政策制定者当时正在使用的 DSGE 框架内，这是一个自然的结论。然而，其他的一些模型却预测到另外的结果，这些模型重点关注经济体中重要的放大器——事实上，其中的一些模型成为"解释"经济危机的标准模型。

放大效应的一个重要来源是"资产负债表效应"，即当企业的资产负债表受到冲击时，产出和投资发生收缩。为资产负债表效应提供微观基础，需要分析为什么企业不能用新的权益来替换损失的权益，即解释股权配给（Greenwald et al. ，1984）。基于信息的现代金融提供了这样一种理论，这些理念已经被融入简单的理论和应用宏观经济模型中，在这些模型中，企业的供求决定是资产负债表的一个函数（Greenwald and Stiglitz，1993；Koo，2008）。例如，格林沃尔德和斯蒂格利茨（Greenwald and Stiglitz，1993）表明了价格冲击（产品需求冲击的结果）如何通过随后的企业生产多少、雇用多少劳动力以及投资多少等方面的决定而被放大的。

如果实行信贷配给，这种效应还会进一步放大。不仅有完善的信贷配给理论（Stiglitz and Weiss，1981），而且其中卡罗米瑞斯和哈伯德（Calomiris and Hubbard，1989）的研究还表明，这些限制在经济的重要部门是有约束力的，并且似乎它们与那些受投资的巨大波动影响的部门特别相关。这在 2008 年危机的演变中表现得非常明显，到 2010 年，大企业似乎坐拥数万亿美元的现金，而中小企业仍然受到信贷限制。

正如宏观层面所观察到的，现代信贷配给理论的核心是银行——这是在 DSGE 模型中缺失的重要机构。这是一个极其特殊的遗漏，因为没有银行，也就没有中央银行，而由中央银行实施的货币政策是这些模型的核心。信贷是由机构（银行）而不是通过传统市场（拍卖）配置的这一事实，是 DSGE 框架中所忽略掉的一个非常重要的区别。格林沃尔德和斯蒂格利茨（Greenwald and Stiglitz，2003）在模型中把银行当作企业，这些企业将其他人的资本与自己的资本结合起来，通过信息的获取和处理，来做出贷款决策。它们同样不仅受到股本的约束，还要面对大量的监管。对其资产负债表的冲击、现有贷款组合及其预期收益的变化以及法律法规的调整，都会导致贷款供给和贷款条款的巨大变化。2008年金融危机时期及后危机时代，美国各州银行法律法规和运营环境的变化，有助于证实银行贷款供应状况变化的重要性。

考虑到在面对 2008 年这种规模的冲击时，资产负债表需要多长时间才能恢复，这种影响一直持续也就不足为奇了。但是，即使在银行和企业的资产负债表恢复之后，危机似乎依然存在。这表明这场危机（就像大萧条那样）不仅仅是资产负债表危机。这是结构转型的一部分，在发达国家，最显著的方面是从制造业经济向服务业经济转变，将非技术性生产外包给新兴市场；对于发展中国家而言，结构转型涉及工业化和全球化。不足为奇，这样的结构转型会产生巨大的宏观经济后果，并且是经济增长过程的重要组成部分。DSGE 模型特别不适合用来解释结构转型的影响，主要原因如下：（1）在理解一个农业经济受到明确的天气影响而产生波动和增长的静态分布中，理性预期和常识的假设可能是有意义的，但它没法描述比如 2008 年这种极少发生的变化；（2）研究这些变化至少需要一个两部门模型；（3）一个关键的市场失灵是资源跨部门的自由流动，特别是劳动力。再者，已经建立了简单的模型来研究结构转型如何导致持续的高失业率，以及标准的凯恩斯政策如何能够恢复充分就业，但相反，增强工资的灵活性会增加失业（Delli Gatti et al.，2012）。

（四）调整和均衡

经济低迷伴随着失业率居高不下的原因之一在于调整的过程。

DSGE 模型没有解决这个问题：它们只是假设经济跳转到新的均衡路径。虽然在一个单一个体的模型中，解出工资和价格现值的大小以确保横截性条件的满足在概念上是明确的（超级聪明的人只是考虑了选择其他任何一组当前工资和价格的后果），但是在一个不存在共同知识的世界里，如何做到这一点还不清楚。如果有一套完整的市场无限延伸到未来，我描述的问题将不会发生。但是并没有——这是关键的市场失灵之一。由于典型行为人的存在而能"解决"的这一后果，无法为如何解决现实世界中不存在这些市场时的问题提供洞见。事实上，即使个体之间的唯一差异是他们的出生日期，这个问题也会出现；存在世代交迭，而且至少有些个体也不会像有一个无限延伸的动态效用函数那样行事，这里不仅存在太阳黑子均衡（Cass and Shell，1983），也有符合理性预期的无穷多的路径（Hirano and Stiglitz，2017）。

实际上，在即时调整到新的均衡的分析与实际发生的情况——大多数做政策研究的经济学家所假设的情况——的分析之间是有区别的。工资和价格的调整是一个分散的过程，每个市场的工资和价格都会对这个市场的紧缩做出反应（在劳动市场上，这就是断言劳动市场紧缩时工资会上涨的简单的菲利普斯曲线）。显然，在通货膨胀的宏观经济环境中，调整过程可能更为复杂，在这种情况下，名义调整将考虑到通胀预期。

从短期来看，这种调整过程可能是非均衡的：失业导致的工资下降可能导致总需求下降，失业水平提高。如果不同群体之间的边际消费倾向（MPC）不同，那么更是如此［凯恩斯的一个隐含假设；卡尔多（Kaldor，1957）和帕西内蒂（Pasinetti，1962）的明确假设］；工资下降使收入转向利润，资本家的 MPC 低于工人的 MPC。

重要的当然是实际工资，这取决于工资相对于价格的调整（Solow and Stiglitz，1968）。工资和价格可能以同样的速率下降，导致实际工资不变，这是一种实际工资刚性。实际余额（货币持有量的实际价值）的增加通常会使得支出增加，但是这种影响相对较小，所以失业均衡可能会持续很长一段时间。而且，通货紧缩本身也有抑制作用，因为它提高了实际利率（其他条件不变）。此外，如前一段所假设的，经济中不同的群体有不同的 MPC，那么（非预期的）通货紧缩将债务人的所得重新分配给债权人，这又进一步抑制了总消费（Eggertsson and Krugman，2012；Korinek and Simsek，2016）。（更甚者，在开放经济中，债权人在国外：这类似于将收入转移给外国人，这对非贸易商品需求的影响尤为显著。）同样，价格的调整也会有以上我们讨论过的类似的资产负债表效应，也会产生严重的宏观经济后果。

（五）金融摩擦

毫不奇怪，在 2008 年金融危机之后，越来越多的人认为，标准模型至少有一个严重的缺陷，就是对金融部门的（非）处理。正如他们渐渐认识到的那样，金融摩擦很重要。这包括信贷和股权配给，以及作为其结果的抵押限制的重要性和银行的重要性，这些都是我已经提到过的。当然，各种各样的信息和执行问题可能会引起金融摩擦。那些可能提供最简单的教科书式的处理的摩擦——貌似有潜在的重要性——其实可能都不是最重要的。因为它们的政策后果可能因不同而显得重要。特别是，如前面所提到的，基于有成本的执行（Eaton and Gersovitz，1981）或者政府核实（Townsend，1979）的理论，与基于逆向选择和激励的理论之间明显不同。同样的，尽管重要的宏观经济外部性可能出现在这些模型中的任何一个（例如有激励相容、自我选择或者抵押限制），而且后者通常是最容易分析的，但在一定程度上这不过是因为约束没有被充分地内生化。

尽管如此，作为一个简单的基准模型，综合考虑一些金融摩擦可能远比完全忽略它们要好得多。事实上，我所使用的宏观经济学核心教学模型是一个三阶段的模型。我们主要关注的是现在，但这与过去（过去的决定和冲击会影响当前的状态变量）和未来有关。估价函数概括遥远的未来，而且现期的个人、企业和银行可能会进行跨期的权衡。总需求是基于总消费和总投资的简化函数，其中信贷约束和净值发挥着重要作用。在标准生产函数中，企业的生产和投资决策由企业追求价值最大化的动机所驱动，这些企业面临着股权约束（短期内它们不能提高股权），并且借款成本随着借款的增加而增加（反映出更高的杠杆率和破产期望值）。引入分配的最小模型至少包括两个阶级的家庭，用收入来消费的工人和在借贷约束内最大化他们的跨期效用函数的资本家。中央银行规定了国债利率，而贷款曲线是国债利率、银行净值、规章制度和经济状况的函数。反向冲击会使贷款曲线向上移动（即在任何借款水平上，代表性企业必须支付更高的利率）。根据所提出的问题，可对模型进行扩展。

四　政策

我们需要一个好的基准模型的主要原因之一是为了制定政策。正如我们已经谈到的，短期预测模型即使在概念上开始于 DSGE 模型的研究框架，也会增加各种变量来提高预测的准确性。有一个有匹配矩的模型并不意味着其预测的准确性。特别是在经济低迷、政府想要做点什么的时候。为分析小的波动而构建的模型几乎没有什么指导意义。

政府对具体支出做出决策，没有理由相信，与补充私人投资的公共投资相关的支出乘数会与公共消费支出乘数相同。前者主要集中于私人投资。但是 DSGE 模型不太可能处理这种处于公共政策讨论核心的微妙问题。

一定程度上基于标准模型的传统观点是，随着时间的推移，旨在刺激经济的公共赤字会导致公共债务，从而挤出私人资本积累，损害增长。但是，这取决于大量的假设。（1）如果公共支出用于作为私人资本货物补充的公共资本货物、人力资本或技术，则会挤占私人资本积累。（2）在经济处于零利率下限的情况下，政府可以发行货币以支付开支。在这种时候，人们通常担心通货紧缩；这种发行货币造成的任何通货膨胀效应都是有益的。

因此，理性预期的传统观点认为，乘数会降低（到零）是由于未来税收增加的预期有赖于特殊的假设。（1）如果支出是为了提高公共投资的生产率，那么传统乘数实际上是随着理性预期而提高的。（2）如果预期经济持续低迷，结果同样如此；当前花费的部分"漏出"反映在未来需求受约束时期的花费上，这些时期的收入是增加的；考虑到这一点，消费者当期消费比他们原本计划消费的更多。

由于金融摩擦，货币政策可能相对无效，这不是因为零利率下限（如果真的是这个问题，随着投资税收抵免和消费税的改变，个人的边际替代率也会发生改变），而是因为降低国债利率可能并不会改变银行信贷规模。如果是这样的话，更直接地针对那些被限制的借款人增加信贷投放，可能比传统的货币政策更有效。

最重要的是，政府担心各种各样的政策会产生重大的宏观经济影响，我们需要做的是基于前文所描述的核心模型，构建专门的模型来确定这些影响。例如，很多政策可能会影响一个国家承受冲击的程度（资本市场完全自由化）；其他政策可能会影响政府自动稳定器的作用。构建一个简单模型来分析这些影响至关重要。在 DSGE 框架下构建这样一个模型不如从以上所描述的框架内构建。

如今的经济正在经历一场结构转型。其结果可能是，以目前政府支出、税收和私人支出的水平和形式，经济很可能达不到充分就业。基于上述讨论过的原因和其他一些原因，调整至充分就业均衡的过程可能会很慢。但即使有工资和价格黏性，随着时间的推移，一系列财政政策（税收、支出）的干预有可能在短期内使经济恢复到充分就业，或至少使经济恢复到充分就业的速度比在其他政策下要快：不只是采取一种政策，而是多种政策的组合，例如在短期内确定不同的公共投资水平和增长率。即使人们担心债务水平，也有一个平衡预算乘数——如果谨慎选择税收和支出，乘数可能会相当大。因此，与持续性失业有关的"长期滞胀"并不是一个国家发生的疾病：这是一个可以改变的政策后果。此外，正如我们前文所提到的，在设计结构转型的政策响应方面，以DSGE 模型关于共同知识和理性预期的假设来构建模型，不如前文所述的以金融摩擦为重点来开始模型的构建更有用。

五　进一步的批评

人们可以通过 DSGE 模型的每个基本假设来解释它们所扮演的角色——为什么它们使得一个模型无法预测和解释宏观经济波动的重要方面，为什么应该能够提高经济效率的"改革"实际上可能增加宏观经济波动。

（一）关于信念差异的重要性

例如，我曾提到理性预期的假设。我坚信，在理性预期的研究框架内，人们不能充分解释在最近的经济危机中扮演着重要角色的房地产泡沫的增长。但很明显，抵押贷款市场的一些"改革"（当时得到美联储主席的大力支持）促成了泡沫的产生。

信念的差异通过古兹曼和斯蒂格利茨所称的伪财富的创造和毁灭，也在宏观经济波动中发挥着重要的作用。当两个人的信念不同时，他们都有参与赌博（或类似于赌博的经济交易）的动机。当然，双方都认为自己会赢，所以他们的"感知"财富总和大于"真实"财富的总和。直到下注结束之前，双方都有动机投入更多的钱，甚至不惜债务缠身。赌博结束（事件发生）之后意味着一方的财富增加，而另一方的财富减少；但这不仅仅是收入的转移：总财富的损毁会导致总消费的减少。伪财富一直在被创造和毁灭，但是某些变化——比如创造与金融"改进"有关，或者与衍生品和信用违约互换市场的创新有关的新的博彩市场——可能会导致伪财富总量的显著增加；而且某些事件，如房地产泡沫的破灭，会导致伪财富净值的毁灭。伪财富的波动有助于解释宏观经济学的一个悖论：尽管资本、劳动和自然资本等存量的物理状态变量发生很小的变化，经济却会出现大的波动。

（二）加总

关于加总的一系列假设很关键，但在宏观经济分析中没有被给予太多的关注。

很久以前我们就认识到构建一个总量生产函数的困难。可变要素模型（"putty-putty" model）做出了很大程度的简化，但是我们不能声称基于该模型的任何分析是真正"有微观基础的"。虽然早期的分析对用标准模型进行均衡分析提出了批评，例如，当商品的生产或生产过程涉及具有明显不同耐用性的生产资料时，用标准模型进行均衡分析是有问题的；那么用均衡模型做动态分析更是有问题：例如，资本异质性模型（puttyclay model）模型和制造期资本模型（vintage capital model）的动态过程明显不同于那些 putty 模型。因此，如果制造期效应很重要，依靠资本异质性模型做中短期的任何动态分析都是鲁莽的。

更重要的也许是将整个经济加总成一个单一的部门，特别是当结构变化是经济的潜在压力之一时，要求资源从一个部门转移到另一个部门（假设从农业到制造业），市场的不完全（例如信贷的获取）将阻碍重新分配。

政策分析也可能被误导，货币政策通常是一种有效的工具。但是货币政策对利率敏感部门的影响是不均衡的，从而导致经济的扭曲，这种扭曲在单部门模型中并不明显（Kreamer，2015）。

最后是用典型行为人来代表家庭部门的加总。不难理解，试图为宏观理论打好微观基础的宏观经济学家会施加一些限制：否则任何一组需求函数都可以被认为是微观基础。但是典型行为人的假设太极端了，因为该假设消除了所有分配问题的可能性。至少有一种重要的思想体系认为，不平等的加剧在危机的积累和缓慢的复苏中发挥了一些作用，甚至可能是关键作用；顶层的 1% 和底层的 80% 的人之间的边际消费倾向存在很大差异，因此，任何显著影响分配的因素都会显著影响总需求，即产生宏观经济后果。

六　超越标准模型的进一步批评

40 年来的经济研究表明，阿罗和德布鲁所构想的那种基本竞争模型的微观经济学已经被证明是有缺陷的。我们为什么还要指望建立于这种微观基础上的宏观经济学模型能发挥作用？更深层次上来说，标准模型在学理上是不一致的，并暗中鼓励社会朝着损害效率和福祉的方向前进。因为它假定所有人都是纯粹自私的，但是又充分遵守契约。纯粹自私的人知道执行契约是有成本的，因而即使他们知道违约会损害他们的名誉，也不会完全遵守契约。因此，司法部门和一些私人诉讼揭示了在证券化过程中普遍存在的欺诈行为，涉及很多信用评级机构、抵押贷款发放者和投资银行，这与金德尔伯格（Kindleberger，1978）对早期萧条和恐慌的分析是一致的。虽然将这种行为纳入一个标准经济模型中是有困难的，但这种行为的普遍性显然不符合标准 DSGE 模型的精神，而是更符合那些强调通过制度安排来防止欺诈行为和利用信息不完善的模型。当然，预防类似危机重演和分析市场动态的政策都需要考虑市场和监管部门的反应。更重要的是，一种没有道德界限的自私文化的灌输和常态化将导致一个经济体效率低下，个人和社会福利降低。行为经济学既注意到大多数个体的系统性行为与该模型的行为不同，也注意到将个体嵌入自私的文化中（这被认为是常态）会导致该方向的行为发生变化。宏观经济学应该为我们提供经济实际如何运行的模型，而不是呈现一个由无限自私的人组成但大家都遵守合同的虚拟世界中的经济如何运行。因"看不见的手"的设想而常被称为现代"自私"经济学之父的亚当·斯密，在他的《道德情操论》中提醒我们：

> 无论人有多么自私，他的本性中却总会有一些原则，使他关心

别人的命运，并看重他们的幸福，尽管除了看到这种幸福而感觉到
愉快之外，他什么也得不到。

幸好斯密早期的观点是对的，现代宏观经济学应该致力于将与这些
冲动相一致的行为考虑进来，正如将那些不那么高尚的人的行为考虑进
来一样。对 DSGE 建模的一种批评是，模型和模型的基本假设已经变成
了一种教条，人们几乎没有什么动机去质疑它们，特别是在同行评议出
版物的情况下。

七　结论

假设很重要。所有模型都要进行简化。正如我们所说的，问题是
什么样的简化适合解决什么问题。危险在于简化有时候以我们没有意
识到的方式使得答案发生偏离。DSGE 模型忽略了被证明是 2008 年经
济危机中的一些关键问题；该模型既没有预测到过去 75 年里最重要的
宏观经济事件，也没有就恰当的应对政策提供良好的指导，这并不足
为奇。鉴于构造这些模型的方式，它们不可能预测到这样的事件。在
危机爆发之前，货币当局关注的是通货膨胀，而不是它们本应关注的
金融稳定；甚至它们的一些行动（特别是放松管制）显然促成了金融
不稳定。DSGE 模型给它们提供了（错误的）保证让它们自认做得很
正确。

当然，任何一个好的宏观经济模型都必须是动态的和随机的，并且
呈现对整体经济的分析。但如前述，具体的假设涉及每一个细节部分。
我们已经讨论过动态假设的几个方面。

我认为，最大的缺陷与对不确定性这一 DSGE 模型中的随机因素的
处理有关。我们已经质疑了模型中如何通过多样化分散风险的基本假
设，质疑了潜在冲击是外生的观点。同样值得质疑的是关于风险管理通
常未说明的假设。有充分的证据表明，风险对企业、家庭和银行都有一

阶影响，但这些影响都没有被充分地纳入标准的 DSGE 模型中。这就是这些模型对 2008 年危机中政策制定者所面对的一个关键问题没有做出任何说明的原因：如何对银行进行最优的资产重组。而对银行进行最优的资产重组目的是加强贷款，尤其是对中小企业。美国和其他一些国家选择的发行优先股的方式，被证明远非最优选择。银行资本重组还有其他方式，这将使得风险规避型银行增加放贷。

在本文中，我们提供了许多由具备有限时期的简单宏观经济模型所揭示的洞见——这些洞见通常被 DSGE 建模所需的简化所忽略。

在我看来，小模型和大模型之间应该是互补的：一个模型可以用来验证另一个模型的结果。或许在三阶段的简化过程中，有些影响会遗失。通常情况下，情况是相反的。但这并不是模型大小的问题。这是一个谨慎选择假设的问题。正如我所指出的那样，当潜在的宏观扰动是结构性变化时，部门的加总是有问题的。

我们说过，我们的模型确实影响了我们的思维：DSGE 模型鼓励我们去思考经济总是沿着动态均衡的路径前行，并将我们的注意力集中在跨期替代上。我认为，在中短期，这两者都不是真正发生的事件的核心；而且我已经说过，DSGE 模型无法解释经济的长期增长。例如，对货币政策有效性的信任导致了这样的结论：当前货币政策的显著无效仅仅是因为零利率下限；如果我们可以突破这一限制，经济就可以恢复到充分就业。当然，如果有足够大的负利率——如果人们从来不必偿还贷款——毫无疑问，经济会受到刺激。然而，问题在于当更大的变化已经被证明是无效的，实际利率从 −2% 到 −4% 的温和变化是否会发生效力。正如我们已经指出的，无效的部分原因在于，降低国债的名义利率并不会导致贷款利率的下降，或者说国债利率的降低并不会导致信贷投放的增加。但是，我们也说过，如果人们真的认为跨期价格很重要，那么他们可以通过调整税收政策，通过改变消费税税率和投资税收抵免来改变价格。

最后，所有的模型，无论理论性多么强，都要依靠观测值以这样或者那样的方式进行验证。模型的某些部分——像消费行为——是用各种微观和宏观数据进行检验的。但是，像 2008 年经济危机一样的严重衰退极少发生，我们不能用平常的计量经济学方法来评价我们的模型在解释/预测这些事件方面的表现——这是我们真正关心的事情。这就是为什么，如我所建议的那样，简单使用最小二乘法拟合是不行的。我们需要的是贝叶斯方法——由于我们关心的是结果而赋予预测更高的权重。在修正模型中比较某些协方差就更没有意义了。有那么多假设和参数可供你的模型选择，你还可以从数据中得到大量的矩。所以能够与数据中的所有矩相匹配，并不意味了你的假设是正确的，也不能因此而坚信基于该模型做出的预测或者提出的政策是正确的。

DSGE 模型的捍卫者反驳说，其他模型并没有比 DSGE 模型更好。这是不正确的。有几位经济学家［比如罗伯·希勒（Rob Shiller）］使用不那么完美的模型，都可以看到有明显的证据表明产生房地产泡沫的可能性很高。有一些金融传染模型（前文已提到，自危机以后进一步得到了发展）预测过房地产泡沫的破灭很可能会产生系统性影响。如果在危机爆发之前，美联储能够将它掌握的数据公开，模型做出危机预测的可信度会更高。如果政策制定者用这里提到的任何一种模型来替代 DSGE 模型，无论在预测危机还是应对危机方面都会做得更好。

即使模型的预测和解释能力不那么出众，也会得出一些重要的结论。因为它们影响着家庭、企业，最重要的是影响政策制定者如何看待经济。那些认为市场失灵的根本原因是工资刚性的模型，可能会促使人们主张提高工资灵活性——认为只要我们能够做到这一点，经济绩效就会得到改善。

本文认为，标准的 DSGE 模型为政策的制定提供了一个很糟糕的理论基础，并且对它进行调整也不太可能有帮助。幸运的是，现代的政策制定者可以选择其他的理论框架。在这里我试图描述需要纳入基准模型的一些核心要素，并且将在我的宏观经济学课上把它们教授给学生。我们对他们提出的挑战应该是如何将这些日益复杂的版本发展成大大小小的模型，将一系列"局部"模型提出的各种观点吸收进来，以帮助我们了解在经济中发生的重要波动，以及我们可以做些什么来减少波动的幅度和频率，减少因此而对人类造成的伤害。

参考文献

［1］Bernanke, B. , and M. Gertler, "Agency Costs, Net Worth, and Business Fluctuations," *American Economic Review*, 1989, 79（1）: 14 – 31.

［2］Blanchard, O. , "The Needs for Different Classes of Macroeconomic Models," Peterson Institute for International Economics, January 2017.

［3］Calomiris, C. W. and R. G. Hubbard, "Price Flexibility, Credit Availability, and Economic Fluctuations: Evidence from the United States, 1894 – 1909," *The Quarterly Journal of Economics*, 1989, 104（3）: 429 – 452.

［4］Cass, D. , and K. Shell, "Do Sunspots Matter?" *Journal of Political Economy*, 1983, 91（2）: 193 – 227.

［5］Delli Gatti, D. , M. Gallegati, B. Greenwald, A. Russo and J. E. Stiglitz, "Sectoral Imbalances and Long Run Crises," in Allen, F. , M. Aoki, J. – P. Fitoussi, N. Kiyotaki, R. Gordon, and J. E. Stiglitz（eds. ）, *The Global Macro Economy and Finance*, IEA Conference Volume No. 150 – Ⅲ（Houndmills, UK, and Palgrave, New York, 2012）, pp. 61 – 97.

［6］Drehmann, M. , M. Juselius and A. Korinek, "Accounting for Debt Service: The Painful Legacy of Credit Booms'," BIS Working Paper 645, 2017.

［7］Eaton, J. , and M. Gersovitz, "Debt with Potential Repudiation: Theoretical and Empirical Analysis," *The Review of Economic Studies*, 1981, 48（2）: 289 – 309.

［8］Eggertsson, G. B. and P. Krugman, "Debt, Deleveraging, and the Liquidity Trap: A Fisher-Minsky-Koo Approach," *Quarterly Journal of Economics*, 2012, 127（3）: 1469 – 1513.

［9］Fisher, I. , "The Debt-deflation Theory of Great Depressions," *Econometrica*, 1933, 1（4）.

［10］Geanakoplos, J. and H. Polemarchakis, "Existence, Regularity, and

Constrained Suboptimality of Competitive Allocations when the Asset Market Is Incomplete," in Heller, W. P. , R. M. Starr and D. A. Starrett (eds.), *Uncertainty*, *Information and Communication*: *Essays in Honor of Kenneth J. Arro*, vol. 3 (Cambridge University Press, 1986), pp. 65 – 96.

[11] Greenwald, B. , J. E. Stiglitz and A. Weiss, "Informational Imperfections in the Capital Market and Macroeconomic Fluctuations," *American Economic Review*, 1984, 74 (2): 194 – 205.

[12] Greenwald, B. and J. E. Stiglitz, "Externalities in Economies with Imperfect Information and Incomplete Markets," *Quarterly Journal of Economics*, 1986, 101 (2): 229 – 264.

[13] Greenwald, B. and J. E. Stiglitz, "Keynesian, New Keynesian and New Classical Economics," *Oxford Economic Papers*, 1987a, 39 (1): 119 – 133.

[14] Greenwald, B. and J. E. Stiglitz, "Imperfect Information, Credit Markets and Unemployment," *European Economic Review*, 1987b, 31: 444 – 456.

[15] Greenwald, B. and J. E. Stiglitz, " Imperfect Information, Finance Constraints and Business Fluctuations," in Kohn, M. and S. C. Tsiang (eds.), *Finance Constraints*, *Expectations*, *and Macroeconomics* (Oxford, Oxford University Press, 1988a), pp. 103 – 140.

[16] Greenwald, B. and J. E. Stiglitz, (1988b), "Money, Imperfect Information and Economic Fluctuations," in Kohn, M. and S. C. Tsiang (eds.), *Finance Constraints*, *Expectations and Macroeconomics* (Oxford, Oxford University Press, 1988b), pp. 141 – 165.

[17] Greenwald, B. and J. E. Stiglitz, "Financial Market Imperfections and Business Cycles," *Quarterly Journal of Economics*, 1993, 108 (1): 77 – 114.

[18] Greenwald, B. and J. E. Stiglitz, *Towards a New Paradigm in Monetary Economics* (Cambridge, Cambridge University Press, 2003) .

[19] Hirano, T. , and J. E. Stiglitz, "The Wobbly Economy," unpublished paper, 2017.

[20] Kaldor, N. , "A Model of Economic Growth," *The Economic Journal*, 1957, 67 (268): 591 – 624.

[21] Kim, Y. K. , M. Setterfield and Y. Mei, "Aggregate Consumption and Debt Accumulation: An Empirical Examination of US Household Behavior," *Cambridge Journal of Economics*, 2014, 39 (1): 93 – 112.

[22] Kindleberger, C. , *Manias*, *Panics*, *and Crashes*: *A History of Financial Crises* (New York, John Wiley & Sons. 1978) .

[23] Kiyotaki, N. and J. Moore, "Credit Cycles," *Journal of Political Economy*, 1997, 105 (2): 211 – 248.

［24］ Korinek, A. and A. Simsek, "Liquidity Trap and Excessive Leverage," *American Economic Review*, 2016, 10 6 (3): 699 – 738.

［25］ Korinek, A., "Thoughts on DSGE Macroeconomics: Matching the Moment, but Missing the Point?" in Guzman, M. (ed.), *Economic Theory and Public Policies: Joseph Stiglitz and the Teaching of Economics* (New York: Columbia University Press, 2017).

［26］ Koo, R. C., *The Holy Grail of Macroeconomics: Lessons from Japan's Great Recession* (John Wiley & Sons, 2008).

［27］ Kreamer, J., Credit and Liquidity in the Macroeconomy (Ph. D. Dissertation, University of Maryland, 2015).

［28］ Mian, A. and A. Sufi, *House of Debt: How They (and You) Caused the Great Recession, and How We Can Prevent It from Happening Again* (Chicago, IL: University of Chicago Press, 2015).

［29］ Minsky, H., *Stabilizing an Unstable Economy* (New Haven, CT: Yale University Press, 1986).

［30］ Pasinetti, L., "Rate of Profit and Income Distribution in Relation to the Rate of Economic Growth," *Review of Economic Studies*, 1962, 29 (4): 267 – 279.

［31］ Smets, F. and R. Wouters, "An Estimated Dynamic Stochastic General Equilibrium Model of the Euro Area," *Journal of the European Economic Association*, 2003, 1 (5): 1123 – 1175.

［32］ Solow, R. and J. E. Stiglitz, "Output, Employment, and Wages in the Short Run," *Quarterly Journal of Economics*, 1968, 82 (4): 537 – 560.

［33］ Stiglitz, J. E. and A. Weiss, "Credit Rationing in Markets with Imperfect Information," *American Economic Review*, 1981, 71 (3): 393 – 410.

［34］ Townsend, R. M., "Optimal Contracts and Competitive Markets with Costly State Verification," *Journal of Economic Theory*, 1979, 21 (2): 265 – 293.

下　篇

经济学的出版与传播：
五大顶级期刊的专制*

詹姆斯·J. 赫克曼　施坦·莫克坦**

唐昱茵　何庆麒　刘静怡 译　杨虎涛 审***

摘　要： 本文主要研究在五大顶级期刊（Top Five，以下简称"T5"）上发表文章与经济院系终身教职获取的关系。通过对被美国排名前 35 的经济院系所聘用的常任轨经济学者的分析，我们发现 T5 发文对终身教职授予的决定和终身教职转换率有巨大影响。一项对初级教员看法的调查结果佐证了正式的统计分析。追求在 T5 上发表文章，已经成了下一代经济学家所痴迷的事情。然而，T5 的筛选眼光远不可靠。相当一部分具有影响力的文章发表在 T5 之外的期刊上。依靠 T5 来筛选人才，激励的只是他们的名利心，而非创造力。

关键词： 五大顶级期刊　终身教职　评价标准　刊物影响力

*　本文来源为美国国家经济研究局工作报告系列（NBER WORKING PAPER SERIES），编号为 25093，2008 年 9 月发布。原名称为 "Publishing and Promotion In Economics：The Tyranny of the Top Five"。访问网站为 http：//www. nber. org/papers/w25093。关键词系译者添加。

**　詹姆斯·J. 赫克曼（James J. Heckman），芝加哥大学经济系；施坦·莫克坦（Sidharth Moktan），芝加哥大学人类发展经济研究中心。

***　唐昱茵、何庆麒、刘静怡，中南财经政法大学 2016 级经济学专业本科生；杨虎涛，中国社会科学院经济研究所研究员，主要研究方向为演化经济学。

一 引言

本文考察了经济学学术界是如何激励青年学者，并由此塑造未来的职业经济学者的价值观和追求的。任何与步入学术界的年轻经济学者讨论起职业前景的人以及他们的同僚，都必会发现这些年轻经济学者对在五大顶级期刊上（Top Five，后文简称为"T5"）发文的痴迷。因为教授委员会在讨论教员引进、职称晋升、终身教职评定和各类评奖时，是通过在 T5 上已发表或将发表的文章数量以及发文速度来评估候选人的。评价候选人的标准是以候选人"生产"T5 文章的潜力而定的。

T5 分别是：《美国经济评论》《经济计量学》《政治经济学杂志》《经济学季刊》和《经济研究评论》。这些受到普遍关注的期刊，论文所涉主题非常广泛。它们被列为前五，是基于对它们各自期刊影响力指标的综合评估。基于各种指标体系评估研究人员的做法现在在各个领域中都很常见，影响因子①的使用就是一个典型例证。影响因子原本是为图书馆的采购咨询系统而设计的，现在却被许多领域的评估系统所广泛运用（Bertuzzi and Drubin，2013）。而期刊绩效的综合评价指标，比如影响因子，并不能评估出其中任何一篇论文的创造性或价值，而只是评估该论文所在的刊物及其同类期刊订阅规模的大小。

在 T5 上发文已成为一种专业标准。而对发文的追求则决定了做怎样的研究。对于很多年轻的经济学者来说，如果一篇论文不能在 T5 上发表，那么这篇论文的主题就是不值得研究的。而在非 T5 期刊上发表的论文，通常被认为是在经历了 T5 发文的失败后，降到了一个"平庸"的区域，其价值也因此大打折扣。这样的心理并不限于年轻学者，

---

① 影响因子由 Web of Knowledge 评估，Web of Knowledge 是由科学研究院信息研究所提供的科学引文索引服务，为图书馆采购提供建议。

因为早期形成的习惯是很难改变的，所以追求在 T5 上发表文章，也已成为资深经济学者的一种生活方式，而文章在 T5 的审稿中被淘汰也成了一种专业水平下降的标志。升职、认可度甚至薪水①都与 T5 发文数挂钩。依靠 T5 来评估研究，只会激励学者追求在"适当"的地方发表论文，而不是激励他们进行连贯性的系统研究。

在某种程度上，对 T5 发文这一指标的依赖很严重。经济学的专业规模日趋扩大，且越来越专业化，客观存在通过在 T5 上发表文章去证明研究质量的需求。虽说论文读者和期刊的订阅者不完全相同，但普遍认为，文章发表在高等级的、广谱性期刊（general interest journal）②上，就等于说文章的引用率高且具有普遍理论价值。但本文的研究认为，论文的被引用程度和在 T5 上发表几乎是两码事。

而 T5 发文的标准也已越来越难以达到。卡德（Card）和德拉维格纳（DellaVigna）（2013）的研究表明，1990～2012 年③，T5 中的可用版面大致保持不变。但在此期间，向 T5 投稿的数量及稿件篇幅都大幅增加，与此同时也伴随着拒稿率的提高和审稿过程的延迟（Ellison，2002）。编辑现在也倾向于采用比过去更多的评审。T5 的论文接收率（acceptance rates）已从 1980 的 15% 下降到 2012 年的 6%（Card and DellaVigna，2013）。

在排名靠前的院系中任职且素有声誉的经济学者，现在正逐渐不再往 T5 或专业期刊投稿（Ellison，2011），而是在线发表一些有影响力的工作论文，而这些非 T5 的工作论文往往被引用程度很高，这种态势有可能会弱化 T5 指标。

接收率的下降以及对多人评审结果的依赖（伴随审查和延迟），也

---

① 见吉布森等人（Gibson et al.，2014）中的表 7。加州大学的经济学教师因未在 T5 上发文而遭受工资处罚。
② 意即涵盖的专业领域全面、广泛的刊物，结合上下文含义看，此类刊物与专业性很强、选题较为集中的刊物对应，故译为广谱性刊物——译者注。
③ 卡德和德拉维格纳（2013）的数据摘要，见在线附录图 O - A30。

可能意味着 T5 筛选论文质量标准的上升。但这也可能产生一些潜在的令人忧虑的问题，而这正是本文要表达的。

我们考察了发表 T5 文章对经济学界晋升以及终身教职授予决定的影响。首先我们分析了 1996～2010 年被美国排名前 35[①] 的经济院系所聘用的人员数据。该选定时间段有充分长的时间跨度来评估 T5 论文的早期影响，同时又足以用来描述现在的专业环境。

接着我们评估了终身教职的获得在多大程度上受 T5 论文发表的影响。我们考察了首次入职时获得长聘试用资格的概率和在该教职上的第七年获得终身教职的概率[②]，并用持续期分析的估计值对此分析进行了补充。分析显示，在同样时期内，与在非 T5 上发表同等水平文章的候选人相比，在 T5 上发表 3 篇论文的人获取终身教职的可能性要高 370％。如果只在 T5 上发表 1 篇，则高出 90％；发表 2 篇，则高出 260％。相比之下，在非 T5 期刊发文的"绩效"就相形见绌。

然后我们探讨了在不同排名的院系中，发表 T5 文章对获取终身教职的影响的差异性。随着院系排名的下降，对获取终身教职的 T5 发文数量要求也逐渐降低，但 T5 发文在终身教职获取的影响力在增大。任职于排名较低的院系，但拥有相同数量的 T5 发文的教师，获得终身教职的比例更高。尽管存在这种差异性，但无论哪个层次的院系，在 T5 上发表

---

① 前 35 名是根据 2008 年、2010 年和 2015 年《美国新闻和世界报道》对经济院系排名的平均值来评估的。

② 需要注意的是，在美国的 Tenure-Track 制度中，首先是一个博士或专业人士能否取得进入 Tenure-Track 体系也就是接受长期聘任试用的资格。7 年结束之后如果达到要求即可申请终身制教职。遵循阅读习惯，译文未明确区分常任轨和预聘制。这一制度的起源是：1900 年美国斯坦福大学经济学家因公开发表移民劳工问题言论触怒校董而遭到解聘，此事引起了部分高校争取学术自由权利的行动，并于 1915 年成立了美国大学教授协会（AAUP）。该协会成立之初发表了《关于学术自由和终身教职的原则声明》，以期获得学术自由和职业安全的双重保障。而与之相对的美国高校组织在认可 AAUP 声明的前提下对获得终身教职前的试用期做出了规定。这就是 Tenure-Track 制度的来源，1940 年 AAUP 和美国学院联合会（AAC）达成协议，设定试用期期限，如期满后未能晋升副教授则必须离开，这便产生了"非升即走"的概念。这也是这篇文章将时点定为第七年的原因。——译者注

论文都是提高获取终身教职可能性的最有效的途径。在美国排名前 35 的经济院系中，T5 文章对职位晋升和任用的影响力是毋庸置疑的。

虽然由于我们收集的女性样本规模较小因而不能精确认定，但仍能判断长聘职位的获取比例存在性别差异。对于男性来说，在第一个任职期间，2 篇 T5 论文已足以达到 50% 或更高的获得终身教职的概率。而女性却需要 3 篇论文——不过这仅仅是一个点估计，并且标准误差很大。

在证明了 T5 发文的影响力之后，我们继而考察了用影响因子作为评价机制的有效性。T5 论文被高度引用，但在非 T5 期刊上发表的论文也同样如此，甚至很多非 T5 期刊的论文的被引数比 T5 论文还要多[1]，大量有影响力的论文并没有发表在 T5 上。事实上，在过去 50 年里，许多最重要的论文都因太过于创新而未能通过 T5 的保守用稿制度。[2] 20 篇被引用最多的 RePEc 论文中，很大一部分不是在 T5 发表的。[3] 但在将终身教职获取后的 10 年或 10 年以上时期内论文被引数作为控制变量的情况下，发表 T5 论文仍然是获取长聘教职和晋升终身教职强有力的决定因素。

从根本上说，坚持让学者在 T5 这类广谱性期刊上发表论文，与经济学日益凸显的专业化和碎片化发展趋势相违背。不过，现实往往就是这么吊诡：多数领域的泰斗在非 T5 的专业期刊上有大量的发文。并且，相比 T5，非 T5 期刊在大多数经济学分支领域的顶级期刊论文的被引用次数上通常有着明显优势，虽然 T5 明显依赖各领域的专家对提交上来的各领域论文进行评审。而本来主要在非 T5 期刊上发文、阅读非 T5 期

---

① 见提出这一观点的哈默梅什的研究（Hamermesh，2018）。本文以他的分析为基础并对它做了拓展。

② 阿克洛夫（Akerlof，2018）认为，T5 经常支持"安全的研究"，这种研究可以略微扩展一个领域的边界，但不会有大幅的推进。这可能是同行评议过程的产物，而这种过程产生了固有的保守主义。另见美国经济学会（AEA）研讨会中的讨论（https：//www.aeaweb.org/webcasts/2017/curse）。

③ RePEc（www.RePEc.org）为经济学研究论文网（Research Papers in Economics）的缩写，是业内被引数排名的主要来源。根据 RePEc 网站的说法："来自 99 个国家的 2000 多个档案馆已经从 3000 种期刊和 4600 份工作文件系列中贡献了约 260 万份研究论文。每周有超过 50000 名作者注册以及 75000 个电子邮件订阅申请。"

刊文献、引用非 T5 期刊论文的学者，却要用 T5 发文数对参与晋升和应聘的潜在候选人的水平进行评估。这些评审专家自己却并不会依据这套标准来行事。

编辑的任期都很长，特别是对于"内刊"（house journals）① ——编辑大多与某一院系机构密切相关的期刊。对于这类期刊而言，较为稳定的编委会导致对编辑和期刊的"追随者效应"成为可能，经济学期刊倾向于发表那些与期刊编辑联系紧密的作者的作品，这一点已经被充分证明。② 我们对反映 T5 发文"近亲繁殖"（inbreeding）情况的"近亲度"（incest coefficient）进行的量化分析也证实了这一观点。编辑更可能选择那些他们所熟知的作者的作品。网络确实很重要。③

这种行为究竟是一种利用文章质量作为衡量标准——如被引数——的内部信息行为④，还是一种低效的、任人唯亲的行为？对这一问题的讨论有很多。⑤ 关于这个问题的证据还不是确凿的，但似乎支持了掌握内部消息的人获得净收益的判断。不过本文没有深入探论用被引数衡量工作效率的价值，也没有深入探讨经济学圈内相互审定和相互引用并排斥圈外人的这类"自我指涉性"问题。⑥

本文余下的内容安排如下。第二部分证明 T5 在决定终身教职授予和获取终身教职所需时长上的影响力。第三部分公布一个面向初级教员

---

① "house journals"并非不能公开发布的内部刊物，而往往指具有某些院系或学派背景的刊物——译者注。

② 见布罗加德等（Brogaard et al.，2014）、拉邦和皮特（Laband and Piette，1994）以及克鲁西（Colussi，2018）。

③ 见克鲁西最近的一项研究（Colussi，2018）。

④ 意指编辑更容易通过网络掌握作者的能力和研究质量，作者更容易通过网络知晓编辑偏好——译者注。

⑤ 拉邦和皮特（Laband and Piette，1994）发现文章在作者与编辑有关系时确实更有可能被发表，然而，平均来看，这些文章也倾向于有更高的被引数。布罗加德等（Brogaard et al.，2014）估计，相比于这些院系与编辑无直接关系，若期刊编辑是同事，则作者在期刊上发表的论文数量将增加 100%。他们还发现，有关系的文章比没有关系的文章的被引数平均多 5% ~25%。

⑥ 详见卡佩勒等人的研究（Kapeller et al.，2017）。

的关于当前终身教职和晋升机制看法的调查结果，它们与我们从实证分析中得到的证据一致。第四部分考察以已发表文章的被引用情况来评价科研成果的 T5 筛选机制。第五部分则给出期刊编辑长期聘任的时长及近亲繁殖的证据。

总结部分进行了观点概括，并讨论了针对当前对 T5 发文的依赖可以采取什么措施（如果有的话）。文章用一个在线附录①给出了背景资料并对敏感度分析做报告。我们附上了正文附录，以提供重要的方法论细节。

二 五大顶级期刊支配力的经验证据

就青年经济学者的普遍忧虑和期望，我们进行了广泛的分析。结果表明，青年经济学者的这类期望和忧虑是有理由的——在 T5 上发表论文的确是通往成功的道路。我们从一开始就注意到，金融已经成为一个与经济学关系密切的主要领域，并且有许多具有影响力的学者。在我们的主要分析中，我们将金融学和经济学其他领域的论文一同进行分析。在线附录第四部分是一个去除了金融领域论文的类似研究，因此我们的点估计几乎没有受到影响。我们的分析表明，在现行的任何一套规则体系下，T5 发文数都是判断事业成功的一个重要指标。

（一）数据

运用美国排名前 35 的经济院系在 1996～2010 年所聘用的终身教职人员的职位和发文历史的面板数据，我们研究了终身教职职位与 T5 发文数之间的关系。面板数据分四个步骤建立②，在线附录第一部分给出

---

① 详见 http：//heckman. uchicago. edu/publishing – and – promotion/appendix. pdf。
② 这四个步骤是：（1）使用由 Way Back Machine 存档的排名前 35 的院系网站上公开的历史照片，编制 1996～2010 年各院系雇用的常任轨教员名册；（2）使用简历和其他公开的工作历史资料来整理终身教员的工作经历；（3）根据多种公开信息来源归集终身教职授予决定，包括授予终身教职的公告；（4）使用 Scopus. com 的数据确定发文数和被引数。

了关于数据建立的细节。

在院系分组中，第一个任期结束前，获取终身教职的比例在 26% 和 31% 之间，且没有在院系排名间表现出系统性差异。[1] 不出所料，相当一部分的初级教员（意为刚获得试聘期）出现了向下流动。[2] 横向流动的比例在排名前 5 的院系中最高，为 21%，在排名第 26 ~ 35 名的院系中最低，只有 6%。相反，向上流动或转到企业中任职的情况，在排名更低的院系中更为普遍，而在排名更高的院系中则较为少见。[3] 所有院系分组中，临近第二个任期结束时获取终身教职的比例明显提高，达到 34% ~ 54%。[4]

图 1 描绘了在不同院系排名组中，在第一个预聘任期就被授予终身教职或做出了其他选择的教职员比例在时间上的分布。获取终身教职的教员的平均任职时间是 5.4 ~ 7 年，标准差是 2.0 ~ 3.0 年。[5] 院系间的向上流动和横向流动分布，相比获取终身教职的分布是向左偏移的。相反，向下流动或放弃教职到企业工作的分布则更与获取终身教职的分布相近。这些差异说明，相较于很可能发生在获取终身教职之前的向上流动和横向流动，向下流动和转移到企业就职的学者，更可能是因为在原就职院系没能获得终身教职。我们会在本节第 4 部分讨论性别上的差异。

期刊分类

为了比较终身教职获取与 T5 以及非 T5 期刊发文的关系，我们将非 T5 期刊进行了基于期刊质量的分类。这样的分类使我们能估计在具有相近地位的非 T5 期刊上发文对获取终身教职的影响。运用库姆斯和林

---

① 见在线附录表 O - A4。

② 排名前五的院系中向下流动者的比例和终身教职获取者的比例差距最大。这种特殊的相对差异是由于前 5 个院系的教师无法定义向上流动，从而将自身的最终归属限制为 4 个选项而不是 5 个选项。

③ 所有排名组的向上和横向流动率之和是相近的。

④ 第二个任期的终身教职获取率，见在线附录表 O - A6。在线附录表 O - A7 给出了前 35 个院系的终身教职授予率。

⑤ 有关每组的平均值和标准差，请见在线附录表 O - A5。终身教职分布的右尾延伸超过 10 年。这种异常值的存在与人们所期望的一致，因为终身制时间钟延长政策允许教师在怀孕、收养以及其他允许的情况下延长时间钟。

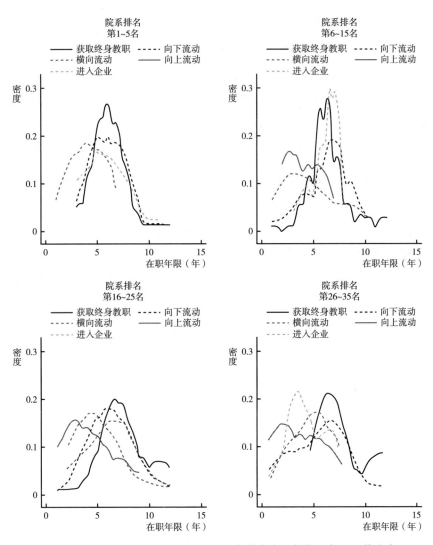

图1 不同终身教职获取结果人数比例在首次常任轨教职年限上的分布

内默（Combes and Linnemer，2010）的专业排名，我们把期刊分为以下

几类：A 级专业期刊、B 级专业期刊和非 T5 广谱性期刊。[①] 在线附录表

———————————

[①] A 级专业期刊由发展经济学、经济计量学、金融学、微观经济学/博弈论、卫生经济
学、产业经济学、劳动经济学、宏观经济学以及公共经济学等各领域中排名最高的
两本期刊组成。B 级专业期刊由在同一领域排名第 3～5 名的期刊组成。非 T5 广谱性
期刊这一分类包含排名前 5 的非 T5 广谱性期刊。

OA - A9 给出了期刊分类情况。

对发文数数据的归纳如下。图 2 中根据是否拥有终身教职对在前 15 名院系的教员进行了区分，并且四个子图分别表示在学术生涯的第一个八年中，教员在四种期刊类别上的平均发文数量。该图揭示了一种异乎寻常的模式。以具有同行评议性质的期刊来看研究效率的话，院系排名前五的终身教员与他们没能获得终身教职的同事之间的主要区别是 T5 发文数。随着时间的推移，获得与未获得终身教职的教员的 T5 发文数之间表现出更明显的差距，具体表现在两者第八年时的平均 T5 发文数相差近 3 篇。[①] T5 和非 T5 期刊之间明显的差别深刻反映了顶级院系过分强调 T5 发文的重要性。

在排名第 6 ~ 15 名的院系中，T5 发文数差距有所下降，但 A 级期刊中发文数的差距在上升。截至第 8 年，A 级期刊平均发文数差距在前 5 名中是 0.4 篇，而在第 6 ~ 15 名中则是 0.7 篇。尽管存在这些变化，但 T5 在排名第 6 ~ 15 名的院系中仍是区分获得终身教职和未获终身教职的主要指标。当我们考虑级别更低的院系时，A 级期刊的相对重要性持续上升，其发文数差异在排名第 16 ~ 25 名的院系中甚至超过了 T5。

观察到的发文模式表明，对 T5 发文数的要求随着院系排名降低而下降。排名较低的院系更看重非 T5 发文。排名较低院系的教师可以发表更多非 T5 文章来弥补他们 T5 发文数量的低水平。这种差异性的证据表明，对终身教职获取和发文数之间的关系中的院系间差异进行更深入的研究是有必要的。在我们的正式分析中，我们使用允许这种异质性存在的经济计量学模型来进行分析。

（二）获取终身教职的可能性

我们讨论了不同期刊分类中终身教职授予和发文数的关系。图 3 描

---

① 排名第 16 ~ 35 名院系的相关情况参见在线附录图 O - A1。

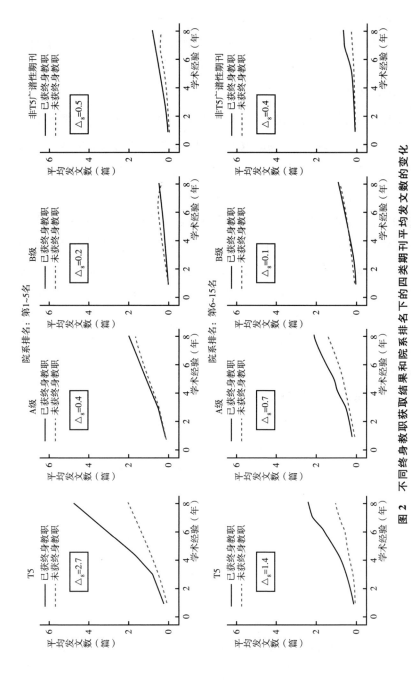

图 2 不同终身教职获取结果和院系排名下的四类期刊平均发文数的变化

注：平均值是根据院系所属排名组用的常任教师发文数计算的；△₈ 指截至第 8 年最终取得和未取得终身教职的教员的累计发文数差值。

述了由 logit 模型①测算的，与在四类期刊中的发文数相关的获取终身教职的平均概率。② 通过控制所有设定中的发文总数，我们从规模影响中分离出了结构影响。我们还进一步控制了性别、合著者的数量、毕业母校的质量以及由每个作者在所有相关期刊中发文的被引总数所代表的作者发文组合的质量。③

从图 3 中可以看出，在 T5 上发表文章与获得终身教职的概率高度相关。一位仅有 1 篇 T5 发文的教师有 29% 的概率获得终身教职。而有 2 篇和 3 篇 T5 发文则分别会使得概率提高到 43% 和 63%。虽然在 5% 的显著水平下非 T5 发文使得获取终身教职的概率非 0，但是靠非 T5 发文获取终身教职的概率远远低于靠 T5 发文。非 T5 发文获得终身教职的最大概率只有 24%，而且这还是在于 A 级期刊上发表了两篇文章的情形下。这一概率比仅有 1 篇 T5 发文所对应的概率（29%）还要低。发表 3 篇甚至更多的 T5 文章所对应的概率至少是 63%，这几乎是非 T5 发文所对应的最高概率的 2.6 倍。而考察发文数与在常任轨内任职七年时能否取得终身教职之间的关系时，这种由 T5 和非 T5 发文引致的巨大差异仍然存在。④

1. 不同排名院系中 T5 的影响力

图 4 描绘了在不同排名的院系中教职员在第一个常任轨任期中，不同水平的 T5 发文对应的获得终身教职的预测概率。⑤ 第一个任期的长度因人而异。⑥ 对每个院系排名组的预测值，是通过对在我们所

---

① 明确的 logit 估计所用设定见在线附录 1.1 部分。

② 对应的边际影响于在线附录表 O‑A10 中的"综合"（Pooled）一栏中给出。我们还在在线附录表 O‑A10 中给出了线性回归模型（LPM）估计引致的偏效应的近似估计值。结果定性地一致，即到目前为止 T5 是最有影响力的期刊类别。

③ 分析中每个文献的相关性都不同。我们用在第一个常任轨任期全部发文的被引数，来对终身教职的获取进行估计。

④ 有关结果和所用设定的详细信息，见在线附录第 2.3 部分。

⑤ 相应的边际影响于在线附录表 O‑A13 中的院系排名栏中给出。

⑥ 我们还估计了将常任轨任职经历固定为 7 年的模型。综合估计值于在线附录图 O‑A5 给出。该分析的结果与正文中的分析结果定性地一致。在线附录表 O‑A6 到表 O‑A8 中列出了不同排名下的各院系中第 7 年获取终身教职的估计值。

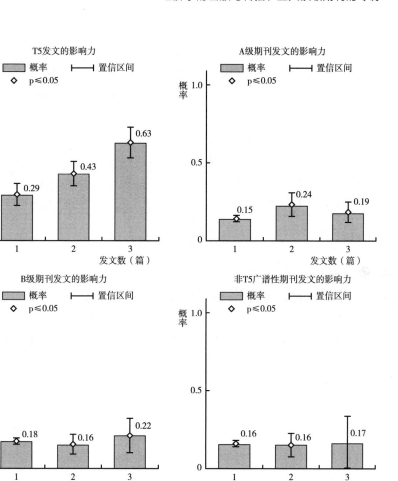

图3 在第一个常任轨教职任职期间获得终身教职的预测概率（logit）

注：预测概率由等式 TA – 2 定义（等式 TA – 2 使用了来自等式 TA – 1 的参数估计值）。条形图上的白色菱形表示预测在 5% 的显著性水平下显著。

讨论的院系中有过第一个常任轨教职的教员子样本进行有条件的 logit 模型估计得到的。对于本文中所有使用的实证分析模型，我们都将不同院系的固定效应考虑进来，并根据院系这一层级的数据集中程度对标准差进行相应调整。

图 4 显示了每篇 T5 发文对获得终身教职概率形成的影响的异质性。相比排名较前的院系，排名较后的院系的教员发表相同数量的 T5 论文，

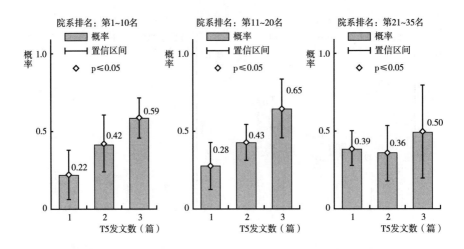

**图4 不同名次的院系中教职员在第一个常任轨教职
期间获得终身教职的预测概率**

注：预测概率由方程 TA－2 定义（等式 TA－2 使用了来自等式 TA－1 的参数估计值）。不同院系排名组对应的估计值采用属于我们所讨论的院系中的教员所构成的子样本，由方程 TA－1 进行有条件的估计。条形图上的白色菱形表示预测在 5% 的显著性水平下显著。

有更高的终身教职获取概率。在前 10 名的院系中，有 1 篇 T5 发文的教员有 22% 的概率获得终身教职。但在相同情况下，排名在第 11～20 名以及排名在第 21～35 名的院系中的教员获得终身教职的概率分别是 28% 和 39%。同样地，在排名第 11～20 名的院系中，有 2 篇和 3 篇 T5 发文的教员预计会比排名前 10 的院系中发表相同数量 T5 文章的教员拥有更高的概率获得终身教职。[1]

2. 不同 T5 文章质量对应的 T5 影响力[2]

这一部分探究 T5 的持续影响力。前几部分的研究结果已经揭示，即便在对以被引用水平表示的论文集质量进行了差异控制的情况下，T5 发文仍在终身教职的授予决定上有着巨大的影响。这些研究结果

---

① 虽然差异是明显的，但是无法拒绝院系排名组间概率均等的原假设。参见在线附录表 O－A14。

② 这一部分的分析受丹·布莱克（Dan Black）和哈拉尔德·乌利希（Harold Uhlig）的评论所启发。

表明，T5 的影响力是独立于文章质量而发挥作用的。图 5 为这一假说提供了强有力的证据。根据在 2018 年中个人在第一任常任轨教职期间所有期刊发文的平均被引用情况，该图将教员分进四等分位点划分的四个组中。在各组中，我们分别给出了获取终身教职的概率与不同水平的 T5 发文之间的关系。[1] 为以论文质量为条件来研究 T5 的持续影响力，我们要求所有发表的文章首次被引用的时点距今至少10年。[2] 因样本容量问题，本次分析不根据院系的固定效应和院系排名差异对应的终身教职获取过程差异进行修正。但由于对样本中的个体引入了在 2008 年之前结束初次任期这一约束条件，我们失去了大量的观测值。

在所有以作者发文质量为划分依据的四等分组中，获得终身教职的概率总体上随 T5 发文数增加而增加。各四分组内的比较揭示了 T5 的影响程度。拥有平庸的作品但有 T5 发文的作者，胜过了拥有杰出的作品却没有 T5 发文的作者。有 3 篇或 3 篇以上非 T5 发文的较少 T5 发文的上四分位组教员，与有 1 篇 T5 论文而有 2 篇或 2 篇以上非 T5 发文的下四分位组教员相比，预计获得终身教职的概率相同或更低。有 2 篇或 3 篇 T5 发文的下四分位组教员，获得终身教职的概率则远大于缺少 T5 发文的上四分位组教员。当我们把样本限制于仅包含在初次任期中至少发表过 4 篇或 5 篇期刊论文的教员时，与质量水平无关的 T5 发文影响力依然存在（见在线附图 O – A14 到图 O – A15）。

这一部分得出的结论支持了之前的假说，即 T5 的影响力是以与文

---

[1] 这一概率通过如下步骤得出：（1）样本被限制于仅包含在第一任常任轨教职期间发表过至少 3 篇期刊论文的教员（3 篇是首次任职期间的期刊发文平均数）；（2）基于个人发表的所有期刊论文在 2018 年的平均被引用情况，每个人都被分到以四分位点划分的四个组中的一个组；接着（3）用各组中在第一任常任轨教职期间，从 0 篇到 3 篇的 T5 发文数所对应的个体中获得终身教职的人数比例来估计获取终身教职的条件概率（给定条件是 T5 发文数）。

[2] 通过将估计样本限制于仅包含在 2008 年之前结束常任轨教职任期的个体，这个要求可以得到满足。因此，估计样本中所有在获得终身教职之前的期刊发文都发表于 2008 年或 2008 年之前。

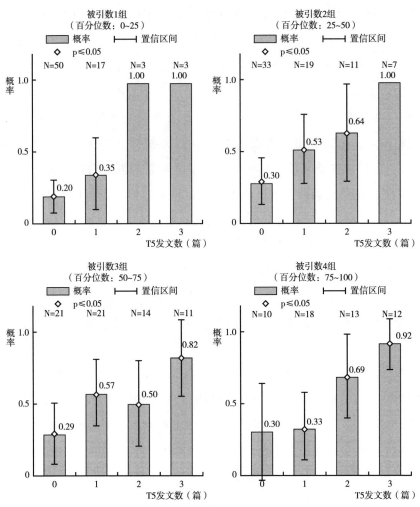

图5 在于2008年及2008年之前结束第一常任轨教职任期的教员发表论文的不同质量水平下，对应的在初次任职期间获得终身教职的粗略概率

注：本图展示了不同四分位组中每个T5发文水平所对应的终身教职获取概率的差别；在每一个四分位组中，都以给定T5发文水平下在初次任期中获得终身教职的人数比例为概率的估计量；概率的估计值等于1时并没有给出置信区间，因为这意味着这些组内所有个体都获得了终身教职。

章质量无关的方式发挥作用的。通过调查美国排名前50的经济院系现任常任轨教员，我们证实了这一发现。初级教员认为，终身教职审核委员会至少有89%的可能性将终身教职授予一位拥有T5发文的候选人，

而不是一位情况完全一样但没有 T5 发文的候选人（两人有着完全相同
的论文发表数量和质量）。

（三）获取终身教职所需时间的持续期分析

这一部分将通过探究获取终身教职所需时间与在四类期刊中刊物发表
的时变度量之间的关联，进一步阐述我们对终身教职与期刊发文数之间关
系的分析。为继续我们的讨论，请设想这样一个单期模型：每个人都以在
T35（排名前 35 的院系）中未获终身教职的助理教授身份进入博士毕业之
后的学术就业市场。任意一个人在第一期中，首次获得常任轨教职但未获
终身教职的概率是 1。在随后的时期中，个人可以保有在 T35 的未获终身教
职的常任轨教职，或是接受在 T35 中的终身教职，抑或不再以常任轨教员
的身份在 T35 中任职。[①] 未获终身教职的常任轨教员可以转变为两种互
斥的职业状态，但这两种职业状态相对于他们最近的状态——未获终身
教职的常任轨教职而言，又是对立的。我们根据表 1 给出的状态[②]，使
用了一个标准化竞争风险时期框架，并以发文数为约束条件。

表 1　尚未获得终身教职的常任轨教职人员的可能状态

状态（s =）	解释
0	在排名前 35 的院系中任常任轨教员但未获终身教职
1	在排名前 35 的院系中获取终身教职
2	未在排名前 35 的院系中以常任轨教员身份任职

风险率和获取终身教职所需时间的综合估计

图 6 展示了在四种期刊类型中，获取终身教职的风险率（终身教职转
换率）与不同的发文数量有关。[③] 各个参数的估计值见在线附表 O – A17。

---

① 个人不再以常任轨教员身份任职包含以下情况：前往排名低于 T35 的院系中任职，
进入商界，或在 T35 中转为非常任轨教职。

② 详见正文附录第 2 部分。

③ 院系排名差异对应的估计值差异见正文附录 2.3 部分。

这些估计值表明，对于在 T5 上发表过 2 ~ 3 篇文章的人和从未在 T5 发文的人，前者对应的终身教职转换率是后者对应的转换率的 3.6 倍或 4.7 倍。与之形成对比的是，对于在 A 级或 B 级期刊上发表过 3 篇文章的人和从未在这些刊物中发表过文章的人，前者转换率不到后者风险率的 1.3 倍。在 5% 的水平下，非 T5 发文组中所有风险率的估计值都是不显著的。

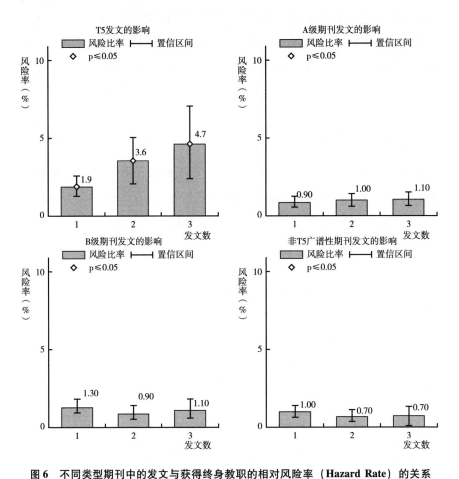

图6 不同类型期刊中的发文与获得终身教职的相对风险率（Hazard Rate）的关系

注：风险率可由对附录中的方程 TA - 13 做估计得到；柱状图上的白色菱形表示在 5% 的水平下，推算值显著不为 1。

人们预期通过在这些刊物中发表文章来提高自己取得终身教职的可能性，但就实际结果来看，T5 和非 T5 期刊有着天壤之别。对于在 T5 发表过 1、2 和 3 篇文章的人，他们的终身教职转换率分别高出在 A 级发表过 3 篇文章的人的 73%、227% 和 327%。而风险率的差异可以转换为获得终身教职所需时间的差异。图 7 则刻画了在四类期刊中不同发文数所对应的获取终身教职所需时间的分布情况。[①] 在 T5 中发文对应的分布——预计终身教职获取所需时间的密度分布，有明显的向左移位，这意味着在 T5 发文与预期终身教职获取所需时间大量缩短相关。相比之下，在非 T5 期刊中发文所对应的分布对基准分布的偏离程度是微乎其微的。

（四）获得终身教职的概率与比例的性别异质性

1. 获得终身教职所需时间的异质性

这一部分考察获取终身教职所需时间与终身教职获取率的性别异质性。对基准风险的估计源自对性别指标（以男性为表示主体）的风险率估计。基于对未观测到的异质性的假设（见在线附表 O - A17），这一指标在 1.46 和 1.47 之间。1.47 的男性指标值表明，当对发文数和变量 XT（该变量是对时变和时不变向量的控制变量）的差异进行控制时，男性教员获取终身教职所需时间的风险率要比女性高 47%。风险率的差异可以转换为获取终身教职所需时间的差异。图 8 描绘了不同性别下，终身教职获取时间的密度分布与在 T5 发表 1~3 篇文章之间的关系（见在线附图 O - A23：不同性别和 T5 发文数条件下，用非参数化卡普兰 - 梅尔曲线刻画的存活概率）。与男性相比，女性的分布密度分布呈现向右偏移态势。通过柯尔莫哥洛夫 - 斯米诺夫检验，我们以 5% 的水平拒绝了每种 T5 发文水平下跨性别密度分布属同分布的原假设。

---

① 每一个图中都绘制了一个基准密度分布，这个基准密度分布是基于在四类期刊中没有任何发文的情况绘制的。不同期刊类别的密度分布被这条基准密度分布线所覆盖，用以凸显在不同类型期刊中发文的差异。这一图组中的第一个绘制了在我们所关注的期刊类型中的一类发表过一篇文章，同时在其他三类中未发表过任何文章的情况下，获取终身教职所需时间的密度分布。类似的，余下的两幅图分别描绘了在某种我们所关注的期刊类型中发表过两篇和三篇文章，但在其他三类期刊中未曾发文的情况下的密度分布。

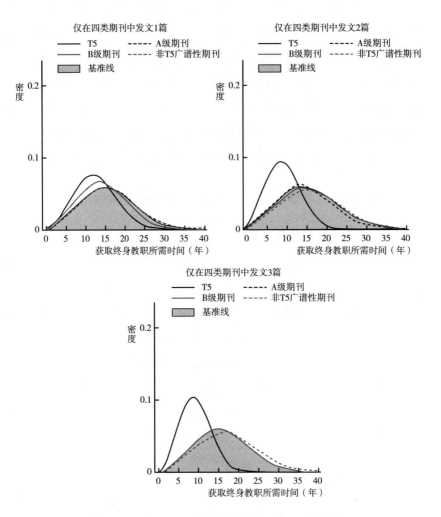

图7 获取终身教职所需时间的密度分布（韦伯分布）

注：获取终身教职所需时间的密度可由对方程 TA-13 的估计推得。[1]

---

① 在线附表 O-A18 对比了韦伯模型和一个指数模型的估计值。T5 在韦伯模型中（T5 的显著性在韦伯模型和指数模型中是相近的，但非 T5 在指数模型中比在韦伯模型中更具显著）相对更具影响力（与非 T5 相比）。但韦伯模型与指数模型相比具备更高的拟合程度，并且韦伯模型的对数似然函数值大于指数模型。为满足韦伯模型条件，我们使赤池信息准则（AIC）和贝叶斯信息准则（BIC）都最小化。

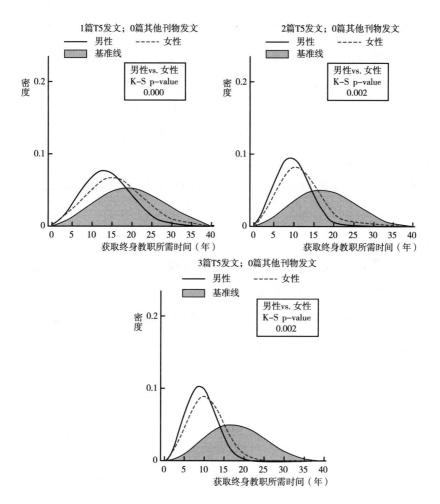

**图8　不同性别条件下（发文水平的正面影响在不同性别中保持不变），
获取终身教职所需时间的密度分布（韦伯分布）**

注：由正文附录后的方程 TA－13 可得剔除了发文水平参数与性别的相互影响的参数
估计值，并可由此推算获取终身教职所需时间的密度。其他不同 T5 发文数的曲线以及女
性所对应的曲线都以类似方式定义；每幅图中的阴影部分表示在没有任何期刊发文的情况
下，女性获取终身教职所需时间的条件密度；每幅图还给出了对男性和女性分布进行柯尔
莫哥洛夫－斯米诺夫检验所得的 p 值。

　　接下来我们将在给定性别指标的统计显著水平下，研究 T5 发文
的正面影响在不同性别中可能存在的差异。我们通过考察附录里方程
TA－13 中的发文变量与性别指标的相互影响，来探究不同发文数的正

面影响异质性。在线附录图 O－A20 到图 O－A22 给出了在不同期刊分类中不同发文水平下，不同性别获取终身教职的风险率。图 O－A20 绘制了不同性别作者的前三篇 T5 发文所对应的风险率。结果显示，在第 1 篇 T5 发文中，女性获取终身教职的风险率更高，但男性教员首篇 T5 发文所对应风险率的估计值只有在 5% 的水平上才显著。继续观察估计结果可得，男性第 2 篇和第 3 篇 T5 发文所对应的风险率则远高于女性。与女性相比，男性的第 2 篇 T5 发文所对应的风险率要高56%，第 3 篇则要高92%。第 2 篇和第 3 篇 T5 发文的风险率仅对男性教员而言是统计意义上显著的。风险率的性别差异表明，同女性相比，同样的 T5 发文数对男性有更多的正面影响，与女性相比，男性获取终身教职所需时间会有更大程度的缩减。但 T5 发文在正面影响程度上的性别差异不能归因于不同性别的 T5 发文质量差异。因为一个对性别间独立创作的 T5 论文被引数分布情况的比较揭示了这样一个事实：T5 文章被引数的性别间差异是不显著的（详见在线附录第6.6 节）。我们注意到，由于女性教员样本相对较小，所以同男性相比，对女性教员的点估计精度较低。[①]

获取终身教职的风险率、获取终身教职所需时长在性别间的差异，表明即便在同一发文水平下，女性教员相比男性教员所获得的回报是较低的——甚至可能是更不确定的。较低的女性终身聘用率在多大程度上是由育儿假期间的离职造成的，我们还不得而知。对此我们缺乏必要的数据。

2. 终身教职获得概率的异质性

图 9 给出了在给定性别和 T5 发文数下取得终身教职的粗略概率。[②]

---

① 样本较小有以下两点原因。（1）大学中从事经济学研究的女性数量少于男性。斯科特和西格弗里德（Scott and Siegfried，2018）在 2017～2018 年大学学年中对拥有博士点的 103 家美国机构进行调查后宣称，在助理教授和副教授的岗位上，女性只占到21.7%～26.6%。（2）在 T5 上发表过 3 篇以上论文的女性数量就更少了。

② 这些概率由各个 T5 发文水平下取得终身教职的性别比例估计得到。

在所有 T5 发文水平下，女性的概率都是偏低的。这意味着在相同发文水平下，女性的回报可能低于男性（就取得终身教职的概率而言）。尽管图 9 表明在给定发文水平下，取得终身教职的概率存在性别异质性，但当我们建立一个 logit 模型，并引入性别指标和对非 T5 发文数的控制以及一个特征向量 X 时[①]，这些性别差异消失了。对于拥有 7 年常任轨任职经验的人，性别（男性指标）对终身教职获取的边际影响为 0.019（SE = 0.038；p = 0.607），而对于初任常任轨的人，边际影响为 -0.045（SE = 0.033；p = 0.175）。这两个估计值在 5% 的水平上都是不显著的。该模型的推算值在男女间是大致相同的（见在线附录图 O - A10 到图 O - A13），同时第一年的估计值呈现的性别无差异性要强于到第 7 年时的估计值。[②]

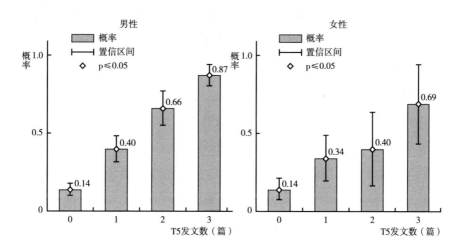

图 9　给定 T5 发文数和性别的情况下初任常任轨教职者取得终身教职的条件概率

注：概率根据在初任常任轨教职期间，各性别 - T5 发文数的分组中取得终身教职的人数比例来估计。

---

① 详细设定见方程 TA - 1。

② 通过向推算方程 TA - 2 中引入性别指标变量得到 Pr（终身教职 = 1 | #H = N，#J = 0，性别 = g，X）。在推算中用到的参数来自估计方程 TA - 1。

我们注意到，用于构建推算方程的关于非 T5 发文数和 X 的参数不能随性别变化而变化。因此，对任何基于性别间终身聘用率差异的推算概率而言，它们的差异都与由发文数量造成的回报差异无关。与在本小节第 1 部分中由持续期分析估计出的不同性别的发文回报不同，由 logit 得到的估计值没有展示出任何发文回报的性别差异。因为样本容量问题，我们无法更详细地对不同性别发文数进行说明。[①]

（五）包含和剔除金融和经济计量学期刊时的灵敏度估计

金融学是一个独立于主流经济学又与它共存，有时还会与主流经济学有重叠的新兴领域。我们通过以下分析确认了这一事实：（1）将经济学和金融学期刊一同置于前文所述的混合领域期刊分组中，接着（2）将它们排除出去。我们的结果稳健地包含或剔除了金融期刊。在线附录第 4 部分中，我们给出了针对金融期刊的替代变量和剔除了金融期刊的样本的 logit 模型估计值、线性概率模型（LPM）估计值以及风险率估计值进行了灵敏度检验结果。[②]

T5 和非 T5 非金融期刊对获取终身教职（logit）和取得终身教职所需时间（持续期）的影响所对应的参数估计值，对于处理金融期刊[③]的不同方式是不敏感的。对 A 级期刊（由使用金融期刊分级的各组灵敏度检测得到）的分类估计值在统计上都是显著的。这些估计值的量级都比较大，表明专攻金融的教员或许可以利用其他非 T5 杂志，将他们

---

① 因为样本容量问题，很多女性发文数参数没有得到估计。女性仅占样本的约 20%。

② 特别的，通过在模型设定中以三种不同方式对金融期刊进行处理，我们给出了每种估计（logit、LPM 和风险率）的三组结果。第一组结果将金融期刊从 A 级和 B 级期刊分类中剔除。第二组结果也将金融期刊从 A 级和 B 级分类中剔除，同时引入一组发文指标阈值来度量这些金融期刊的发文水平。最后一组估计仍将金融期刊从 A 级和 B 级分类中剔除，但同时引入两套发文指标阈值来度量两个级别中的金融期刊发文水平——A 级金融期刊（排名前 2 的金融期刊）和 B 级金融期刊（排名第 3 ~ 5 的金融期刊）。我们将对这五本期刊的分类方式视作对所有金融期刊的分级方式。

③ 当金融期刊以分离的分类方式（从学术期刊单独分出来）引入时，B 级期刊在灵敏度测试中相对更突出。这种突出程度的提升只有在 LPM 估计中才能观察到。

的科研产出像发信号一样发出去，并作用于终身教职的获取或晋升。更多关于在模型设定中包含或剔除金融期刊的估计值灵敏度分析的讨论细节，见在线附录第 4 部分。

同样的，我们对原有期刊分类中包含的经济计量学期刊进行了不同处理，并对不同处理方式下的估计值进行了灵敏度检测。于在线附录第 5 部分呈现的灵敏度结果显示了我们的处理方式，T5 的估计值有力地剔除了经济计量学期刊，同时 A 级期刊分类也被重新定义——包含《统计年鉴》和《美国统计协会杂志》（替换掉包含在初始的 A 级分类中的经济计量学期刊）。对经济计量学期刊的其他处理方式会造成从 LPM 估计值中得到的 B 级学术期刊的估计值丧失统计显著性。这也意味着在基准估计值中，经观察得到的终身教职获取结果与 B 级发文水平的正相关关系，在很大程度上是由原本包含在 B 级期刊中的经济计量学期刊（尤其是《美国统计协会杂志》）促成的。B 级期刊统计显著性的丧失提高了 T5 发文水平的相对重要性。

三　初级教员对当前终身教职授予和晋升机制的看法

我们在分析中还补充了一些工作经验和发文水平的数据，这些数据是对最近被全美排名前 50 的经济系聘为助理教授和副教授的人员进行调查所得。[①] 受访者被问到他们关于由系内决定的终身教职授予以及晋升的看法，特别是对 T5 发文水平在这些决定中起到的作用的看法。[②] 调查结果不仅支持了我们在第 2 部分的统计结果，还赋予了这些结果以

①　见莱讷尔和西维尔（Liner and Sewell, 2009）对系主任由于晋升和获取终身教职而产生的研究需求的调查。

②　该调查在设想中设置了三个目标：（1）确证我们对 T5 发文水平在终身教职授予对象选择上的影响力的实证结果；（2）收集一些我们认为是重要因素的数据，例如教学绩效、外部推荐信等无法在工作经历数据中观察到的数据；（3）为初级教员提供一个表达的机会，用以表达他们对当前终身教职授予和晋升机制对他们自身和对整个学科所造成的影响（积极或消极）的看法。

现实意义。初级教员对 T5 的影响力都有理性的预期。附录第 7.3 部分给出了我们的调查方法。

在 50 个院系中，调查整体的应答率为 40% （N = 308），其中助理教授的应答率是 44% （N = 210），副教授的应答率为 34% （N = 97）。整体来看，排名第 41 ~ 50 的系应答率最高（43%），而排名前 10 的系最低（37%）。除了在排名前 10 的系中助理教授和副教授的应答率同为 37% 外，在其他所有排名分组中前者的应答率都要高于后者。职位和排名差异造成的应答率差异见在线附录图 O - A28。

这一水平的应答率使我们担心因缺少回答而导致的偏差。尤为担心的是受访者可能根据自己有无在 T5 发表文章的能力选择参与调查与否，从而可能造成潜在误差。但通过比较受访者的 T5 发文分布和总体中受聘于排名前 50 的系中的助理教授和副教授的 T5 发文分布，我们有理由拒绝这种选择的存在。在将调查中的应答者和全部调查对象置于按系排名划分的组中并进行曼 - 惠特尼检验后，我们发现无法拒绝各分组分布相同的原假设。以上对比见在线附录表 O - A53。在线附录第 7.2 部分给出了对调查样本的新增数据描述。[1]

调查结果

调查中的一个问题是让受访者将八个科研和教学领域的绩效进行排序，排序标准是受访者认为的这些领域对于终身教职授予和/或晋升的影响程度。图 10 根据回答中的各领域的平均秩次对受访者回答进行了归纳。该图给出了三组归纳，分别对应影响三种不同职位晋升的绩效领域排序。三种不同职位的晋升分别是：获得终身教职、升为副教授、升

---

[1] 我们注意到这项调查提前中止了，这是因为有一些我们试图纳入样本中的个人向伦理审查委员会进行了投诉。这些投诉主要是出于担心自己的身份会被我们的调查协议暴露——尽管我们保证了每个人都是匿名。这类无回答的根源直接导致了低应答率。而除非之前的受访者都别有用心，并且在同一大致方向上产生偏误，否则低应答率并不必然会产生偏误。

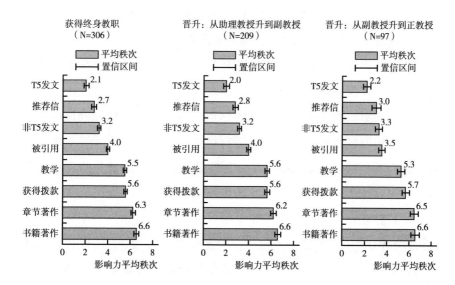

图10 基于对各绩效领域对终身教职授予和晋升之影响力大小的主观认识进行的绩效领域排序

注：条形图反映了每个绩效领域在累次回答中的平均秩次；我们给予了受访者不对任何领域进行排序或只对部分领域进行排序的选择，受此影响，不同绩效领域中的受访者数量各不相同；在线附录表 O－A56 到图 O－A58 中对不同排序分类下，相同绩效领域秩次是否相同进行了成对检验；每组成对检验只使用在回答中完成了对应两组绩效领域排序的受访者的数据；在10%的显著水平下，T5 发文数在统计上显著不同于其他 7 个领域中的任何一个。

为正教授。① T5 发文数在所有涉及的职位晋升中均获得了最高的平均秩次。对八个绩效领域及其所属的各排序的分布进行成对的威尔科克森符号秩（Wilcoxon signed-rank）检验后，我们发现在 10% 的显著水平下，T5 发文数的重要性显著不同于其余七个绩效领域。② 除了证实了我们之前关于 T5 发文相对于非 T5 发文有更大影响力的发现之外，这些调查结果还表明，相比例如外部推荐信、教学等未被观察到的绩效指标，T5

---

① 终身教职一组的样本容量为 306 个受访者。升职组的样本容量要小一些，因为这些排序被分到了不同的受访者类别之中：升为副教授这一排序组的数据只能来源于现任助理教授，升为正教授排序组数据只能来源于现任副教授。采用这种形式的样本约束的原因有两个。首先，它确保了回答是及时有效的，因为只就教员当前正努力获取的职位晋升种类进行调查。其次，通过将受访者负担从列出 3 种排序方式下调到 2 种，完成调查的概率得到了提高。

② 各类职位晋升的排名成对检测结果见在线附录表 O－A56 到图 O－A58。

依旧更具影响力。这些发现支持了顶级院系中的初级教员认为 T5 发文数是影响终身教职授予和晋升的最重要因素的结论。

外部推荐信在所有类型职位晋升的因素中均获得第二高的平均秩次。外部推荐信能起到向终身教职与晋升委员会提供候选人所从事研究的质量和影响力的第三方意见的作用。当在一些于相近领域中做研究并有着相近经验的研究人员中进行挑选时，这一作用尤其重要。现有数据尚不足以让我们检验 T5 发文数是否影响外部推荐信质量。然而，考虑到外部和内部评审专家的关注点都在对候选人研究成果的评定上，且外部评审专家可能任职于与候选人所在院系排名相近的院系（在研究评估中的 T5 发文一项上有相近的重视程度），所以内部和外部的评审专家可能对候选人的 T5 发文数的重视程度相同。的确，写推荐信的人常关注潜在候选人的 T5 发文数或将要发表的 T5 论文。外部推荐信与 T5 发文数的这种相关关系将增大初级教员在 T5 发文上所面临的压力。

非 T5 发文数在不同级别的职位晋升中都获得第三高的平均秩次。但是，当我们仅考虑取得终身教职和晋升副教授时，外部推荐信和非 T5 发文数的排名才与被引数的秩次显著不同。在线附录表 O－A58 中，在晋升正教授这一项下的威尔科克森检验没能拒绝外部推荐信和非 T5 发文的秩次分布与被引数的秩次分布相同的原假设。在所有职位晋升类型中，教学和成功获得拨款的平均秩次差异都是不显著的。著书数和在书中贡献的章节数在所有职业晋升类型中都排在最后。在以取得终身教职为目的这一背景下，进行长期且完整的研究与将资源集中在 T5 发文上相比，前者的价值被认为低得多。

这些调查为 T5 发文对终身教职授予和晋升机制有着重大影响这一命题提供了重要的证据。但这些证据无法阐明 T5 和非 T5 发文的影响力差别是否仅仅是文章本身影响力和质量的反映，也无法阐明 T5 是否以独立于文章影响力和质量的形式发挥着影响力。但图 11 给出了这个问题的答案。该图是一项调查结果的归纳，该项调查要求受访者在文章质量等同的情况下，比较拥有 T5 发文和拥有非 T5 发文时取得终身教职和成功晋升的概率。具体而言，这个提问向受访者呈现了一个思想实验，在这个实验中受访者必须想象出这样一个情景：受访者所属院系必须从两个候选人中挑选出一个授予终身教职或进行提拔。实验还要求受访者假设两个候选人在各方面都相同，除了其中的一个所有的发文都是 T5 发文，另一个则有相同数量和质量的非 T5 发文。接着让受访者回答 T5 发文的候选人取代非 T5 发文的候选人获得终身教职和/或得到晋升的概率是多少。如果 T5 的影响力是通过文章间影响力和质量差异实现时，那么 T5 和非 T5 候选人获得终身教职和/或得到晋升的概率应该都为 0.5。如果 T5 候选人的概率有任何对 0.5 的正偏离，那么就表明 T5 以某种独立于文章质量的形式发挥着影响力。

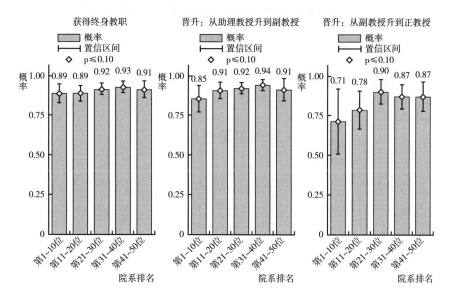

图 11　只有 T5 发文的候选人取代只有非 T5 发文的候选人获取终身教职或晋升的概率（在其他条件相同的情况下）

注：条状图代表的是在每种绩效领域，受访者回答的概率的平均值；白色的菱形表明在 10% 的显著水平下，平均概率显著不同于 50%。

图 11 描述的结果显示了 T5 候选人的概率对 0.5 存在明显且统计上显著的正偏离。这种偏离存在于所有院系排名组中，并且也存在于全部的三种级别的职位晋升中：获得终身教职、升为副教授、升为正教授。该图描述了不同学习排名组和不同级别的职位晋升对应的受访者所回答的概率平均值。在获取终身教职上，受访者回答的概率平均值在所有院系排名组中都大于或等于 0.89。因此，平均来说，排名前 50 的院系中的初级教员认为他们所在的院系在 100 次此类终身教职授予决定中，至少会将终身教职授予 T5 候选人 89 次。院系排名越靠后平均回答概率越高，且其峰值 0.93 出现在排名第 31~40 的院系中。在升为副教授一组中，回答概率同样很高。升为正教授的平均回答概率较低且各组差异较大。

这些结果表明，在排名前 50 的院系中，初级教员普遍存在这样一种认识——同样数量和质量的文章，发表在 T5 和非 T5 期刊上所获得的收益有着天壤之别。教员的认识来源于过去的终身教职授予和晋升决定，而过去的决定显然是偏好 T5 发文的。可以说，如今的学术事业，就是对 T5 发文的追逐。

四 作为质量筛选机制的 T5

对第二节的分析建立了排名前 35 的院系中终身教职的授予与 T5 发文数之间的密切关系。对第三节的分析表明，初级教员敏锐地意识到了 T5 的力量。本节的分析对 T5 在研究影响力和质量的筛选作用方面进行了评价。在第一小节，我们用被引数代表影响力，将单个期刊的被引数分布与 T5 整体的被引数分布进行比较。第二小节则比较最具影响力的论文在 T5 和非 T5 期刊上发表的比例。第三小节基于影响因子对 T5 和非 T5 期刊进行比较。第四小节在经济学的 14 个主要领域中对具有影响力的经济学者的发文选择进行考察。第五小节展示被 T5 遗漏的经典论文。

（一）T5 和非 T5 杂志的被引数对比

本小节将比较 T5 与其他 25 本期刊在 2000～2010 年这十年间发表文章的累积被引数（截至 2018 年）。这一小节的对比以哈默梅什（Hamermesh，2018）的分析为基础，他比较了 T5 和《经济学与统计学评论》（ReStat）以及《经济学杂志》（EJ）的被引数。通过将非 T5 期刊的范围扩大到 25 种期刊，以及分析更广泛和更近的时间段［我们所分析的是 2000～2010 年的数据，而哈默梅什（2018）的数据来自 1974～1975 年以及 2007～2008 年］发表的文章，我们扩充了他的分析。[①] 我们的结论证实了他的发现。除了 T5 内部存在很大的被引数差异之外，在 T5 上发表的论文与在 ReStat 和 EJ 上发表的论文在被引数上甚至还有部分相同。我们扩展的期刊类别有助于识别另外六种非 T5 经济学期刊，它们至少有与 EJ 和与 T5 部分相同的被引数。通过对被引数相同的非 T5 期刊和 T5 进行比较分析，我们得出了结论。我们发现，当人们关注于较少被引用的 T5 时，T5 和非 T5 期刊的可比性大大提高了。例如，ReStat 中位被引数对应的文章被引数排名经过年度调整后，与所有 T5 文章相比，排名第 38 位；但当它与本刊发表的文章相比时，它仅获第 58 位的排名。这些对比表明了组成 T5 的期刊在影响力上存在较大异质性。

由于缺乏一个更好的衡量标准，我们对期刊和文章质量的比较依赖于被引数。然而，相较于 T5 文章，被引数这一指标更可能低估了非 T5 文章的质量，因为对于 T5 上的文章而言，"层次就是高"这一长期且根深蒂固的看法无疑会提高 T5 文章的知名度，从而增加了其被引数。只要这种（声誉）差异存在，即使在文章质量相同的前提下，T5 文章也会比非 T5 文章吸引更多引用这一说法是说得通的。如果这种偏好确实倾向于 T5 文章，那么以被引数为指标将低估非 T5 文

---

① 我们选择的时间段必要地排除了所有对新美国经济学会的新应用期刊的分析，它们从 2009 年开始出版。

章的质量，从而低估 T5 与非 T5 刊物之间的可比性。[①] 另外，除去质量因素，T5 这类主题无所不包的广谱性期刊能够比那些专注于某一领域或专题的专业期刊吸引更多的引用，这仅仅是因为广谱性期刊的受众比后者更为广泛。

1. 和 T5 总分布的比较

图 12 展示了我们分析的 30 本期刊中的每一本在 2000～2010 年刊登文章的 ln（被引数 +1）的残差分布。[②] 每类期刊的分布都与一个阴影表示的分布重叠，后者代表 2000～2010 年在 T5 发表的所有文章的被引数残差分布。残差是通过就 ln（被引数 +1）对年数三次多项式进行 OLS 回归获得的，该年数是自发表到 2018 年（统计被引数的年份）的年数。[③] 为了使结果看起来更明显，残差对被引数的 log 值进行了调整，并产生了一种可用于比较任意刊物分组中文章的表现同时结果明显的度量。[④]

---

① T5 在专业领域中是口碑最好且最流行的期刊。在分析了对 92 位经济学者的一项调查的结果后，霍金斯等人（Hawkins et al.，1973）证明 AER、ECMA、JPE 和 QJE 是 20 世纪 60 年代末 70 年代初四大最受欢迎的期刊（ReStat 排在第五位，Restud 排在第六位）。这四大期刊的流行优势持续了很长时间。阿克萨拉格鲁和西奥哈拉基斯（Axarloglou and Theoharakis，2003）得出了与霍金斯等人（1973）同样的结论，即 AER、ECMA、JPE 和 QJE 依然被认为是 21 世纪初期最具影响力的期刊。学者是如此偏好从他们认为质量和影响力最高的期刊中引用文章，以至于我们可以预料他们对于非 T5 期刊有着负面偏见。换言之，由于 T5 文章更有学术价值这一观念已经在人们心中长期存在并且根深蒂固，T5 在保持着文章质量及其与引文作者作品的相关度的同时，获得了更多的引用。

② 与哈默梅什（2018）所做的研究类似，我们排除了编辑的笔记、评论、报道，以及在 AER 论文和议事录的年度事件栏目发表的论文。我们也将篇幅不足 10 页的论文排除在外。

③ 在线附录表 O–A33 表示，被引数残差的中位数对比（T5 平均水平与个别杂志之间）使用了从四种不同设定中获得的残差值。前三栏表示使用从 ln（被引数）+1 的 OLS 估计获得的残差，分别对曝光年份的一、二、三次多项式进行比较。最后一栏使用从估计 ln（被引数）+1 获得的残差作为明显指标的函数。得到的结果符合我们的设定。

④ 目前的分析侧重于对年度调整度量的比较。感兴趣的读者可以参考在线附录图 O–A24 到图 O–A26 中类似的图，这些图分别涉及 2000 年、2005 年和 2010 年发表的文章。

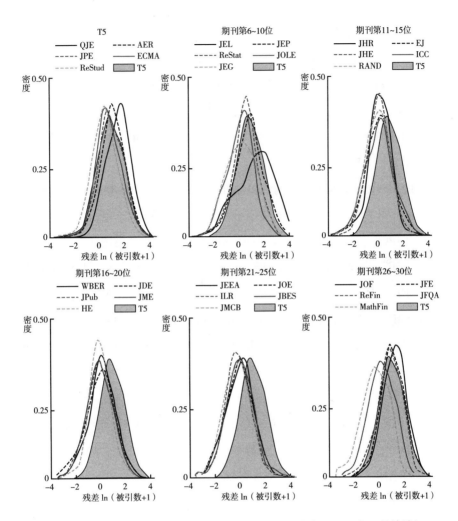

图12　2000～2010 年发表论文的 log 被引数的残差分布（2018 年 7 月统计）

注：期刊缩写含义为——QJE，《经济学季刊》；JPE，《政治经济学杂志》；ECMA，《计量经济学》；AER，《美国经济评论》；ReStud，《经济研究评论》；JEL，《经济文献杂志》；JEP，《经济展望杂志》；ReStat，《经济学与统计学评论》；JEG，《经济增长杂志》；JOLE，《劳动经济学杂志》；JHR，《人力资源杂志》；EJ，《经济学杂志》；JHE，《卫生保健经济学杂志》；ICC，《产业和公司变革》；RAND，《兰德经济学杂志》；WBER，《世界银行经济评论》；JDE，《发展经济学杂志》；JPub，《公共经济学杂志》；JME，《货币经济学杂志》；HE，《卫生经济学》；JOE，《计量经济学杂志》；ILR，《劳资关系评论》；JEEA，《欧洲经济学会杂志》；JOF，《金融杂志》；JFE，《金融经济学杂志》；JBES，《商业与经济统计杂志》；JMCB，《货币、信贷与银行杂志》；ReFin，《金融研究评论》；JFQA，《财务定量分析杂志》以及 MathFin，《数理财政学》。

资料来源：Scopus.com（全世界最大的摘要和引文数据库——译者注）；2018 年 7 月访问。

标签为 T5 的子图显示，与非 T5 文章相比，QJE 文章的被引数残差分布有一个十分显著的向右移动。QJE 残差的中位数与所有 T5 文章的残差分布对比显示，在被引数残差方面，QJE 文章被引数的中位值在所有 T5 文章被引数中排在第 71 百分位数。[①] 在被引数的中位值排名方面，紧随 QJE 之后的是 AER、JPE、ECMA 和 ReStud，其中 ReStud 的中位被引数在 T5 文章中位列第 31 百分位数。

图 12 中标记为期刊第 6～10 位的子图则描绘了具有最高中位被引数的五个非 T5 经济学期刊的被引数残差分布。在非 T5 期刊中，最高的被引数出现在调查类期刊（survey journals）。与 T5 分布相比，JEL 的分布呈现明显的向右偏移。在线附录表 O－A31 表明，就被引数残差而言，JEL 中其中位被引数对应的文章排在 T5 文章中的第 70 百分位数，这比 QJE 文章的排名低了 1 个百分位。排在 JEL 之后的是 JEP，它的中位被引数文章在 T5 分布中居于中间位置。凭借在所有 T5 引文中排在第 38 百分位数的中位被引数，ReStat 在非调查类经济学期刊中排名第一。同时，它的排名比 ReStud 高出 7 个百分位，并且仅比 ECMA 低 3 个百分位。JEG 在 5 个被引用程度最高的非 T5 期刊中处于中间位置，它自己的中位被引数排在第 30 百分位数，类似的，JOLE 排在第 25 百分位数，而 JHR、JHE 和 ICC 则并列第 24 百分位数。[②]

正如前文所指出的那样，金融已经成为经济学的一个重要分支。正如我们预判的那样，金融类期刊有自己独特的活力。它们比非 T5、非调查类经济学期刊有着更高的被引数。JOF 是金融期刊中被引用得最多的期刊，其中位被引数在 T5 文章中排在第 61 百分位数。紧随其后的是 JFE 和 ReFin，二者的中位被引数都在 ECMA 和 ReStud 之上。

---

① 各个期刊论文的中位被引数与 T5 论文的中位被引数分布的比较，见在线附录表 O－A31。

② 图 12 中接下来的三幅子图按照中位被引数的降序给出了其余 15 个经济学期刊的分布。这些期刊中的前 6 个在全部 T5 文章中的中位被引数排名至少高于第 20 个百分位数。

2. 和不同 T5 子集的比较

前面给出的对比表明，T5 中各刊物的被引数不尽相同。QJE 有最高的中位被引数，排在其后的是 AER、JPE、ECMA 和 ReStud。鉴于 T5 内部存在的这种异质性，本小节将研究：随着我们逐渐增加对对照组的限定，直至对照组中仅包含较少被引用的 T5 文章时，非 T5 文章的相对表现是如何变化的。

在线附录表 O – A32 提供了包含这些对比的一张表格。[①] 结果表明，当比较不包括被引数较高的 T5 时，非 T5 期刊的相对表现会大大提高。因此，虽然 ReStat 的文章在整个 T5 分布中仅排在第 38 百分位数，但是当对照组仅限于 JPE、ECMA 与 ReStud 时，其排名提高到了第 40 百分位数。随着对照组的进一步限定，ReStat 的表现继续提升，其中位被引数对应的文章排名超过了 ECMA 和 Restud 的中位被引数对应的文章组合。

我们所记录的其他非 T5 期刊的相对表现也出现了类似的提高。在对 T5 整体分布的比较中，ReStat 和 JEG 是在 T5 分布中唯一达到或超过第 30 百分位数的非 T5 且非调查类期刊。当对照组被限定为 JPE、ECMA 与 ReStud 时，排名达到或超过第 30 百分位数的期刊增加到了 8 个；当仅与 ReStud 比较时，期刊数为 16 个。

（二）有影响力的研究论文发表在哪些期刊上

本节将对 T5 和非 T5 中各个期刊在 2000～2010 年发表的有影响力的文章数量进行比较。为了继续进行研究，我们用前面几小节中计算得到的被引数残差值将 30 种经济学期刊的文章基于文章表现分为四个组：具有前 25%、前 10%、前 5% 和前 1% 的被引数残差值的文章。然后，我们计算了 30 种经济学期刊中每种期刊所发表的文

---

① 第一列给出了 30 种期刊各自在 T5 总分布中的中位被引数残差的百分位数排名。每从左至右依次增加一列，就按照中位被引数降序排列从对照组中剔除一种 T5 期刊。

章在各个表现组中的比例。表 2 显示了根据未调整比例的 30 家期刊排名。

表 2　2000～2010 年各个期刊发表的具有影响力文章数量的未经调整的比例

单位：%

排名	被引数前25%（数量=3321次）		被引数前10%（数量=1329次）		被引数前5%（数量=665次）		被引数前1%（数量=133次）	
	期刊	比例	期刊	比例	期刊	比例	期刊	比例
1	**AER**	14.0	**AER**	16.6	**AER**	17.7	**QJE**	17.3
2	**QJE**	9.5	**QJE**	14.0	**QJE**	15.6	JEL	13.5
3	**ECMA**	6.7	JEP	7.6	JEP	9.6	**AER**	12.8
4	JEP	6.6	**ECMA**	7.4	JEL	8.0	JEP	9.8
5	**JPE**	5.7	**JPE**	6.8	ECMA	7.1	ECMA	8.3
6	EJ	5.2	JEL	5.5	**JPE**	5.1	JOE	5.3
7	JOE	5.2	ReStat	4.5	JOE	4.7	ReStat	4.5
8	ReStat	4.8	EJ	4.4	ReStat		JEG	3.8
9	JPub	4.5	JOE	4.2	EJ	4.5	**JPE**	
10	JME	3.8	**ReStud**	3.5	JME	2.6	EJ	3.0
11	JDE	3.8	JPub	3.1	**ReStud**		JHE	
12	**ReStud**	3.7	ICC	3.0	ICC	2.4	RAND	
13	JHE	3.3	JDE	2.7	JPub		JBES	2.3
14	JEL	3.3	JME	2.5	JHE	2.0	JEEA	
15	ICC	2.7	JHE	2.2	JBES	1.4	JPub	
16	HE	2.5	HE	2.0	JEG		ICC	1.5
17	JMCB	2.4	JMCB	1.5	HE	1.2	**ReStud**	
18	JHR	2.1	JEG	1.4	JDE		JME	0.8
19	RAND	2.0	JOLE		JOLE		JOLE	
20	JOLE	1.9	JEEA	1.3	RAND		WBER	

注：此表列出了没有依据刊载文章总量对不同期刊发表的被高度引用文章进行调整的比例。

资料来源：Scopus.com，2018 年 7 月访问。

AER 在这些排名中占据突出地位，除了前 1% 组之外，它在每个表现组中文章的占比都最高。QJE 在前 25%、前 10% 和前 5% 的组别中排名第二，在前 1% 的组中排名第一。除了前 25% 组，AER 与 QJE 的文章在每个引用组中的占比加起来为 30% 强（它们的文章在前 25% 组占 23.5%）。其他 T5 期刊在有影响力的文章贡献方面略逊一筹。[①]

非 T5 非调查类期刊上也发表了许多具有影响力的文章。JOE、ReStat 以及 JEG 共占被引数残差值的前 1% 组中全部文章的 13.6%。这三种期刊的贡献不仅在绝对数量上是显著的，而且在和 T5 比较的相对层面也是显著的。这三种期刊都比 ReStud 贡献了更多的前 1% 文章，其中的两种期刊比 JPE 贡献了更多的前 1% 文章，而剩下的一种期刊贡献的前 1% 文章与 JPE 一样多。ReStud 被另外六种非 T5 非调查类期刊所超越。这些期刊对前 1% 组贡献了 16%。而在其余的三个组中，非 T5 非调查类期刊的贡献依然显著。在前 5% 组中，最具影响力的五种非调查类期刊共计贡献了本组中 20% 的文章。前 10% 组和前 25% 组中五种最具影响力的非 T5 期刊分别贡献了各自组中 19% 和 24% 的文章。

到目前为止，我们的讨论集中于每种期刊在最具影响力文章上的绝对产出上。AER 发表的论文数量至少是排名第二的 T5 期刊的 2 倍。因此，通过比较每种期刊发文的绝对量来比较贡献大小的确是能够提供一些信息的。表 3 给出了根据刊载文章总量进行修正的表 2 的调整版本。[②] 为了说明（对引用组）贡献概率的增加与更多的发表文章数量有关，该调整削减了 AER 等高发文量期刊的贡献。

---

① 除去前 1% 组，JPE 与 ECMA 的排名差距都在 1 个百分点以内。另外，ReStud 不仅排名远低于其他四种 T5 期刊，而且在全部的四个分组中还被许多非 T5 期刊所超越。ReStud 作为 T5 中的一个异常，它的出现与之前几个部分得到的结果相一致，这些结果表明 ReStud 中的文章的被引数残差的中位数排在全部 T5 文章的第 31 百分位数。

② 排名基于每个引用组的数量调整后的比例，其中引用组 b 中期刊的调整比例计算如下：

$$P_{j,b} = \frac{1}{N_b} \sum_{y=2000}^{2010} C_{j,y,b} / \left(\frac{v_{j,y}}{V_y} \right)$$

其中，N_b 是引用组 b 中的文章总数，$C_{j,y,b}$ 是在 y 年期刊 j 发表的所有的满足可被纳入 b 组的文章的被引数条件的文章数量，$v_{j,y}$ 是在 y 年期刊 j 发表的文章数量，而 V_y 是本研究所涵盖的 30 种经济学期刊于 y 年度发表的文章总量，（$v_{j,y}/V_y$）项是一个特定年份的数量调整，它利用给定年份的刊载量的倒数对每种期刊的贡献进行加权。

表 3　2000～2010 年各个期刊发表的具有影响力文章数量的调整比例

单位：%

排名	被引数前 25%（数量 = 3321 次）		被引数前 10%（数量 = 1329 次）		被引数前 5%（数量 = 665 次）		被引数前 1%（数量 = 133 次）	
	期刊	比例	期刊	比例	期刊	比例	期刊	比例
1	**QJE**	12.0	QJE	16.6	JEL	19.8	JEL	26.6
2	JEL	8.9	JEL	14.2	**QJE**	17.8	**QJE**	18.0
3	**AER**	7.8	**AER**	8.6	JEP	8.8	JEG	11.8
4	**JPE**	7.3	**JPE**	8.3	**AER**	8.7	JEP	7.8
5	JEP	6.9	JEP	7.5	**JPE**	6.0	**ECMA**	5.5
6	**ECMA**	5.7	**ECMA**	5.9	**ECMA**	5.2	**AER**	5.5
7	JEG	4.6	JEG	5.3	JEG	5.0	**JPE**	3.5
8	ReStud	4.6	**ReStud**	4.1	ReStat	3.5	ReStat	2.8
9	**ReStat**	3.9	ICC	3.8	ICC	3.0	RAND	2.7
10	JOLE	3.6	ReStat	3.4	**ReStud**	3.0	JBES	2.6
11	ICC	3.4	EJ	2.7	EJ	2.6	JHE	2.0
12	WBER	3.4	WBER	2.5	WBER	2.3	JOE	2.0
13	EJ	3.4	JOLE	2.3	JOE	2.1	ICC	1.9
14	JHR	3.2	JOE	1.9	JOLE	1.8	EJ	1.7
15	JDE	2.8	JDE	1.9	JME	1.6	WBER	1.4
16	JHE	2.5	JHE	1.6	JHE	1.4	**ReStud**	1.3
17	RAND	2.5	JME	1.5	JBES	1.3	JPub	1.2
18	JOE	2.4	JPub	1.5	RAND	1.3	JOLE	1.2
19	JME	2.4	JBES	1.2	JPub	1.1	JME	0.6
20	JPub	2.3	RAND	1.2	JHR	1.0	JEEA	0.0

资料来源：Scopus. com, 2018 年 7 月访问。

数量调整导致所有引用组内的期刊重新排序。AER 的排名（不同引用组中不同）从未经调整时的第一或第三，掉到了调整后的第三或更低名次。调整增加了 QJE 和 JPE 的贡献比率，反映出这些期刊的发文量低于 AER。虽然贡献比例的增加提高了这两种期刊的总体地位，但由于其他期刊（例如 JEL）的贡献比例增幅更大，所以它们在一些分组中的排名未能得到提升。对于 ECMA 而言，这种调整是负面的，它在前 25%、前 10% 和前 5% 组中的排名均跌至第六位。ReStud 在前 25% 和前 10% 组的排名则有所提升，不过尽管进行了数量调整，它在前 5% 和前 1% 组的排名仍未受到影响。

在非 T5 非调查类期刊中，JEG 的增幅最大，它在所有引用组中的排名均位列前七。ReStat 的排名有所下降。然而，它在各引用组中仍保持着影响力。EJ 和 JOE 的排名在经历调整后都有所下降。

从表 2 和表 3 中的排名得到的主要结论是，因为非 T5 非调查类期刊发表了大量具有影响力的经济学研究成果，所以它们的表现常常优于一些影响力较小的 T5 期刊。无论是考虑贡献的绝对数量或单位文章的贡献，它们对学科的影响力都是显而易见的。

（三）T5 并非经济学领域中影响因子排名前五的期刊

表 4 列出了滞后（2 年、5 年、10 年、15 年、20 年的）影响因子，最长的滞后表示期刊的持续贡献（20 年间的被引数）。在 T5 中，只有 QJE 在任何列出的年份都具有名副其实的 T5 影响，并且在除 10 年滞后外的所有滞后影响因子组中都位列第一。金融类期刊有着更高的影响因子，这反映出该领域专业人员的规模。短期（2 年）影响较大的期刊通常不会长期保持其排名。这也就是说，T5 排名的基础——用被引数最高的文章给期刊贴上 T5 的标签——是有缺陷的。只有 QJE 的地位才名副其实。

表 4 使用 2017 年被引用数据构建的并根据第 5 年的影响因子
排名进行排序的 25 种经济学期刊的 2 年、5 年、10 年、
15 年和 20 年的影响因子

期刊	2 年		5 年		10 年		15 年		20 年	
	排名	IF	排名	IF	排名	IF	排名	IF	排名	IF
QJE	1	8.57	1	12.80	2	15.53	1	18.62	1	20.11
JEP	2	7.21	2	10.82	4	11.52	4	11.91	5	11.03
JEL	11	4.29	3	9.91	1	17.24	2	17.13	2	18.60
JOF	5	5.54	4	9.38	3	11.98	3	13.99	3	15.04
JFE	6	5.53	5	8.11	5	10.54	5	11.53	4	11.97

续表

期刊	2 年		5 年		10 年		15 年		20 年	
	排名	IF	排名	IF	排名	IF	排名	IF	排名	IF
AER	9	4.63	6	6.53	10	7.41	10	8.04	9	8.25
ReFin	10	4.45	7	6.27	6	9.39	7	9.49	8	9.32
JEG	4	6.17	8	6.15	13	6.07	9	8.93	10	8.23
JPE	8	5.08	9	6.09	7	8.48	6	10.09	6	10.75
AEJae(《美国经济杂志:应用经济学》)	7	5.42	10	6.08	9	7.67	11	7.67	11	7.67
ReStud	20	3.12	11	6.03	12	6.42	13	7.00	13	7.14
ECMA	14	3.87	12	5.94	8	7.86	8	9.25	7	9.69
ReStat	15	3.64	13	5.55	11	6.81	12	7.62	12	7.31
AEJep(《美国经济杂志:经济政策》)	12	3.99	14	5.51	16	5.71	15	5.71	15	5.71
JHR	3	6.86	15	5.11	14	5.89	18	5.33	18	4.90
AEJma(《美国经济杂志:宏观经济学》)	17	3.45	16	4.83	15	5.88	14	5.88	14	5.88
JEEA	21	3.04	17	4.70	20	4.82	21	4.66	19	4.66
JOLE	13	3.88	18	4.62	17	5.14	17	5.33	16	5.21
EJ	19	3.27	19	4.27	18	5.01	16	5.41	17	5.11
JHE	16	3.49	20	4.00	21	4.32	23	4.50	26	4.45
JDE	23	2.48	21	3.89	19	4.90	19	4.90	24	4.53
WD(《世界发展》)	18	3.39	22	3.60	27	3.60	31	3.60	31	3.60
JME	26	2.24	23	3.27	29	3.51	29	3.86	30	3.83
JFQA	27	2.22	24	3.23	22	4.25	22	4.60	20	4.63
JAE(《应用经济学杂志》)	24	2.46	25	3.16	26	3.83	27	4.15	21	4.59

注:影响因子的定义为对于任何特定期刊,截至 2017 年的 x 年影响因子被定义为,2016 - x 年至 2016 年期刊发表的所有文章于 2017 年累计获得的被引总数除以同一时间段内期刊的文章总数:

$$IF_{x,j}^{2017} = \sum_{y=2016-x}^{2016} \frac{citations_{y,j}^{2017}}{volume_j}$$

其中,$citations_{y,j}^{2017}$ 代表期刊 j 在 y 年发表的所有文章于 2017 年受到的被引总数,而 $volume_j$ 代表期刊 j 在 2016 - x 年至 2016 年的文章总量。

资料来源:Scopus.com,2018 年 7 月访问。

与自然科学类期刊相比，经济学期刊影响的范围显得微不足道（见在线附录表 O－A34）。表 O－A34 中列出的 6 种主要期刊中，任何 1 种期刊的 2 年影响因子均超过了任何经济学期刊。例如就排名第四的《科学》而言，其 2 年和 5 年影响因子均在 41 左右。同样值得注意的是，《美国科学院院刊》——该杂志也是许多经济学者发表重要论文的一个渠道，不在 T5 评估的范围之内，而其影响因子与排名最高的经济学期刊相当。

（四）那些有影响力的经济学家在哪发文？

本节探讨了有影响力的经济学者在专业领域发表文章的期刊。我们使用 RePEc 的各个领域作者排名编制了一份在 14 个专业领域①中最具影响力的 50 位作者②的名单。我们分析了 50 位各领域顶尖作者的发文历史记录，以确定占据其发文总数最大份额的期刊。

我们使用 EconLit③ 获取每位作者在 1996～2017 年发表的文章名单。我们进一步使用了卡德和德拉维格纳（2013）的分类办法，根据 EconLit 数据中包含的 JEL 代码将文章分配至不同的领域。④ 这种分配产生了与 14 个特定领域中的作者一一对应的 14 个发文名单，其中每个发文名单仅包含被识别为与作者的专业领域相关的期刊文章。

---

① 这些领域包括人口经济学、发展经济学、经济计量学、环境经济学、实验经济学、金融学、卫生经济学、国际金融、国际贸易、产业经济学、劳动经济学、宏观经济学、微观经济学和公共经济学。

② 在线附录表 O－A43 到表 O－A46 给出了各个领域内排名前 50 的作者。因为 RePEc 的排名中金融学和产业经济学领域的作者人数不足 50 人，所以名单中这两个领域的作者人数都不足 50 人。

③ 美国经济学会经济学全文数据库—译者注。

④ 我们对卡德和德拉维格纳（2013）的分类方案做了以下修改：（1）将劳动经济学类别划分为劳动［JEL 代码 I2 和 J（J1 除外）］和人口经济学（JEL 代码 J1）；（2）新增环境经济学为一个领域（JEL 代码 Q5）；（3）将国际经济学分为国际金融（JEL 代码 F3、F4 和 F65）和国际贸易（JEL 代码 F1 和 F4）；（4）将城市经济学从卫生和城市经济学类别中移除，以生成一个新的类别：卫生经济学（JEL 代码 I0 和 I1）。其余领域的划分方法与卡德和德拉维格纳（2013）一致。

在线附录表 O – A40 列出了未调整的各领域期刊的发文量排名，排名标准是 f 领域的 50 位顶尖作者撰写、发表的 f 领域文章在各个期刊中所占的比例。该表列出了在发文中所占份额最大的 10 本期刊的排名。排名显示，各个领域的顶尖作者在 AER 或非 T5 专业领域期刊上发表的各自领域的文章数量最多。除了在计量经济学和微观经济学中排名第三的 ECMA 外，其余四个 T5 期刊在任何领域都没有进入前三名。这些表明，在经济学的主要专业领域工作的一流经济学者将他们大部分的专业论文发表在了非 T5 期刊上。当我们按发文数份额对期刊进行排名时，非 T5 领域期刊的重要性变得更加突出。

表 5 中调整后的发文量排名显示，一旦调整了发文数量的差异，T5 文章占各领域的 50 位顶尖作者发表的专业领域文章数量的比例就会下降很多。① 排名方式的不同在很大程度上源于分配给 AER 排名的不同。AER 由于其庞大的刊载文章总量而受到了相当大的削减。除 AER 之外的 T5 期刊的排名在不同的排名方式中都相当稳定。

表 5　1996 ~ 2017 年 50 位各领域的顶尖作者分列在特定领域文章中所占比例最大的期刊（按刊载量调整）

排名	人口经济学	发展经济学	经济计量学	环境经济学	实验经济学	金融学	卫生经济学
1	AEJae	JEG	JOE	IntRevEnvResEc	ExpEc	JOF	JHE
2	JOLE	WBRschObs	EctT	REnvEcPol	JEcMeth	JFE	AmJHealEc
3	JPop	WBER	JBES	EnvEcPol	JRU	ReFin	HE
4	JHR	EDCC	**ECMA**	JEnvEcMgmt	AEJmi	WBRschObs	**AER**
5	CES	JDE	EctJ	EnvDevEc	JEBO	JFinInterm	EcHumBio

① 表 5 列出了加权排名，其排名依据是某特定领域 f 发文总量经调整后的比例：

$$s_f^f = \frac{1}{N^f} \sum_{y=1996}^{2017} c_{j,y}^f \Big/ \Big(\frac{v_{j,y}}{V_y} \Big)$$

其中 N^f 是 f 领域的 50 位顶尖作者在 1996 ~ 2010 年发表的特定于 f 领域的文章总数，$c_{j,y}^f$ 是 f 领域的 50 位顶尖作者在期刊上发表的特定于 f 领域的文章总数。

续表

排名	人口 经济学	发展 经济学	经济 计量学	环境 经济学	实验 经济学	金融学	卫生 经济学
6	**AER**	JAfrEc	EctRev	ResEnerEc	RevEcDsgn	JFinMkt	JHumCap
7	JEG	**QJE**	JAE	JEL	**AER**	RevFin	JHR
8	JHumCap	FrntEcChn	JFinEcmt	ClmChgEc	GAMES	WBER	FormHeaEcPol
9	LabEc	**AER**	OxES	EnvResEc	SthEcJ	JFinEcmt	WBRschObs
10	JDemEc	JEL	ReStat	OxRevEcPol	NZEcPap	JPortMgmt	**QJE**

排名	国际金融	国际贸易	产业经济学	劳动经济学	宏观经济学	微观经济学	公共经济学
1	EcPol	JIE	RAND	JOLE	BPEA	**ECMA**	NTJ
2	JIntComEcPol	EcPol	JInE	BPEA	JME	**ReStud**	ITPF
3	JIMF	WrldTrdRev	IJIO	**AER**	**AER**	RAND	FiscSt
4	IntJFinEc	WrldEc	InfEcPol	ILR	JMCB	JET	JPub
5	JIE	RevWrldEc	JEMS	LabEc	AEJma	**JPE**	EcPol
6	BPEA	**AER**	RevIO	**QJE**	FedSTLRev	**QJE**	AEJep
7	IntFin	IEJ	JEEA	IndRel	IntJCentrBank	JEEA	FinanzArchiv
8	OpEcRev	**QJE**	EcPol	EducEc	FrntEcChn	**AER**	CES
9	JJapIntEc	RevIntEc	JIndCmpTr	JEL	**JPE**	GAMES	**AER**
10	IMFEcRev	Empirica	**AER**	JHR	EcPol	RschInEc	PubFinRev

注：前文未注明的期刊缩写含义为——AEJmi，《美国经济杂志：微观经济学》；AmJHealEc，《美国卫生经济学杂志》；BPEA，《布鲁金斯经济活动论文集》；CES，《德国经济信息研究会经济研究》；ClmCHgEC，《气候变化经济学》；EcHumBio，《经济学与人类生物学》；EcPol，《经济政策》；EctJ，《经济计量学杂志》；EctRev，《计量经济评论》；EctT，《计量经济学理论》；EDCC，《经济发展与文化变革》；EducEc，《教育经济学》；Empirica，《经验》；EnvDevEc，《环境与发展经济学》；EnvEcPol，《环境经济学与政策研究》；EnvResEc，《环境与资源经济学》；ExpEc，《经验经济学》；FedSTLRev，《圣路易斯联邦储备银行评论》；FinanzArchiv，《金融文献》；FiscSt，《财政研究》；FormHeaEcPol，《卫生经济学与政策论坛》；FrntEcChn，《中国经济前沿》；GAMES，《博弈论与经济行为》；IEJ，《国际经济学杂志》；IJIO，《国际产业经济学杂志》；IMFEcRev，《国际货币基金组织经济评论》；IndRel，《劳资关系》；InfEcPol，《信息经济学与政策》；IntFin，《国际财政》；IntJCentrBank，《国际中央银行杂志》；IntJFinEc，《国际财经杂志》；IntRevEnvResEc，《国际资源与环境经济学评论》；ITPF，《国际税务与公共财政》；JAfrEc，《非洲经济杂志》；JDemEc，《人口统计经济学杂志》；JEBO，《经济行为与组织杂志》；JEcMeth，《经济方法论杂志》；JEMS，《经济与战略管理杂志》；JEnvEcMgmt，《环境经济学与环境管理杂志》；JET，《经济理论杂志》；JFinEcmt，《金融计量经济学杂志》；JFinInterm，《金融中介杂志》；JFinMkt，《经济市场杂志》；JHumCap，《人力资本杂志》；JIE，《国际经济学杂志》；JIMF，《国际货币与金融杂志》；JIndCmpTr，《产业、竞争与贸易杂志》；JInE，《产业经济学杂志》；JIntComEcPol，《国际商务、经济与政策杂志》；JJapIntEc，《日本与国际经济杂志》；JPop，《人口经济学杂志》；JPortMgmt，《证券投资管理杂

志）；JRV，《风险与不确定性杂志》；LabEc，《劳动经济学》；NTJ，《国家税收杂志》；NZEcPap，《新西兰经济论文》；OpEcRev，《开放经济评论》；OxES，《牛津经济学与统计学通报》；OxRevEcPol，《牛津经济政策评论》；PubFinRev，《公共金融评论》；REnvEcPol，《环境经济学与政策评论》；ResEnerEc，《资源与能源经济学评论》；RevEcDsgn，《经济学建构评论》；RevFin，《金融研究评论》；RevIntEc，《国际经济评论》；RevIO，《产业经济评论》；RevWrldEc，《世界经济评论》；RschInEc，《经济研究》；SthEcJ，《南部经济杂志》；WBRschObs，《世界银行研究观察者》；WrldEc，《世界经济》；WrldTrdRev，《世界贸易评论》。

资料来源：RePEc，EconLit。

（五）被（T5）遗忘的经典

T5 排除了大量有影响力的论文。图 13a 和图 13b 分别记录了在过去 10 年和过去 20 年，RePEc 中被引数最多的文章中有超过 70% 的是在非 T5 期刊上发表的。在前 20 篇引用最多的论文中，有 35% 的论文是没有在五大期刊上发表的（详见附录表 O – A49）。被引数最多的非 T5 论文列表读起来宛如一份经济分析的荣誉册（详见表 6，附录表 O – A47 和表 O – A48）。不仅很多经典文章没有出现在 T5 上，并且 T5 标准也忽视了书籍的出版。贝克尔（Becker，1964）所著《人力资本》（*Human Capital*）被引次数要比 RePEc 上任何一篇论文的多 4 倍不止。[①]将书籍的被引数排除在外，会更多地激励人们写一些简短的观点片段，而不是做一些广泛和综合的研究。

2017 年的诺贝尔经济学奖得主理查德·塞勒（Richard Thaler）就是体现 T5 保守主义的一个典型例子。他的研究与主流经济学背道而驰，因此多年来都没有在 T5 上发表论文（详见在线附录表 O – A51）。在一个又一个的经济学分支中，这种保守主义模式被不断地重复着。真正的创新性论文常常无法经受住那些以常规科学而不是新颖科学为标准的主流评稿人和编辑冷漠而狭隘的筛选。

[①] 有关这些被忽略的经典的详细内容，见附录表 O – A50。

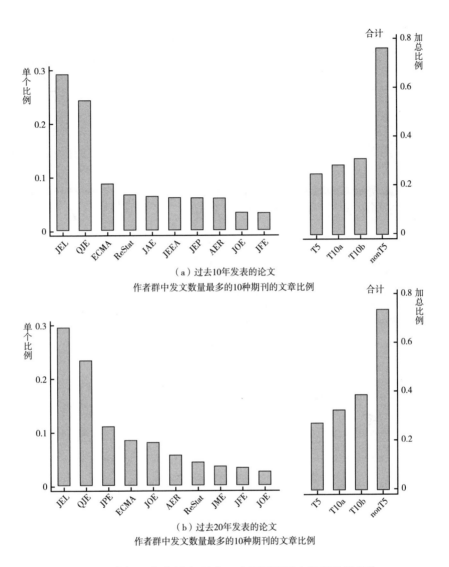

图 13　过去 10 年和过去 20 年，在不同期刊中被引数最多的
RePEc 文章的比例（已根据刊载量调整）

注：图中使用了随时间推移所有经济学文章中位于前 1% 的 RePEc 排名，以显示在不同期刊上被引数最多的文章所占的比例；T10a 指 Kalaitzidakis 等（2003）归纳的 T10 期刊，包括 T5 以及《经济学理论杂志》《计量经济学杂志》《计量经济学理论》《商业与经济统计杂志》和《货币经济学杂志》；T10b 指 Kodrzycki 和 Yu（2006）归纳的 T10 期刊，包括 T5 以及《经济学理论杂志》《计量经济学杂志》《财经杂志》《金融经济学杂志》和《金融研究评论》。

资料来源：RePEc。

表 6 RePEc 排名中被引数最多的前 10 非 T5 论文

序号	作者	论文名期刊名	出版年份	RePEc排名	RePEc被数（次）
1	Lucas, R. J.	《关于经济发展的机制》（《货币经济学杂志》）	1988	5	4249
2	Blundell, R., Bond, S.	《动态面板数据模型中的初始条件和矩限制》（《计量经济学杂志》）	1998	6	4195
3	Jensen, M., Meckling, W.	《公司理论:管理行为、代理成本和所有权结构》《金融经济学杂志》	1976	7	4145
4	Johansen, S.	《协整向量的统计分析》（《经济动态及控制》）	1988	8	3939
5	Bollerslev, T.	《广义自回归条件异方差》（《计量经济学杂志》）	1986	9	3876
6	Arellano, M., Bover, O.	《错误成分模型中工具变量的估计的再探讨》（《计量经济学杂志》）	1995	15	3087
7	Fama, E., French, K.	《股票和债券收益率的常见风险因素》（《金融经济学杂志》）	1993	19	2760
8	Calvo, G.	《效用最大化架构下的滞后价格》（《货币经济学杂志》）	1983	23	2576
9	Im, K. S., Pesaran, H., Shin, Y.	《异质性面板数据的单位根检验》（《计量经济学杂志》）	2003	25	2487
10	Charnes, A., Cooper, W., Rhodes, E.	《如何衡量决策单位的效率》（《欧洲运筹学杂志》）	1978	28	2438

资料来源：RePEc，2017 年 5 月 19 日访问。

五 开放度与近亲繁殖

垄断限制福利，寡头垄断也半斤八两。而开放和进入则能促进生产力的提高、创造力的增加和新思想的碰撞。据卡德和德拉维格纳（2013）记载，T5 论文刊载量的减少是因为其版面供应是固定的，而单篇论文的篇幅更长了。对期刊容量的需求大大增长，然而期刊的供给是固定不变的。① 这就营造出了一个更具竞争力的环境。在固定的常规考核期约束下，这意味着学者在 T5 发文的成本和精力随着发文成功率的下降而越来越高。对于这种现象有两种理解，一种是论文的平均质量提升了，另一种是更有价值的时间和精力被投入为迎合某些编辑的口味而专门"特制"文章了。据埃利森（2011）记载，顶尖学者在 T5 上发表的论文越来越少。这种现象削弱了 T5 的品质认知度和声誉价值。

除了作者因受个体理性激励去讨好编辑之外，编辑任期之长也是另一个普遍的现象，特别是在内部期刊。专业协会通常会限制编辑的任期，但内部期刊对此较为宽松。内部期刊会持续多年任用符合它们特殊偏好的编辑（见图 14），而编辑的长任期会不可避免地产生一种体现编辑研究风格和专业兴趣的本刊文化。基本的经济学激励理论告诉我们，准作者会结交这些编辑并迎合他们的突发奇想。这种追随者效应是任何期刊都不可避免的特性。非内刊中编辑人员的更替减少了这种弊端，但内部期刊则不太可能提高人员流动性。

这种做法不可避免地导致了"近亲繁殖"。表 7 测度了 T5 的"近亲度"②。该表记录了 2000～2016 年《美国新闻与世界报道》评出的排名前 10 的经济院系③，以及纽约大学（排名 13）和伦敦大学学院（未

---

① 见在线附录表 O－A30。

② 克鲁西（2018）使用 2000～2006 年的被引用数据对"四大"期刊（不包括 ReStud）进行了类似的分析。他对近亲繁殖的估算值要比我们的低：克鲁西（2018）发现在 2000～2006 年，哈佛大学的教员占 QJE 发文的 15%，芝加哥大学教员占 JPE 发文的 10%。估计数量的差异有以下几个原因。（1）所用出版期的差异（克鲁西采用的是 2000～2006 年的数据，而我们用的是 2000～2016 年的数据）。（2）配分作者归属的策略差异。我们根据作者在论文中所提供的所属院校来确定关联，而克鲁西根据作者的简历中记录的就职数据来确定关联。这两种策略可能产生不同的结果，因为研究人员在研究最终发布时被聘用的机构（我们的策略所提到的从属关系）可能与其做研究时所属的机构不同（通过将出版日期与简历中的年度就职数据进行匹配来获取的从属关系）。尽管估计数量存在差异，由克鲁西的结果能够得出相同的结论："ECA 和 AER 似乎比 QJE 和 JPE 更开放，这表明了期刊对在其主办机构就职的作者的偏好。"因此，这两组结果通过使用不同的策略、数据集和时间段进行相互补充，得出了相同的相互证实的结论。

③ 排名前 10 的院系是根据 US News 2008 年、2010 年和 2015 年的院系排行榜的平均值来确定的。

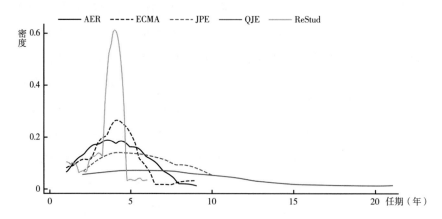

图14　1996～2016 年各期刊编辑的任期年数密度

资料来源：Brogaard、Engelberg 和 Parsons（2014）中截至 2011 年的数据；随后几年的数据来自各期刊的头版。

被《美国新闻与世界报道》排名）的发文量占比。所显示的百分比是那些从属特定大学的学者在每一 T5 期刊上发表文章的比例。JPE 与芝加哥大学的从属学者之间有着高达 14.3% 的近亲系数，属于非内刊的 AER 和哈佛大学间的近亲系数较高，占其发文量的 11.9%[①]。最显著的是 QJE，与哈佛大学和麻省理工学院分别有 24.7% 和 13.9% 的近亲系数（其联合近亲系数超过 33.0%）。[②]

如果大学的终身教职评定委员会太依赖于 T5，他们会放弃自己的责任。他们有效地将评估候选人的任务交给了 T5 编辑，这将导致权力集中于少数编辑手中的潜在危险，使得原有的 T5 编辑系统内的规范准则易受潜在的偏袒和腐败的影响。

---

① 芝加哥大学职员的发文数仅占 AER 的 7.7%。
② 某些论文有多位哈佛大学与麻省工学院的作者，因此并没有把这些百分比加总起来。除了 AER 的哈佛大学教员之外，非内刊的百分比几乎没有显示出偏袒的证据。我们不能把哈佛大学教员的 AER 出版比例相对较高归咎于近亲繁殖。因为在分析的时间段内，哈佛大学的教员并未在 AER 编辑委员会任职（详见在线附录表 O‒A59）。事实上，数字 11.9% 可作为质量基准，以降低 QJE 的近亲度。

表7 近亲度：按照作者所属机构分列的 2000～2016 年 T5 期刊的发文量

单位：篇，%

	AER			ECMA			JPE			QJE			ReStud		
	文章数	比例	期刊比例	文章数	比例	期刊比例	文章数	比例	期刊比例	文章数	比例	期刊比例	文章数	比例	期刊比例
大学：															
芝加哥大学	266	14.7	7.7	70	12.8	6.8	90	23.8	**14.3**	103	20.8	15.4	25	7.4	3.5
哥伦比亚大学	169	9.4	4.9	28	5.1	2.7	27	7.1	4.3	43	8.7	6.4	33	9.8	4.6
哈佛大学	412	22.8	**11.9**	58	10.6	5.7	55	14.6	8.7	165	33.3	**24.7**	26	7.7	3.7
麻省理工学院	255	14.1	7.3	75	13.7	7.3	47	12.4	7.5	93	18.8	**13.9**	33	9.8	4.6
纽约大学	153	8.5	4.4	53	9.7	5.2	37	9.8	5.9	39	7.9	5.8	52	15.4	7.3
西北大学	135	7.5	3.9	94	17.2	9.2	36	9.5	5.7	33	6.7	4.9	50	14.8	7.0
普林斯顿大学	166	9.2	4.8	54	9.9	5.3	24	6.3	3.8	39	7.9	5.8	34	10.1	4.8
斯坦福大学	245	13.6	7.1	75	13.7	7.3	42	11.1	6.7	62	12.5	9.3	33	9.8	4.6
加州伯克利分校	230	12.7	6.6	47	8.6	4.6	28	7.4	4.4	65	13.1	9.7	33	9.8	4.6
宾夕法尼亚大学	162	9.0	4.7	48	8.8	4.7	38	10.1	6.0	26	5.3	3.9	46	13.6	6.5
耶鲁大学	134	7.4	3.9	88	16.1	8.6	23	6.1	3.7	33	6.7	4.9	22	6.5	3.1
伦敦大学学院	53	2.9	1.5	39	7.1	3.8	15	4.0	2.4	11	2.2	1.6	32	9.5	4.5
联合大学：															
哈佛/麻省理工学院	597	33.0	**17.2**	122	22.3	11.9	94	24.9	14.9	225	45.5	**33.7**	53	15.7	7.5
合计（顶尖院校）	1807	100.0	52.0	546	100.0	53.4	378	100.0	60.0	495	100.0	74.2	337	100.0	47.5
合计（非顶尖院校）	1667	—	48.0	476	—	46.6	252	—	40.0	172	—	25.8	373	100.0	52.5
合计（顶尖及非顶尖院校）	3474	—	—	1022	—	—	630	n/a	n/a	667	—	—	710	—	—

注：表中每一本 T5 期刊都有三列数据，最左边的一列呈现的是归属于各个大学的文章数量；中间的一列则是期刊中归属于各顶尖大学的文章占该顶尖大学的文章的比例；最右边的一列则是期刊里所有文章占该顶尖大学的文章占该学校附属期刊上的文章占该学校发表的所有文章的比例。如果作者在某一特定年份内一位作者在其他学校机构，他、她或某一大学的另一学校机构有近亲关系。如果一篇文章是属于某一学校一年份内，这篇文章就被定义为与该学校机构有近亲关系。

资料来源：Elsevier，Scopus.com。

腐败还是内幕信息？

许多研究尝试通过考察文章的发表在多大程度上受作者与编辑之间关系的影响，来判定经济学期刊的编辑过程中是否有腐败产生。在分析了 28 本主要经济学期刊（包括 T5）于 1984 年发表的 1051 篇论文的数据后，拉邦和皮特（Laband and Piette，1994）发现和编辑有关系的作者的文章确实更容易被发表。但平均来看，这些文章通常也有着更多的被引数。布罗加德等人（Brogaard et al.，2014）在分析了更广泛的样本——自 1955 年以来排名前 30 的经济和金融学期刊发表的 50000 篇文章后，也得到了数量上相似的结果。他们认为，当期刊是由院系同僚担任编辑时，一个作者在该期刊上发文的数量是没有这种院系－编辑关系网时的 2 倍。他们还发现，这些文章的平均被引数要比那些无关系的文章多出 5%～25%。这两项研究的作者得出结论，他们的研究结果使人们联想到一种潜在的现象，即那些希望文章影响最大化的编辑辨别高潜力论文的方式，是利用他们与作者间的关系网而不是腐败。他们推测由于获取有关系论文和无关系论文信息方式的异质性，编辑在衡量认识的作者所写的论文质量时需要的成本更小，反过来，这也促进了关系网内作者论文的数量与质量同步提升。

虽然这些分析表明了顶尖经济学期刊在编辑过程中的整体"健康"状况，但因为这些研究的对象只是这些期刊的小型子样本，并且这种分析本质上是一种总量分析，所以它们无法回答 T5 内部是否存在编辑腐败的盛行。评价这种依赖 T5 进行质量判断的制度后果时，我们只能说对 T5 内部的腐败一无所知，但我们不能否认腐败存在的可能性。

尽管我们对 T5 中腐败的普遍性和严重性尚不明确，但上述结果仍具有重要意义。如果这些文献中的解释适用于 T5，那么与 T5 编辑委员会有联系的常任轨教员会比缺乏这种关系的同事更有优势。虽然从编辑的角度来看，根据他的关系网信息来寻求文章影响最大化是一个公平的做法，但从与编辑无关系的作者的角度来讲，这是不公平的，因为这些作者能否得到终身教职与 T5 编辑的决定休戚相关。正如我们所猜想的，

T5 的编辑对无关系的作者是有偏见的。因此，基于现有的证据，无论这种偏见是否来自公然的编辑腐败，还是如上述猜想，来自编辑寻求高质量论文以求文章影响最大化的行为[①]，我们都必须考虑到那些与 T5 编辑间缺乏关系的常任轨教员可能受到严重的关系偏见。

源于信息有效性的偏见已成为一种现实，而这种信息有效性与作者－编辑间的关系网密切相关。并且，编辑在思想和方法论上的偏好对选稿的影响也与它相关。这种偏见既可以通过编辑对审稿人评估和拒稿的方式有所影响来直接体现，又可以通过影响编辑所选的审稿人来间接体现。在有着思想和方法上的强烈偏好的情况下，期刊往往过多地发表了体现编辑喜好的文章。鉴于终身教职的授予高度依赖于 T5 发文量，这种偏见会对经济学的健康和未来产生深远的影响。

首先，通过减少不符合编辑偏好的常任轨教员在 T5 上的发文机会，这种偏见直接影响了终身教职学者队伍的构成。这将导致（编辑）关系网之外的学者在 T5 发文的数量不断减少，从而进一步降低了他们通过终身制教职考核的概率。

其次，强烈的编辑偏好也可能通过引导未来的常任轨教员只去做那些已知的会被该编辑所在期刊发表的研究，从而产生一种附加的间接影响。因此，对 T5 的依赖可能会促进未来研究方向的重大调整，特别是在编辑长任期的前提下。

六　总结与讨论

毫无疑问，能否在 T5 发表论文是能否获得经济学终身教职的一个

---

① 伯特西马斯、布林霍夫森、赖克曼和西尔伯霍兹（Bertsimas, Brynjolfsson, Reichman and Silberholz, 2015）研究了（短期）关系网对预测运筹学与管理科学方面文章未来的被引数的作用。他们的分析隐含地说明了成为关系网内成员的重要性。关系网内的成员不仅促进了文章引用，而且传播了知识。埃利森（2011）提供了顶尖学者更依赖于互联网论坛的证据，这意味着在职权力的存在并显示出公共科学图书馆（PLOS）系统的价值。详情请参阅 Eisen（2013）。

决定性因素，这影响了年轻经济学家对论文主题的选择。他们更倾向于把论文压缩成一块符合期刊需要的压缩饼干，而不是烹制一份完整的学术佳肴。我们中的一位（赫尔曼）多年来曾经和很多人就一些有趣的科研项目进行过交流，其中不乏一流的研究生、博士后和助理教授，但总是被告知：**"这是个好主意，但不会被发表到 T5 上。"**

一些颇有创意的"另类假说"往往都是一些选题宏大、数据密集的经验研究，但由于对发表 T5 论文的看重，学者研究这些项目的积极性往往受到挫伤，因为这些项目的成果相对于 T5 所提倡的 40 页论文格式来说实在是太长了。

对 T5 的依赖导致权力被集中到一个选定的编辑团队手中。同时，依赖 T5 来筛选下一代经济学家，会鼓励行业的近亲繁殖并引发追随者效应。因此，以职业为导向的学者会刻意迎合编辑的口味和期刊的偏好，这提高了期刊及其编辑关系圈以外的新想法和人员的进入成本。①

如果根据学者产出能够持续获得被引数的文章的能力进行评判，目前的做法缺乏实证支持。据称，在假设（暂无证据支持）订阅者从头到尾阅读了每期刊物的前提下，T5 对广泛的专业经济学家显示出论文的吸引力。该论点同时忽略了 T5 的审稿人本来就是领域内专家的这一事实。此外，即使是 T5，在众多经济学期刊中，其影响因子也并非最高，更不要说非 T5 广谱性期刊了。很多非 T5 期刊的被引数足以与 T5 分庭抗礼，特别是某些被引数较低的 T5 期刊，比如《经济研究评论》和《计量经济学》。与此同时，那些采用 T5 标准体系评价他人的学者自己并不遵循这一评价体系。他们阅读、发文和引用的主要阵地是非 T5 期刊，还有那些通过了 T5 筛选并成为终身教员的学者其实也同样如此。

---

① 本文的很多读者向我们反映本文的实证结果并没有很好地支持和证明了所有的这些主张。我们承认这一点。但同时我们请求读者把激励的标准分析应用到我们所说的这个"市场"上。要知道，否认这些激励就是认为期刊编辑和寻求在期刊上发表文章的学者都是无欲无求的圣人。

依赖 T5 作为筛选机制引发了严重忧虑。首先，过分看重 T5 发文反而会激励学者以放弃创造性、开拓性研究为代价而进行改进性和重复性的研究，因为后续改进的工作很容易评判，也更有可能得出简洁并可发表的结果，从而更有可能被发表。[①] 这种行为与基本常识一致：激励即所得。

鉴于很多负面的、潜在的严重后果都与（人们）对 T5 刊物的依赖相关，我们认为，继续使用 T5 作为衡量研究成果和预测未来学术潜力的标准是不明智的。T5 不足以预测个别文章的质量，更不用说预测个人的研究能力，需要改变是不言而喻的，更遑论 T5 还有明显的性别倾向。

我们的研究结果应引发一场认真的专业内讨论，即如何形成可行的替代方案用来评估研究质量。这样的解决方案既需要降低 T5 在常任轨授予和升任上的重要性，又需要把衡量和预测的功能分配给更多高质量的期刊。[②] 例如，有限的证据表明 AEJae（《美国经济杂志：应用经济学》）就在和 ReStat 及 EJ 的竞争中处于优势。

但是，对 T5 专制的一个合适的解决方案可能不仅仅是对 T5 阵营重新定义，如包容一些其他有影响力的期刊。依赖少数选定期刊的发表记录来判断学者的创新研究潜力这一操作有其根深蒂固的缺陷，更好的解决方案要能够弥补这一缺陷。

在这个问题上，阿克洛夫（Akerlof，2018）的研究对依靠外部排名而不是论文的个人阅读量的这一做法敲响了警钟。这个问题适当的解决方案还需要人们从当前以出版为基础的常任轨授予制度，转变为强调系内同行来评审候选人工作成果的制度。这样一个制度会考虑到一个学者未发表的工作论文以及该学者研究的系统性和质量。通过审慎对待一

---

① 讨论详见 https：//www.aeaweb.org/webcasts/2017/curse。

② 因为有些期刊的运营时间有限，所以我们排除了美国经济学会创建的四种新期刊：《美国经济杂志：微观经济学》《美国经济杂志：宏观经济学》《美国经济杂志：经济政策》和《美国经济杂志：应用经济学》

个学者已发表和未发表的论文，而不是只看文章发在哪儿，院系就会传递这样的一个信号，即他们充分认识并考虑到了一个在学科前沿工作的严肃学者所面临的更大风险：与那些更保守和更安全的研究比起来，这些学者的努力的结果往往是更富创意的未发表工作论文，而不是 T5 的文章。

一个更激进的方案是将出版从当前的固定期刊转移到开源的 arXiv①或 PLOS-ONE②。这种格式可以便利新思想的传播并为它们提供即时的在线同行评论。讨论会议将审查批评意见，为作者和读者提供不同的观点。更简短和更有针对性的论文会促进对话交流，从而打破编辑和期刊的垄断。并且，开源系统会使得作者有机会在严肃的专业讨论中测试他们的新观点，并使关系网络之外的创新型学者进入专业领域中成为可能。现有的关系网和关系网内的参考引用圈是进入学术领域的严重阻碍，他们往往用"异想天开"或"与 T5 价值取向不一"屏蔽新进入者。埃利森（2011）注意到，资深学者已经开始尝试在线出版了。我们为什么不推广这种做法，激发富有活力的对话与独特观点的迅速传播呢？

无论如何，经济学界都应淡化极端的仕途主义，转而促进创造性活动。短暂的终身教职时钟（tenure clocks）和对依赖 T5 证明论文质量二者是相互抵触的。

曼索（Manso，2011）主要研究的是鼓励创新的最优激励策略，他的研究说明了容忍早期失败和考虑最终结果及其获取方式对于创新的的重要性。在区分了探索未经测试的新活动和应用已知活动后，曼索（2011）提出，对于旨在促进探索性活动的方案，应设计合理的报酬体

---

① 一个收集物理学、数学、计算机科学与生物学论文预印本的网站，由康奈尔大学拥有和运营——译者注。想了解 arXiv 在物理学上的应用请参考 Vale（2015）。

② 公共科学图书馆（the Public Library of Science）的简称，是一家成立于 2000 年 10 月，为科技人员和医学人员服务的非营利性机构——译者注。想了解 PLOS ONE 的共同创始人 Michael Eisen 对 PLOS ONE 的评论，请参考 Eisen（2013）。

系来适应这类收益高度不稳定的活动。阿祖莱等（Azoulay et al.，2011）曾通过比较两组高素质的生物医学研究人员的出版成果来测验该假说。前一组（人员）来自 HHMI（霍华德休斯医院），他们享有更加灵活和宽容的审查流程。后一组则来自 NIH（国民卫生研究所），他们受制于"常规科学"规定的成果形式，即更短的审核周期和不允许失败的延伸政策。通过控制选择误差，他们发现 HHMI 的研究人员比 NIH 发表高影响因子文章的比例更大。更重要的是，HHMI 的研究员似乎更有可能从事探索性研究，他们的 MeSH（Medical Subject Headers）①关键词与其前后发表的研究成果之间的重叠程度较低体现了这一点。

在整篇文章中，我们采用被引数作为产出能力的有效标准来研究文献。但众所周知，将把被引数当作产出能力的衡量标准是有缺陷的。因为按照惯例可能出现这种情况，即使有更好或更优质的非 T5 论文，作者也更倾向于引用 T5 论文。

从长期来看，经济学界会因采用更注重创造性的论文筛选方式而受益。否则，经济学学术界将很可能会继续戴着 T5 的镣铐，迈着沉重的步伐前行。倚重 T5 来选拔人才造就了一种文化，在这种文化中，最有价值的是经济学者的简历长度，而不是一个人是如何发展出一系列连贯和原创的思想。这种文化只会鼓励仕途主义，而并非创造性的学术。

参考文献

［1］Akerlof, G. A.，"Sins of omission and the practice of economics," Submitted, *Journal of Economic Literature*，2018.

［2］Axarloglou, K. and V. Theoharakis，"Diversity in economics：An analysis of journal quality perceptions," *Journal of the European Economic Association*，2003，1（6）：1402–1423.

---

① 医学主题标题——译者注。

[3] Azoulay, P. , J. S. Graff Zivin, and G. Manso, "Incentives and creativity: Evidence from the academic life sciences," *The RAND Journal of Economics*, 2011, 42 (3): 527 – 554.

[4] Becker, G. S. , *Human Capital: A Theoretical and Empirical Analysis, with Special Reference to Education* (University of Chicago Press, 1964) .

[5] Bertsimas, D. , E. Brynjolfsson, S. Reichman, and J. Silberholz, "Or forum — tenure analytics: Models for predicting research impact," *Operations Research*, 2015, 63 (6): 1246 – 1261.

[6] Bertuzzi, S. and D. Drubin, "No shortcuts for research assessment," *Molecular Biology of the Cell*, 2013, 24 (10): 1505 – 1506.

[7] Brogaard, J. , J. Engelberg, and C. A. Parsons, "Networks and productivity: Causal evidence from editor rotations", *Journal of Financial Economics*, 2014, 111 (1): 251 – 270.

[8] Card, D. and S. DellaVigna, "Nine facts about top journals in economics", *Journal of Economic Literature*, 2013, 51 (1): 144 – 161.

[9] Colussi, T. , "Social ties in academia: A friend is a treasure," *The Review of Economics and Statistics*, 2018, 100 (1): 45 – 50.

[10] Combes, P. -P. and L. Linnemer, "Inferring Missing Citations: A Quantitative Multi-Criteria Ranking of all Journals in Economics," Working Papers halshs00520325, HAL, 2010 – 09.

[11] Eisen, M. , "The past, present and future of scholarly publishing," Remarks by Michael Eisen, co-Founder of Public Library of Science (PLOS), at the Commonwealth Club in San Francisco, 2013 – 03.

[12] Ellison, G. , "The slowdown of the economics publishing process," *Journal of Political Economy*, 2002, 110 (5): 947 – 993.

[13] Ellison, G. , "Is peer review in decline?" *Economic Inquiry*, 2011, 49 (3): 635 – 657.

[14] Gibson, J. , D. L. Anderson, and J. Tressler, "Which journal rankings best explain academic salaries?: Evidence from the university of California," *Economic Inquiry*, 2014, 52 (4): 1322 – 1340.

[15] Hamermesh, D. S. , "Citations in economics: Measurement, uses, and impacts," *Journal of Economic Literature*, 2018, 56 (1): 115 – 156.

[16] Hawkins, R. G. , L. S. Ritter, and I. Walter, "What economists think of their journals," *Journal of Political Economy*, 1973, 81 (4): 1017 – 1032.

[17] Kalaitzidakis, P. , T. P. Mamuneas, and T. Stengos, "Rankings of academic journals and institutions in economics," *Journal of the European Economic Association*, 2003, 1 (6): 1346 – 1366.

［18］ Kapeller, J. , M. Aistleitner, and S. Steinerberger, "Citation patterns in economics and beyond: Assessing the peculiarities of economics from two scientometric perspectives," Technical Report 60, ICAE Working Paper Series, 2017.

［19］ Kodrzycki, Y. K. and P. Yu, "New approaches to ranking economics journals," *The BE Journal of Economic Analysis and Policy*, 2006, 5 (1) .

［20］ Laband, D. N. and M. J. Piette, "Favoritism versus search for good papers: Empirical evidence regarding the behavior of journal editors," *Journal of Political Economy*, 1994, 102 (1): 194 – 203.

［21］ Liner, G. H. and E. Sewell, "Research requirements for promotion and tenure at phd granting departments of economics," *Applied Economics Letters*, 2009, 16 (8): 765 – 768.

［22］ Manso, G. , "Motivating innovation," *The Journal of Finance*, 2011, 66 (5): 1823 – 1860.

［23］ Scott, C. E. and J. J. Siegfried, "American economic association universal academic questionnaire summary statistics," *AEA Papers and Proceedings*, 2018, 108: 616 – 618.

［24］ Vale, R. D. , "Accelerating scientific publication in biology," *Proceedings of the National Academy of Science*, 2015, 112 (44): 13439 – 13446.

经济学家同样需要竞争[*]

安德烈·奥林[**]

马梦挺译 袁辉校[***]

编者按：2008 年全球金融危机及此后出现的持续震荡，引发了经济学
内部的批判性反思。在过去几十年间，诸如金融市场有效性的
假设堂而皇之地把持了经济学理论的话语权，使许多人忘记了
现代市场经济始终存在的导向非均衡以及危机的趋势。2014
年，由法国经济学家皮凯蒂撰写的著作《21 世纪资本论》引
发了媒体的普遍轰动，该书将分析的矛头直指新自由主义时代
收入分配的严重不平等，其数据之翔实、讨论之深入，甚至在
主流经济学家之间也引起了骚动和不安。另外，在新古典经济
学这一阵营以外，长期以来一直存在的非主流经济学或异端经
济学（包括马克思主义经济学、后凯恩斯主义经济学、演化
经济学等不同分支），也在危机之后迅速集聚人气，提升了自
己在经济学版图中的分量。2012 年，法国的异端经济学家
（或译非主流经济学家）成立了"法国政治经济学会"

---

[*] 本文曾发表于 2015 年 1 月 19 日的《世界报》。

[**] 安德烈·奥林（André Orléan），法国经济学家，法国科学研究中心（CNRS）和法国社
会科学高等学院（EHESS）研究主任；同时是法国政治经济学会（AFEP）的主席，该
学会倡导多元化的经济学教育和研究。

[***] 马梦挺，中国人民大学经济学院博士研究生。袁辉，中共中央党校（国家行政学院）
经济学教研部副教授，主要研究方向为货币金融政治经济学。

（AFEP），就在同一年，该学会还与其他国家的政治经济学会联袂在巴黎召开了名为"政治经济学与资本主义的前景"的大型学术讨论会，逾500位来自全球不同国度的异端经济学家莅会，成为冷战结束以来全球政治经济学界罕见的盛事。自2012年以来，"法国政治经济学会"一直在国内呼吁，要求在法国大学教育的学科体系中，在"经济学"这一传统学科以外，另外成立"经济学与社会"这一新的学科，以便使异端经济学在体制上脱离由新古典经济学把持的经济学学科，在一个得到体制承认的独立学科中，独立地发展包括马克思主义经济学、后凯恩斯主义经济学、演化经济学等在内的各种异端经济学。2014年12月，这一建议最终得到了法国教育当局的积极回应，但同时也引起了包括2014年诺贝尔奖得主蒂罗尔在内的主流经济学家的激烈反对，后者在右派的传统喉舌《费加罗报》上载文，反对成立新的"经济学与社会"学科的提议，而异端经济学家的代表、法国政治经济学会现任主席奥林，则在左翼的《世界报》上发表了针锋相对的回应文章。与此同时，法国政治经济学会还诉诸"国际政治经济学促进会"（IIPPE）——这是一个在2008年危机后成立并得到迅速发展的全球性政治经济学会——等渠道，吁请全球异端经济学家以集体签名的形式给予支持。本刊编者通过IIPPE给该学会会员群发的电子邮件，得到了法国同行所发起的这一运动的相关资讯，随后立即组织翻译了由他们提供的有关文件，其中包括奥林在《世界报》刊发的论战文章，以及一篇从文献计量学的角度讨论法国异端经济学家在晋升教授职务时如何受到制度性压制的文章，以飨广大国内读者。

在2012年7月4日的同一专栏中，一些社会科学领域的主要人士要求法国政府保证经济学研究与教学机构中的多元化。因为离开了多元化，我们的国家将不可能开展有见地且严肃的大众辩论。当时的目的是吸取 2008 年金融危机的教训，那场危机表明，过度一致与自负的经济思想将多么缺乏生产力。然而直到今天，我们不得不承认这些教训并没有引起注意：无论是研究还是教学，没有发生任何改观。这要归因于所谓 "主流" 方法在今天所占据的垄断地位。显见的是，我们绝对没有否认这些方法的价值以及它们的影响，我们也不要求以任何方式对它们进行限制。但是我们认为，在法国和其他国家，还有一些其他思想传统尽管强烈地吸引着学者和学生，但是由于短视地坚持多数原则而受到了压制，从而使得主流方法能够专断地控制经济思想。

这一状况随后备受关注，最明显的标志是 AFEP（法国政治经济学会，Association Française d'Economie Politique）的建立，其成员现包括超过 600 名经济学与社会科学领域的博士。学会提议以试验的方式开放一个为期四年的研究与教学新空间，以使 "扎根于社会科学" 的经济学替代方法得以延续。四年之后，再根据结果来决定是继续还是终止试验。我们坚决重申，这一公允的提议并不妨碍主流经济学家的活动，也不会夺走他们的任何资源。它获得了经济学家相当程度的支持——甚至在此之前，其中的 300 人（总共 1800 人）签署了一份郑重声明，表达了一旦学会成立就将致力于开放一个新的空间的愿望。

问题紧迫，提议的解决方案简单易行，并且在学术圈获得了强有力的支持，于是教育部在 2014 年 12 月初宣布，在原来约 80 个学科的基础上开设一个新的教学和研究领域——"经济学与社会"（economics and society）。决定一公布就引起了迅速和强烈的反应。"经济学"学科现任主席以辞职作为威胁，要求废除这一部长级法令。很多经济学系主任和他本人在 2015 年 1 月 4 日的《费加罗报》上宣称，新部门仅仅是大学系统中 "那些无法在顶级期刊发表文章的人" "失败和沮丧的聚居地"。此外，他们还补充道："教育部长已经被左翼人士欺骗了。"我们认为，这些言论出自经济学学术领域的顶级人物，而非激进网民，本身能够使部长们更好地评估我们的大学中多元化与对话的实际状况，它清楚地证明了我们已经反复称述的事实。正如我们说明的，在当前的情况下，"离婚"是最好的办法，它能够使我们重新开始对话。教育部也可以审视一下这些言论的逻辑，它宣称 300 个学者是失败或令人沮丧的，但同时又最激烈地反对他们离开。

经济学确实是一门复杂，而且有时令人感到困惑的学科。那种认为一种观点绝对正确，而其他观点毫无贡献的信条无异于自取毁灭。难道我们忘记了经济学家糟糕地竟未能警告我们 2008 年的世界危机了吗？我们不应该对此有所反应吗？我们千万不要忘记在 20 年的时间里，那些顶层的经济学家宣称金融效率是"具有最坚实的经验基础的经济学命题"。在一个不断变化的世界里，创新不是重复多数人的观点。现在在法国，我们拥有一个宝藏，那就是回到年鉴学派，回到布罗代尔以及包括康芒斯、马克思、凯恩斯在内的各种学者的经济学研究方法。这是一个很长的历史，并拥有诸多拥趸。这很难用几句话来概括，因为这样的研究方法倾向于把自己看成严格的多元主义。它认为经济学与其他社会科学的融合将带来进步。很多研究者和学生认同这样的方法。这对于他们而言是好事。允许他们跟着自己的直觉绝对不会妨碍那些想用不同的方法做事的人。这个新的学科对每一个人都是有利的，既对那些渴望证明自己的理论可以与主流并驾齐驱的人有利，也对主流理论有利，因为它需要竞争的刺激来确保进步和持续的创新。这不是一个所有经济学家都应该理解的提议吗？

部长先生，在一个普遍呼唤多元化的时代，我们迫切地恳请您完成您的计划。给予经济学领域自由表达非主流观点的机会，建立"经济与社会"这一新学科。

多元化的终结[*]

——2000 年之后法国经济学教授遴选情况的变迁

法国政治经济学会

马梦挺 译　袁 辉 校[**]

一　引言

2009 年 11 月以来，FAPE/AFEP[①] 已经引起了经济学家、政策制定者以及媒体对大学经济系中多元化消失的警觉。这一警觉基于该学会 600 名成员的共识，即学术领域的教授[②]评选机制存在日益严重的缺陷。这是三个领域主要的制度性管控的直接结果，FAPE 自成立以来就一直分析这些制度性管控：研究评价标准；高等教育选拔考试（Agrégation）[③]；国民高校委员会（the National Council of University)[④] 的职能，尤其是在评选

---

[*]　本文根据英文译文翻译，英译者为 Caroline Metz。

[**]　马梦挺，中国人民大学经济学院博士研究生。袁辉，中共中央党校（国家行政学院）经济学教研部副教授，主要研究方向为货币金融政治经济学。

[①]　分别为法国政治经济学会的英文和法文缩写，即 French Association of Political Economy（FAPE），Association Française d'Economie Politique（AFEP）。

[②]　在法国大学中，教授与助理教授均承担教学和研究任务。

[③]　高等教育选拔考试 "Agrégation" 是法国公共教育体系中的文职部门竞争性考试，它有两种类型：一种面向中等教育，另一种面向高等教育特定学科（经济学、政治科学、管理学和法学）的教授职位。

[④]　国民高校委员会是法国的国家权力机构，它负责学者晋升以及管理其学术生涯。负责经济学学科的是第五部门。

教授方面。FAPE 调查了前两个主题，发现教授评选的方式和标准是抑制经济学多元化的核心因素。这些方式和标准几乎都机械地以文献计量学为中心，偏向于自我引用，从而导致经济学思想的贫乏。

基于现实假设的人口统计学预测，在未来 5～8 年内，使用不同于主流方法的大学教授将逐渐减少。教授掌管着硕士项目；他们监督博士学院与研究中心，负责博士学位论文评审以及对"指导研究授权"（ASR）① 的评审。令人难以接受的是，经济学系的多元主义只存在于助理教授层面，而经济学教授几乎全是主流学者。

本文初步的观察以有力的证据表明，异端经济学家的职称晋升状况变得越来越糟糕，尤其是在大学教授方面。本文正是要揭示这一被人忽视的情况。

二 方法

这项研究使用的数据库由两个地方的数据匹配组成：一个是 2011 年"二级"教授②的评选数据，来自被称为"椰子树表"（coconut tree table）的排行榜；另一个是一年两次的高等教育选拔考试结果数据。1999 年和 2001 年的数据来自法国高等教育与研究部的网页，2003 年、2005 年、2007 年与 2009 年的数据直接从该部门获得。该部门还同时提供了 2007 年和 2010 年高等教育选拔考试内部考试③的结果。尽管这一数据集已经十分详尽，但是有一种情况是缺失的，即根据条款 46‑3 或条款 46‑4 晋升的教授（被评为"一级教授"或"杰出教授"）的数

---

① 指导研究授权，即"habilitiation à diriger des recherches"（HDR）or "Authorisation to Supervise Research"（ASR），是法国大学中的最高文凭。它评估助理教授指导研究的能力。

② 在法国体系中，教授会根据资历与成绩定期晋升：他们从"二级"开始，然后进入"一级"，还可能进入"杰出等级"（exceptional class）。

③ 有时会举行基于特定竞争的"内部考试"，针对具有更高资历的候选人，考试内容与"外部考试"要求不同。

据。我们把这两种类型的晋升称为"长路径"（long-path）晋升①。

我们的目的是根据研究立场（方法论、研究主题和认识论）来识别和区分不同类型的教授，所以我们对每个教授都做了个别分析。分类所依据的研究立场（方法论、主题）源自对一般能在互联网上获得的教授简历的研究。在简历中，我们通过分析研究内容、发表研究成果的期刊类型、合著者，以及论文导师（thesis supervisors）确定标准进行排序。

通过反复审核这些不同标准，我们获得了教授优先采用何种认识论的强烈信号。由于界限并不十分明晰，而且研究者也会发生变化，因此对于单个研究者而言，或多或少会存在争议。尽管如此，分类看上去较为稳定。"异端"在这里被定义为制度经济学家，他们的方法论来自社会科学，以及（或者）隶属于调节学派、制度主义、习俗的经济学（Economics of conventions）、社会经济学或者认识论研究者。后凯恩斯主义宏观经济学家通常强调历史的极端重要性，因此也是异端的一部分。当然，人们也倾向于将具有经济学思维的历史学家（historians of economic thought，HET）加入这一清单中。然而，我们还注意到一个趋势，越来越多的具有经济学思维的历史学家采用新古典的思想，因而他们并不能被认为是异端。因此，具有经济学思维的历史学家在必要的地方被单独看作一类。

在主流经济学家中，我们先验地划分出两个类别："纯粹"主流和我们称之为"具有主流倾向的折衷派"。后者只占全部主流经济学家的12%。他们常常是计量经济学家，研究经济学中比较边缘的主题。

三 主要结果

（一）关于 10 多年内的 200 余名新晋教授

根据我们建立的数据库，在 2000～2011 年法国有 209 名新大学教

---

① 只有 1/9 的候选人通过条款 46 - 3 得到晋升；2/9 的候选人通过条款 46 - 4 得到晋升。对于这些人来说，"椰子树表"提供了他们进入相应等级的数据，但是没有提供他们被评为教授的数据。这些案例还不足以建立一个可靠的数据库。

授，即平均每年 17.4 名①。这一新晋教授数量需要结合 2011 年 558 名
教授的存量认真分析②。教授评选不是定期的，每两年的高等教育选拔
考试产生了其中的大多数。

（二）异端仅占很小的一部分

总的来说，过去 10 年的发展表明，教授评选较为稳定，而且主流
教授占据着支配地位：在这一时期产生的 209 名教授③中，84.2% 从事
主流经济学研究。5.3% 为具有经济思维的历史学家；剩下的 10.5% 是
异端学者（见图 1）。

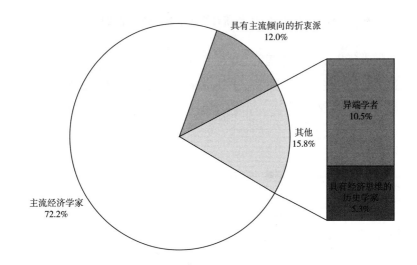

图 1　2000～2011 年新晋经济学教授的结构

在观测的时间范围内，主流经济学保持着支配地位（如图 2
所示）。④

---

① 高等教育选拔考试在 1994～2000 年每两年产生 30～33 名新晋教授，在 2004～2012 年每
两年产生 15～23 名新晋教授。"长路径"晋升方式每年平均产生 4.5 名新晋教授。

② 根据"椰子树表"。

③ 1999 年和 2001 年一些通过高等教育选拔考试晋升的教授不再出现在 2011 年的"椰子
树表"中。如果可以在网上找到他们的简历，我们就把他们加入数据库；否则就
从数据库中移除（仅涉及 2 个人）。

④ 这几乎是同一反复。

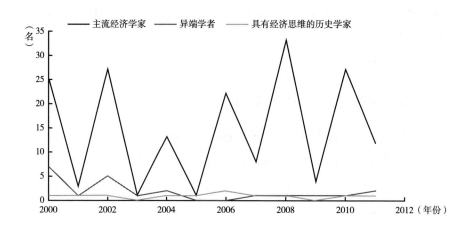

图2　2000~2011年新晋经济学教授的数量变化

数据进行平滑处理之后①，我们可以看出异端学者在整个教授评选中被边缘化的程度（见图3），这种边缘化会造成大学中仍然活跃的教授存量上的不平衡。而且，正如下面要解释的，长路径晋升（条款46-3和条款46-4）并未能消除高等教育选拔考试的偏差。

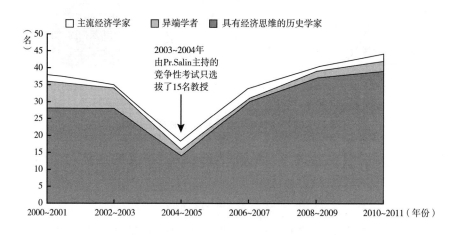

图3　季节调整后新晋经济学教授的数量变化

---

①　以两年为周期的变化与每两年一次的高等教育选拔考试相联系。

（三）2005～2006 年以来不断恶化的趋势

平均值掩盖了考察期内的差别。我们可以以 2006 年为界，将 2000～2011 年这一时期划分为两个阶段。2006 年是个关键年份，它标志着教授评选中多元化更为持久地削弱（见图 4）。

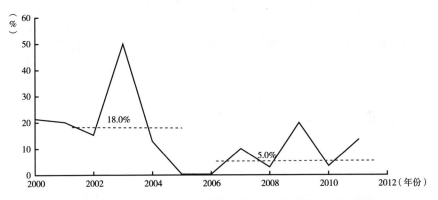

图 4　2000～2011 年各年新晋经济学教授中异端学者的比例

注：这里的异端不包括具有经济学思维的历史学家；如果把具有经济学思维的历史学家包括在内，2000～2005 年的平均占比为 20.1%，2006～2011 年则降至 10.8%。

10 年中晋升的 10.5% 的异端教授可以做如下细分：2000～2005 年为 18%，2006～2011 年为 5.0%。这一比例在后一时期降为不足前一时期的 1/3。

根据记录，2005～2006 年的评审委员会由 Rodolphe Dos Santos Ferreira 教授主持①，他是第一个建立评分系统（a system of "point"）来评估参加高等教育选拔考试候选人的人。在下面的知识框中，评审委员会的下一任主席 Louis Levy-Garboua 教授，认为这些评估实践是"近似客观"和"现代"的——尽管它们事实上敲响了经济学中多元化的丧钟。显然，异端经济学教授数量的急剧下降并不能仅仅归因于这些新的评估实践，但是二者的共存值得注意。

---

① 评审委员会的成员由主席挑选，于是不可避免地会造成评审委员会成员在认识论上的趋同。

高等教育选拔考试评审委员会使用的度量方法

　　我们重复使用了由评审委员会前任主席 Rodolphe Dos Santos Ferreira 开始使用的方法，对此我要感谢他向我们介绍了这个方法。这个方法根据法国的和国际期刊的论文发表排名，为所有候选人提供了一个衡量其论文发表情况的分数。这个分数可以"准客观"地判断发表论文的科学质量，而且可以做到尽可能的公正。在解释如何取得这个分数之前，我们还要说明评审委员会用作为补充的另外两个分数。这两个分数目的在于考虑那些未能公开发表的学术工作（因此被排除在第一个分数之外），比如候选人在其学术环境中其他方面的品质与贡献。

　　总体上，有三个评估学术成果的分数：（1）由排名计算的论文发表分数（0 ~ 30 分）；（2）根据评审委员会成员的报告和口试第一部分得到一个作为补充的分数（0 ~ 10 分）；（3）评审委员会根据口试第二部分的研讨会得到一个分数（0 ~ 20 分），研讨会的主题事先由候选人确定。评审委员会所有成员被广泛告知这三个分数基于相对独立的听证会，或者档案的有关方面。

　　资料来源：Levy-Garboua, Louis, "Rapport sur le premier concours national d'Agrégation de l'enseignement supérieur pour le recrutement de professeurs des universités en sciences économiques (années 2007 – 2008)," *Revue d'économie politique*, 2008/5, vol. 118, pages 603 – 623。

　　迅速浏览图 4 可能会被误导，因为异端经济学最繁荣的年份恰恰是平均地看选拔人数较少的年份。2003 年可以作为例子，表面上这是一个十分"慷慨"的年份（50% 的新晋教授是异端学者），但其实这只是对应着通过长路径晋升的两名教授，其中一名是异端学者。在接下来的图中（图 5 和图 6），我们同时标注了百分比和具体数量。总体上，每年选拔的异端教授在 0 ~ 7 名。

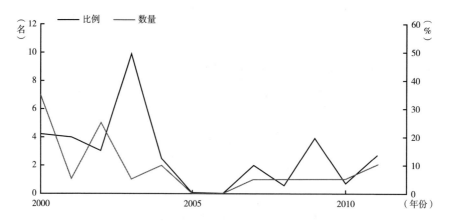

图 5　2000 ~ 2011 年新晋经济学教授中异端学者的数量和比例

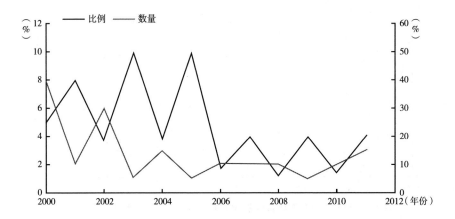

**图 6　2000～2011 年新晋经济学教授中异端学者和具有经济思维的
历史学家二者的数量和比例**

　　当我们将具有经济学思维的历史学家（他们在晋升中的份额年年
波动）包括在异端教授之内时，我们发现教授群体中每年晋升的异端
学者（＋具体经济学思维的历史学家）持续减少。这从图 7～图 9 中可
以看出。

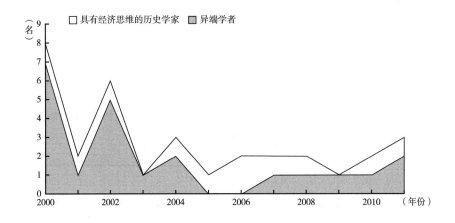

**图 7　2000～2011 年新晋经济学教授中异端学者和
具有经济思维的历史学家的数量变化**

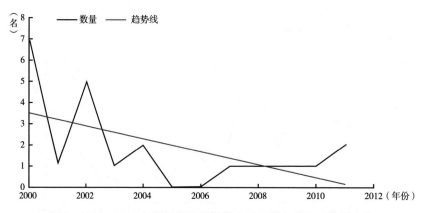

图 8   2000 ~ 2011 年新晋经济学教授中异端学者的绝对数量变化

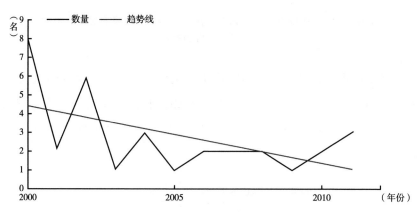

**图 9   2000 ~ 2011 年新晋经济学教授中异端学者与具有经济思维的
历史学家的绝对数量变化**

（四）长路径晋升没有（不再?）抵消高等教育选拔考试的影响

长路径晋升抵消了——哪怕只是部分地抵消了——高等教育选拔考试的影响了吗? 当我们单独考虑长路径晋升，我们发现这个高等教育选拔考试的替代方案占到了全部选拔的 22%①。因此，我们可以想象长路

---

① 根据我们的数据库（在这个亚总体上并不完整），在 2000 ~ 2011 年，长路径机制晋升了 211 名新教授中的 45 名。值得一提的是，总体来说长路径晋升的教授数量占到教授职位的 3/9，也就是 33%。数量的变化可能与并非每年都能达到 3/9 上限（最大值由法律规定）的事实有关，也可能来自数据缺陷（数据库不完整）带来的偏差。

径晋升可以部分地抵消由竞争性考试引起的扭曲。

长路径晋升（条款 46－3 与条款 46－4）的变化清楚地显示了多元化的衰竭。直到 2005 年前后，在长路径晋升中，异端学者与具有经济学思维的历史学家的占比还接近 55%。2006 年之后，这一数字跌至 18% 以下（见图 10）。①

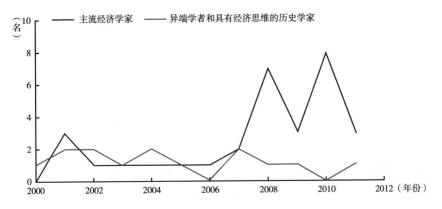

图 10　2000～2011 年通过长路径晋升的经济学教授数量变化

结　论

宣称经济学中多元化的消亡并不是危言耸听。

鉴于 2005 年之后异端学者只占到晋升教授的 5%（也就是说，2005 年之后新晋升的 120 名教授中，只有 6 名是异端教授），FAPE 在成立之后提出的担忧是完全合理的。

毫无疑问，高等教育选拔考试对经济思想的更新产生了负面影响。然而，通过改变长路径晋升中使用的评价策略，国民高校委员会的第五部门（经济学）同样促进了多元主义的消亡。

---

① 然而诸图暗示，份额的变化更多地与（主流）晋升数量的上升有关。

英国10大经济学家联名
致女王殿下的一封信[*]

郎 玫译 陈 劲校[**]

夫人：

给您写这封信的目的有两个：其一，是回答您去年11月在伦敦经济学院提出的问题，即为什么很少有经济学家能预见到已经到来的金融危机；其二，是对提姆·柏斯里（Tim Besley）和皮特·亨尼斯（Peter Hennessy）两位教授今年7月22日提出的相关问题进行回复。

我们也在某些观点上与柏斯里和亨尼斯教授保持一致的看法，并将它总结在下面的一段话里，但是我们认为他们提出的所谓全面分析是相当不充分的，因为很显然他们根本没有考虑到经济学家在自身训练或文化方面存在的缺陷。

他们在信中明确提到了"一些最好的数学思想"包含在对风险管

---

* 该信的背景如下：2008年11月，英国女王前往伦敦经济学院参观，其间问了一个貌似简单实则重大的问题，即为什么没有经济学家能够预见到此次的金融危机。2009年7月，英国女王收到提姆·柏斯里（Tim Besley）和皮特·亨尼斯（Peter Hennessy）两位教授关于该问题的答复。此事在英国获得了广泛关注，两位教授的答复也被英国出版物广为引用。霍奇逊教授将该信发给王焕祥博士，王焕祥博士委托郎玫译出，与学界同仁共享。

** 郎玫，行政管理学博士，兰州大学管理学院副教授，主要研究方向为演化博弈论及其在公共管理学领域的应用。陈劲，清华大学经管学院创新创业与战略系教授，教育部人文社科研究基地"清华大学技术创新研究中心"主任，博士研究生导师，主要研究方向为创新经济学、科技创新管理。

理的研究中，但是"他们经常会失去对更远战略的视野"。许多人都相信，"通过一系列金融工具的创新"，风险已经被安全地分散了，并且"从实质上已经被消除"了……"没有比这更适合来说明这只是痴人说梦罢了……并且所有类型的政治官员都深深地对市场化着迷"。他们总结道："虽然有很多的因素在起作用，未能预计到危机发生的时间、蔓延的程度、发展的深度以及相应的对策，主要是由于我们国内以及国际上许多聪明人集体思想的一个错误，未能理解作为一个整体的系统所存在的风险。"

除了在信中提到的诸因素，我们认为部分责任也应该归咎于英国以及其他国家的有领导力的、有影响力的经济学家。一些经济学界的领军人物——包括诺贝尔经济学奖得主罗纳德·科斯（Ronald Coase）、米尔顿·弗里德曼（Milton Friedman）以及华西里·里昂惕夫（Wassily Leontief）——也经常表示在最近几年，经济学事实上已经变成了应用数学的一个分支，并且变得与真实世界中的制度与事件差之千里。（我们可以充分地证明这个问题以及其他关于该问题的抱怨。）

1988 年，美国经济学会（American Economic Association）针对全美的经济学研究生教育建立了一个委员会。在刊于 1991 年《经济文献杂志》上的一份决定性声明中，该委员会表示担忧在未来"研究生课程会培养出一代只知道技术技巧而完全对真实经济问题一无所知的白痴专家（idiot savants）"。

至今为止，我们为解决这一问题所付出的努力，还是太少了。结果是，一系列技术狭隘形式的先入之见现在在全世界大多数经济系日益地流行起来，显然也包括英国在内。

柏斯里和亨尼斯两位教授的信中并未考虑到对数学技术（超越了真实世界的实质）的偏好怎样使得经济学家不再关注更具有重要意义的整体。信中的内容既不能反映人们钻入狭窄领域进行专业化研究的疯狂，也没有反映出综合想象力方面的任何损坏。比如说，信中对经济学家所在权威机构现有教育中对心理学、哲学、经济史知识的遗漏和忽略是漠不关心的。信中既没有提到令人高度质疑的普遍"理性"假设，也没有提及"市场效率假设"，而这两者皆为主流经济学家所广泛推崇。而且信中也没有考虑到经济学家如何痴迷市场，以及诸多经济学家是怎样过于简单和不计后果地四处兜售市场化的提议。

我们所缺乏的正是一种由心理学、制度结构和历史方法引导的专业智慧。这正是那些在为政府部门、银行、商业和政策机构提供咨询意见的经济学家显得非常不足的一点。对于那些关于全球金融体系中潜在的不稳定的非量化的预警，应给予更多的重视和关注。

我们相信经济学家狭窄的训练——集中于数学技术和无节制地构建形式化的实证模型——是经济学专业内非量化预警失败的主要原因。而这一缺陷又由于许多顶级学术期刊和经济系出于私利对数学技术的推崇和倡导而越发严重。

我们可以通过深入研究文献或历史习得一种判断，这种判断可能不能用正式的数学模型准确地表达出来，但又是经济学正规教育中不可或缺的部分。而它已经从世界上主要的经济学研究生项目中消失了，即使在英国主要的经济系中也难觅其踪影。

模型和技术是重要的，但是鉴于世界经济的复杂性，我们需要的是更广泛的、更加关注真实世界的模型和技术，并且需要更多地关注历史、制度、心理和其他高度相关的因素。

总之，柏斯里和亨尼斯两位教授的答复忽视了一个问题，许多顶尖的经济学家企图将经济学变为一种标准的训练，一种脱离真实世界的训练，他们在不断地推进非现实的假设，因为这些假设能够帮助他们建立一个完美的市场运行理论。

我们在以上部分提出了其他需要关注的因素。作为专业的经济学家和英国公民，我们想要提出这些可能会困扰经济学专业未来发展的问题。不幸的是，现在我们只是少数派，我们期待女王陛下会对这些问题及其可能的原因有进一步观察和研究。

您最谦卑和忠诚的仆人

Sheila C. Dow

斯特灵大学经济学教授，著有《货币、经济过程及经济学方法论》

Peter E. Earl

澳大利亚昆士兰州立大学经济学副教授，著有《企业经济学：一个同时代的方法》

John Foster

澳大利亚昆士兰州立大学经济学教授，澳大利亚社会科学研究所研究员，国际熊彼特学会会长候选人

Geoffrey C. Harcourt

剑桥大学荣誉准教授（Emeritus Reader），阿德莱德大学荣誉教授，澳大利亚社会科学院院士、社会科学研究所研究员

Geoffrey M. Hodgson

赫特福德郡大学商学院研究教授，社会科学院院士，《制度经济学杂志》主编

J. Stanley Metcalfe

曼彻斯特大学经济学荣誉教授，垄断与兼并委员会创始人之一

Paul Ormerod

社会科学研究院院士，著有《死亡经济学》《蝴蝶经济学》和《为什么大多事情会失败》

Bridget Rosewell

沃尔泰拉（Volterra）咨询主席，伦敦政府首席经济顾问

Malcolm C. Sawyer

利兹大学经济学教授，《应用经济学国际评论》主编

Andrew Tylecote

谢菲尔德大学经济学及技术变革管理学教授

经济学中的革命：曼彻斯特大学学生《经济学教育必须改革》报告的序言

安德鲁·霍尔丹[*]

张 林 译[**]

亚当·斯密因 1776 年出版的《国富论》而被认为是经济学之父。这本书得出了一些令人惊愕的、近乎不可思议的结论。其中的一个结论是，在单个家庭或者企业层面上对自身利益的追求，带来的是能让社会整体实现最优的总体结果。换言之，"看不见的手"是仁慈之手，竞争为优，贪婪为善。

在斯密的肩膀上，福利经济学的基本定理得以建立，它们构成了20 世纪经济学的理论基石。在这些基本原理的基础上，构建了看上去很漂亮的最优化经济模型——动态随机一般均衡模型。这些模型嵌入一个唯一的、静态的、有效的均衡状态中。它们包含安排好的、理性的预期。由此得到的社会经济模型的动力学就是典型的牛顿式的，类似于牛顿的钟摆的阻尼谐运动（damped harmonic motion）。

毫不奇怪，用于推导和解开这些模型的数学技术也是直接源自理论物理学。为了向物理学靠拢，经济学家的方法论也明显是演绎法。这就使得宏观经济学这个稚嫩的学科（或许它没有这种自我意识）可以建

---

[*] 安德鲁·霍尔丹（Andrew Haldane），英格兰银行首席经济学家、金融稳定部执行理事。

[**] 张林，云南大学经济学院教授，主要研究方向为西方经济思想史、非正统经济学。

立在最优化的基础之上，给人留下严密、可靠的印象。微观基础模型不仅简洁、美观，而且更适用于考虑了卢卡斯批判的政策分析。

金融危机的发生使这些基础看起来不再那么牢固。金融和其他部门盲目的竞争没有更加广泛地增进社会福利；过度的贪婪从来不是什么好事；"看不见的手"如果力量太大的话，可以证明是有害的、凶恶的，造成了20世纪30年代以来全球收入和产出最大的损失。单个企业以及企业中的个人对自身利益的追求让社会更加贫困。

危机也暴露了带有唯一静态均衡和理性预期的经济学模型的潜在不足。这些模型没有搞清楚各种极端的宏观经济事件，比如危机、衰退和萧条，这些事件对于社会来说至关重要。行为人的预期在情况不妙的时候完全不是理性的，反而受到芸芸众生的恐惧或者无知的驱动。危机中经济的表现更像是仓库墙上下坠的稀泥，而不是牛顿的钟摆，它的运动是有机的而不是和谐的。

因此，是时候反思一下经济学的基本元素了。这种反思还是要回到亚当·斯密。《国富论》出版之前，斯密写了一本完全不同的书——出版于1759年的《道德情操论》。斯密在书中强调的是合作，它截然不同于竞争，是满足社会需要的一种方式。这本书的核心概念是诸如互惠和公正之类，是价值观而不是价值。

经验研究明确了这些概念在考察社会经济系统的决策时的重要性。源自人类相互关系中最简单的可想象到的博弈的是公正和互惠，而不是自利。在"最后通牒博弈"中，两方当事人决定比如100英镑货币捐赠的分配，一方当事人主导捐赠的分配，另一方选择接受或是拒绝捐赠。显然，如果捐赠被拒绝，双方都一无所获。

于是，第一方当事人该如何做呢？自利的、理性预期的解决办法——斯密1776年的观点——是拿走最少的捐赠，比如1英镑。为什么？因为这样一来，第二方当事人拒绝捐赠的话就是不理性的了。然而，实验结果反复表明，第二方当事人确实拒绝了。原因是这种分配违背了第二方当事人的公正感——换言之，斯密1759年的观点。正因此，第一方当事人做出的那种最低可能性的、自利的选择是极其罕见的。通常情况下，这种分配更接近于分赃。

互惠和公正是核心。同样的情况在其他社会相互作用博弈中也大量存在。这些情况表明，我们是一个竞争的物种，但同时也是一个合作的物种。这个结论对于社会学家和人类学家而言再正常不过了，但对于经济学家来说，完全颠覆了他们的世界。

好消息是，有迹象表明经济学正在步入正轨。如果《国富论》是为 20 世纪而作，那么《道德情操论》就是为 21 世纪而作。斯密真正的影响正在被重新发现——作为政治学家、社会学家和道德哲学家。将其他学科的洞见整合到经济学中的潮流也是显而易见的，包括历史学、心理学、人类学、演化生物学、社会学、神经科学以及除了这六个学科之外的其他学科。

这些现象以及危机激起的好奇心和带来的痛苦，已经为经济学这个学科增光添彩。这已反映在大学入学申请书的记录中。重新激起的兴趣在草根层面上为这个学科提供了一次真正的机会；这是金融危机带来的乌云中的一丝亮光。但是，只有草根得到足够的哺育，才有可能抓住这次机会。也正是在这里，经济学课程进入了视野。

四年前，乔治·索罗斯成立了新经济思维研究所（INET），以鼓励经济学学科及这个学科中的经济学教育的革新。两年后，格雷戈里·曼昆在哈佛大学的经济学课程中出现了学生罢课。在英国，伦敦大学学院的温迪·卡琳（Wendy Carlin）在 INET 的资助下领导了一个在一些大学改革经济学课程的项目。这些都是朝着正确的方向迈出的令人鼓舞的步伐。

但持续的改变也需要下一代的加入。这就是来自曼彻斯特大学危机后的经济学研究会的这份报告如此受欢迎的原因。它提出了英国大学广大学生对当前经济学课程模式的意见。虽然这是学生在这方面采取行动的最为突出的例子，但绝非唯一，已有近 20 所大学越来越明显地加入这场运动中。

　　这份报告中提出的方案令人激动、引人入胜。尽管不够详尽，但它开始打破经济学学科自己戴上的枷锁。某些方案是对新领域的发现——比如在演化、神经和行为经济学领域，而大部分则是对老领域的重新发现或者在某些情况下是找回被忽视的领域——比如在制度经济学、经济史和货币与银行领域。

　　报告提议的方法论是多元的，也是跨学科的。它结合了演绎和归纳方法。对于经济学家而言，数据挖掘——归纳法的基础——是不入流的词汇。对于今天的其他很多专业，则是一个潜在的金矿。这种方法论的盲点是经济学家需要迅速根除的。

　　像英格兰银行这些机构聘用的经济学家，会从经济学课程的这种演变中获益。有效解决未来的公共政策问题需要对过去的理解，也需要在方法论、政治经济学知识、制度的评价和对货币与银行的理解中采取折中主义的态度。一套革新了的经济学课程可以更好地满足这些需要，从而更好地服务于公共政策。

　　经济学的力量在于，它以现实的方式影响着现实生活，它至关重要。正因为它至关重要，且影响着我们，这个仍然稚嫩的学科需要持续不断的革新。对它的批评正在引发革新。如果明智地按照这样的报告采取行动，会有助于革新持续进行下去。我希望这份报告能起作用，也希望这个学科能明智地采取行动。

经济学教育必须改革：
曼彻斯特大学的经济学教育[*]

曼彻斯特大学危机后的经济学研究会[**]

张 林 译[***]

摘　要：本报告是到目前为止曼彻斯特大学危机后的经济学研究会
（PCES）对英国经济学教育的批评最全面的陈述。它基于曼
彻斯特 PCES 委员会成员在曼彻斯特大学开展的研究。不过，
由于大学经济学教育相对的同质性，这份报告的研究结果与
全国和国际层面上的经济学教育高度相关。在剑桥大学、伦
敦经济学院、谢菲尔德大学、格拉斯哥大学、艾克塞斯大学、
伦敦大学学院以及东方和非洲研究学院都存在类似的社团，
表明了学生广泛的不满。

---

[*] 原题为 "Economics, Education and Unlearning: Economics Education at the University of
Manchester"，由曼彻斯特大学危机后的经济学研究会于 2014 年 4 月发布——译者注。
原文致谢：我们感谢安德鲁·霍尔丹（Andrew Haldane）欣然同意为本报告作序。我们
也要感谢维多利亚·奇克（Victoria Chick）、张夏准（Ha Joon Chang）和所有其他支持
我们研究会的经济学家，感谢帕特里西娅·埃德尔（Patricia Elder）为文档编辑所做的
工作。最后，我们要感谢德弗里姆·沙基尔·伊尔马兹（Devrim Sakir Yilmaz）奇妙的
教学以及他对经济学勇敢地承担起的责任。

[**] 危机后的经济学研究会（Post-Crash Economics Society），是曼彻斯特大学的一个学生社
团，电子邮箱为 post. crasheconomics @ gmail. com，地址是 The Post-Crash Economics
Society, University of Manchester Students' Union, Oxford Road, Manchester, M13 9PR。

[***] 张林，云南大学经济学院教授，主要研究方向为西方经济思想史、非正统经济学。

关键词： 曼彻斯特大学　经济学教育改革　多元化（译者添加）

本报告的目的是提供一个详细的、证据确凿的论证，概述曼彻斯特大学经济学教育的缺点。我们的经济学教育已经把通常所称的新古典经济学这种范式，提升为学习的唯一对象。替代性的观点已经被边缘化。这种状况扼杀、损害和压制了对于经济学的认知至关重要的创新、创造力和建设性的批评。此外，课程中几乎完全没有伦理学、政治学和历史的学习安排。我们认为不具备这些学科的知识的话，是不能理解经济学的；这个学科必须重新定义。

必须对课程进行重大改革。在曼彻斯特大学，经济学教育的当前状况不能满足这所大学自己规定的大学生应达到的要求。在全国层面上，经济学教育的日益狭隘已导致了经济学讨论的技术化。对经济政策的考虑越来越强调是否代表了科学真理，而不是看一种范式解决问题的能力。这个学科内多样性的缺乏扼杀了创新，导致了狂妄自大。

本报告不只是对现状的批评。我们研究会本着与我们的经济系进行建设性的沟通的精神开展活动。在报告后面的部分，我们概述了一系列原则，如果被采纳，这些原则有助于提供一种更好的经济学教育，满足学生、学科和社会的需要。我们也提出了短期和中期的改革方案，相信曼彻斯特大学会予以考虑。简言之，我们赞成视角的多元化，应把伦理学、历史和政治学包括进来。我们提倡的方法是从经济现象入手，然后给学生提供一个工具箱，让他们去评价不同的视角在解释这种现象上的优劣。这个学科应该从一个生态系统的角度来理解，要认识到多样性和范式间相互促进的重要性，这是成功的关键。

我们承认，我们只不过是一群学生，某些人可能会认为我们天真或者产生了误导而批驳我们的观点。我们的观点向经济学这个学科发起了挑战，要求它就下一代人为应对世界的挑战做好准备提供更多的知识，从这个意义上来说，我们的观点是理想主义的。但是，希望我们的理想由于我们所采用的方法而变成现实，在这种方法中，我们渴望结合学术的严谨和专业化方面的高标准。我们开展了广泛的研究来证实我们的观点，与我们的系进行了建设性的沟通，提出了替代方案和批评意见。我们的观点植根于公认的学术讨论、方法和发展的原则。

我们知道我们知识有限，也认识到我们并不能解决一切问题。因此，一些杰出的经济学家、新闻工作者和政策制定者的支持对于我们意义重大，他们是安德鲁·霍尔丹、张夏准、维多利亚·奇克、斯蒂芬·戴维斯（Stephen Davies）和罗伯特·斯基德尔斯基（Robert Skidelsky）爵士。他们为我们的活动增添了阅历和权威性。

不过，经济学课程的内容为什么是一个全国性的问题？为什么经济系聘用的每一个人都要关心这个问题？正如安德鲁·霍尔丹在本报告的序言中指出的那样，因为"经济学以现实的方式影响着现实生活"。经济学家有巨大的能量和责任。无论于公于私，他们都必然引领着各种相互冲突的利益。他们的建议和指引对于社会未来的繁荣和可持续性至关重要，金融危机就是明证。如何训练未来的经济学家，哪些人才称得上经济学家，我们相信这些是当今时代的决定性问题。解释经济现实以及社会上紧迫的经济问题的能力岌岌可危。经济学的状况影响着每一个人。

我们编写这份报告，是希望它能激起对英国经济学教育状况的讨论。改革必须由各所大学和诸如英格兰高等教育筹资委员会（HEFCE）这样的国家机构发动。英国有着令人自豪的、卓尔不凡的经济思想史。如果不做重大改革，未来堪忧。

主要研究结论如下。

（1）曼彻斯特大学的经济学教育已把通常所称的新古典经济学这种范式，提升到唯一的学习对象的高度。其他思想流派几乎全然不涉及，比如制度主义、演化经济学、奥地利学派、后凯恩斯主义、马克思主义、女性主义和生态经济学。

（2）上述后果是阻碍了有意义的批评性思想和评价的发展。由于方法论、假设、对象和定义上不存在根本性的分歧，批评就局限在技术上的和预测方面的分歧上。一个有较广泛的具有差异性视角知识的学科，会有更多的学科内的自我批评，会认识到其知识的局限性。各所大学不能把一种经济学范式的垄断视为理所当然。

（3）课程几乎完全不涉及作为一个经济学家所要具备的伦理学素养以及经济政策的道德后果。

（4）经济思想史是三年级的选修课，选课的学生敷衍了事，因为这门课要求具备论文写作技能，而这种技能在所有其他课程中都没有受过良好的训练。几乎不讲授经济史。取得经济学学位的学生没有任何关于从大萧条到布雷顿森林货币体系瓦解的重大经济事件的知识。

（5）这些问题结合在一起，意味着经济学学生学到的是一种视角的经济学理论，似乎这种视角的经济学代表着普遍接受的真理或者法则。

（6）这种状况违背了曼彻斯特大学自己的大学生教育指导方针。"曼彻斯特大学培养模式"明确了大学希望毕业生具备的知识和技能。举例来说，它说这所大学的教育应该"为毕业生在多样的、全球的环境中取得公民权和领导权做好准备"。在像经济学这样的学科，这一点尤其重要。但是，社会、政治和哲学问题被排除在这个学科之外，被放到选修课程里由其他系开设。不鼓励纯经济学的学生去选修这些课程，因为认为它们没什么价值。

（7）英国很多大学的课程几乎是一模一样的。我们研究会在曼彻斯特大学得到的广泛支持，以及在英国的10所大学出现了类似的学会，表明很多人对当前的状况感到沮丧。

（8）15年前的曼彻斯特大学经济系是多元的，存在各不相同的视角，经济史在课程中有较高的地位。自那以后，非主流视角的学术研究在系里一直被边缘化。从事这些研究的人退休或者离开以后，替代他们的并非相同视角的研究人员。

（9）一个重要原因是经济学研究经费的分配方式（REF）①。高排

---

① REF是"科研卓越框架"（Research Excellent Framework）的简称，是英格兰高等教育筹资委员会开展的学科评估活动，根据各高校科研成果质量的评估来确定科研经费拨款，于2014年启动，其前身是1986年开始的"科研评估活动"（Research Assessment Exercise, RAE）。——译者注

名的期刊都支持新古典视角，结果是，像曼彻斯特大学这样的以提升科研排名为目标的大学，就只会聘用属于新古典经济学这个流派的学者。科研上的这种优先选择，意味着很多大学的经济系对那些不遵守新古典规定程序的经济学家关上了大门，即便他们对教学和经济学理解有积极的影响。

（10）一些聘用经济学家的机构支持对更加多元化的、批评性的教育的呼吁。最大的经济学家聘用机构政府经济学服务部（Government Economics Service）强烈反对求职者"顽固坚持……一系列为了追求理论一致性的公理化规则"。相反，它需要的求职者是"知识上多元的"。包括英格兰银行和四大会计师事务所在内的多个用人机构，同样需要的是具备更多知识的经济学毕业生。

（11）所有这些方面加在一起，对经济学教育的重大改革提出了强烈要求。

综上所述，曼彻斯特大学必须确保经济系的学术环境是开放的，使它成为经济学多样性的代表。这是我们培养有能力应对日益逼近的经济挑战的经济学家的唯一途径。维持现状的成本太高了。

导　言

危机后的经济学研究会由曼彻斯特大学的学生于 2012 年 12 月创建，致力于改变曼彻斯特大学的经济学课程和教学。那一年，我们发起和促成了围绕以下问题的国际大讨论：什么是一名好的经济学家，什么是一种好的经济学教育。我们写了一份请愿书，概述了我们所关心的经济学教育的问题，以及我们希望看到什么样的变化。作为一个研究会，我们的目标不只是批评现状，而且要与经济系和曼彻斯特大学进行建设性的沟通，以确定现实的、可行的改革。这份报告有六个目的。

（1）概述我们关于在曼彻斯特大学更加深入地广泛改革经济学教育的观点，为我们的主张提供支持证据。

（2）找出一些在当前状况的形成和反复中发挥作用的因素。

（3）回应曼彻斯特大学反对经济学教育改革的一些共同看法。

（4）找出曼彻斯特大学面临的约束，提出如何解除这些约束的建议。

（5）提出我们认为的经济学教育必须包含的一系列原则。

（6）为基于这些原则的经济学教育改革提出一系列现实的、可行的建议。

在这份报告中，我们关注的中心是曼彻斯特大学的经济学教育。我们在这里学习，在这里，我们对变化的要求最为迫切。不过，重要的是，我们强调我们找到的问题肯定不只限于曼彻斯特，事实上它是一个国际性的问题。新经济思维研究所（INET）的一份报告表明了英国 12 所顶尖大学的经济学教育的相对同质性，并指出这一结论适用于英国所有的大学（Wigstrom，2011）。这个国家的大量经济学学生显然有同样的感觉。我们碰到的剑桥大学、伦敦经济学院、伦敦大学学院、艾克赛特大学、埃塞克斯大学、格拉斯哥大学、谢菲尔德大学和东方与非洲研究学院的学生，都成立了类似的学会，开展了类似的活动。我们希望这份报告能帮助他们开展活动，为推动变化提供有效的支持。弥补这个国家经济学教育缺陷的任何真正办法，都必须把各所大学自身的改革与高等教育筹资机构和政府发动的国家层面的改革结合起来。

过去几个月，经济学教育的状况和危机后的经济学研究会一直是国内和国际媒体报道和讨论的话题。整个报道和讨论中有一个相当广泛的共识，那就是经济学教育必须改革。而较少有共识的是所希望的改革的广度和宽度，以及实施这些改革的正确机制是什么。在英国，由 INET 运行、温迪·卡琳领导的 CORE 项目为经济学改革提供了一个有影响的路线图。温迪在最近《金融时报》的评论文章中指出："经济学解释我们的世界——而经济学学位却没有"（Carlin，2013）。这个结论指责的是大学的经济学教育状况，而不是整个经济学学科。相反，我们认为经济学教育不可分割地与这个学科联系在一起，教育的问题往往反映的是学科的问题（见附录 1 中我们对 CORE 的充分回应）。我们不能只是在大学课程中改进经济学教育，还必须关注科研拨款和更广泛的专业方面的相关问题。

为了向我们的观点提供证据，我们从分析曼彻斯特大学的经济学课程模块开始。我们尝试寻求学术上的严谨性，用证据来支持所有观点。我们设法阐明证据的来源，解释用来收集证据的方法。当然，作为一个学生社团，我们受到时间、资源和专业知识的限制，所以未能完成我们所希望的那种广泛的分析。话虽如此，我们相信这份报告中提出的观点是令人信服的、准确的，曼彻斯特大学和英国其他大学的经济系一定会严肃对待。

一　曼彻斯特大学的经济学教育出了什么问题？

（一）未能涵盖其他思想流派或者以系统方法研究经济学的途径

"经济学"的研究对象被一个用来解释经济的单一的经济学方法论框架——通常称之为新古典经济学——搞乱了。这个流派的特征是这样一种方法：个体行为人在外部施加的约束下去寻求最优化他们的偏好。但是，与之相竞争的经济学定义比比皆是：

> 社会再生产——企业、家庭和社会如何再生产自身（古典定义）？
> 研究生产、分配和交换（新古典经济学通常只关注后者）；
> 研究市场和企业系统；
> 交换、文化和性别之间的相互影响。

常常有人告诉我们，我们实际上并非在探寻"经济学"，因此应该去研究别的学科。但是，只有我们假设并且接受当前学习的"经济学"

的定义是正确的，这种说法才成立。相反，我们认为经济学不能只是以这种狭隘的方式来定义，这样做是毫无理由的，会导致教条。在上述那些领域存在大量的知识和研究，许多经济学家要么排斥它们，要么对它们全然不知。对于那些承认替代性理论提供了有益洞见的主流经济学家来说，他们中的很多人也只是认为它们可以附加到新古典框架中去。这种附加的必要性和合理性还有待探讨。

（二）没有深入研究我们学习的经济学理论和模型的假设或者方法论

没有告诉学生某种理论在什么时候适用，在什么时候不适用：用马斯格雷夫的话来说，理论的范围没有清晰地界定（Musgrave，1981）。经济学与工程学有某些相似之处，用各种各样的原理来建立理论，这些理论从实践意义上来说运行良好。然而它又不同于工程学，特定理论在特定情形下的相关性和适用性在经济学中是不清楚的。工程师根据"理想气体"模型，知道哪些类型的气体可以充分混合。但经济学家是否知道哪些类型的产业中的企业符合比如说古诺模型或者伯特兰德模型？我们认为，经济学学生一定要能够分析一个理论的假设和方法论。这些工具将让学生不仅能够自己判断经济学理论的有效性（逻辑一致性），而且能判断其可靠性（经验相关性）。

（三）不大强调将经济理论用于理解经济现象，不大重视国家和国际经济及其历史的知识

通常用演绎方法来讲授课程，从假定或者公理开始，在逻辑上从"微观基础""严密地"推导理论。在整个课程中，理论的含义顶多是表现出与少许程式化的事实存在大致的一致性，而且这也不够好，理由如下。

首先，程式化的事实不同于广泛的经验研究，而且几乎都没有经过实证主义认识论所要求的对可证伪的预测的严格检验。

其次，很多这些程式化的事实是没有价值的。比如跨期宏观经济学（intertemporal macroeconomics）与这种观念是一致的：政府会在财政盈余之后实行赤字财政。这个简单的观察用了不必要的、有时多少有些费解的数学形式去解释。

最后，程式化的事实可以与很多理论相一致。例如，货币供给与经济增长相关这一事实，与比如卡尔多（Kaldor, 1982）或托宾（Tobin, 1970）表明的内生和外生货币理论都是一致的。我们的主张是，经济学应该从任何可能的地方进行归纳来讲授。在这种方法中，要提出证据——统计数据、历史分析、案例研究、实验等——然后讲授与证据真正一致的理论，将它作为对证据的解释。

（四）课程中几乎没有经济史，三年级才有一门经济思想史选修课

今年没有开经济思想史课程，因为授课教师生病了。我们知道这是难免的，但遗憾的是，系里没有别人愿意或者能够教这门课。如果经济理论是社会现实的一种表现，那么对于任何理论都存在不可避免的历史特定性。狩猎者－采集者如何自行组织的理论显然不同于资本主义的理论。即便是资本主义的理论，福利国家的资本主义的运行也不同于自由放任的资本主义，或者服务业占主导地位的经济的运行也不同于制造业占主导地位的经济。凯恩斯的《通论》在大萧条期间出版，二者的相关性毋庸置疑。理解理论来自何处，因何而来，有助于学生对把理论用于经济现象的分析和解释做出更好的判断，就像前面第二点所说的那样。

（五）全不强调经济学的伦理学、哲学和政治学

经济学家常常把他们进行的分析看成纯粹是定量的、价值中立的、科学的事情。但是，我们认为这是不可能的，因为关于经济的问题必然涉及价值判断。比如，我们要用什么样的度量标准来评价经济，我们应

该如何来度量它？什么是"好"和"坏"？我们能在道德上为提出的政策建议辩护吗？如果可以，那又是为什么？价值判断是隐含在教授给我们的理论中的：比如效率和增长一般被认为是好事情。我们学习效用公理，学习如何根据这些公理建立一个理论，但我们几乎没有花时间去讨论，效用是不是衡量价值和福利的一个恰当概念。更加荒谬的是，我们有一个叫作"福利经济学"的领域，强调有关价值的问题是显而易见的，或者是次要的。

（六）没有为学生提供足够的训练，让他们掌握对于在现实世界取得成功至关重要的技能

辅导课的内容是抄写黑板上的习题集，而不是讨论经济学观念；48门课程中，有18门是用50%或者更多的选择题来评分；48门课程中，只有11门课的学习目标中包含"批评""评价"或者"比较"这些词。结果是，这种经济学教育训练学生去消化经济学理论，在考试中反刍它们，从不质疑它们所依据的假设。这意味着诸如书面沟通、向非专业听众解释经济概念、解决问题此类的技能非常欠缺。在我们的经济学教育中消失的另一个关键技能是判断。"判断存在于选择之中：识别对现象的一种解释为什么比另一种更好"；为什么一条推理线索导致错误的结果，而另一条则得到富于启发的结果；"为什么解释应该依据这个证据，而不是那个证据"（Freeman，2007，p. 11）。

（七）不强调发展批判性地评价经济理论的工具，多元化的缺失妨碍了批判性的比较

学生没有掌握必要的工具，让他们可以判断什么样的抽象是有理的，什么样的推理是更可取的。学生因思考多样性而受到惩罚，因靠死记硬背重复现有的思想而得到奖励，因为压倒一切的任务是证明应用一种规定的、据说是同质的理论的能力。科学是根据证据去检验理论，以确定什么理论是最好的，但上述第一点和第二点对此造成了障碍。

252

不是所有经济学家都倾向于这种冒险，但我们相信，一般来说，他们在告诉学生经济学的缺陷方面做得都不够好。这就关联并且强化了把经济学当作真理来讲授这一普遍结果，当经济思想传递给非专业听众的时候，隐含的假定就是，经济学家必然是对的。这样的想法在流行图书中得到证实，比如《魔鬼经济学》（*Freakonomics*）、《卧底经济学家》（*The Undercover Economist*）、《意外的理论家》（*The Accident Theorist*）和《经济博物学家》（*The Economic Naturalist*）。如果经济学教育更多地引入对这个学科的伦理学、历史和政治学基础的理解，引入对替代性方法和较多以证据为基础（较少以公理为基础）的方法的理解，我们相信它将走上能够缓解这些问题的道路。

二　微观和宏观核心课程的分析

曼彻斯特大学提供了 12 门大学生微观和宏观课程，占可选课程的 1/4。这些课程是曼彻斯特大学经济学学位的主干课。经济学的所有学生都要选第一年和第二年的课程，绝大多数要选第三年的课程。对这些课程的分析为第一部分找出的那些经济学教育存在的问题提供了证据。当我们的分析支持第一部分的观点时，就用 $S_1(x)$ 来标记，x 代表对应的观点的序号。分析是在课程大纲、过去的文件以及我们自己的经历的基础上进行的。

（一）第一年

ECON10041 微观原理和 ECON10042 宏观原理（针对没有达到 A 级经济学水平），ECON10081 英国微观和 ECON10082 英国宏观（针对达到 A 级经济学水平）。

第一年两门原理课程的考试全部是多项选择题。

英国微观和英国宏观 90% 分值的试题是多项选择，另外 10% 是论文。不过，论文限 1000 字以内，学生按时交卷就能得满分。这意味着很多学生并未广泛研究论题，或者并未充分研读素材。

微观原理和宏观原理讲授的是新古典理论，要求学生机械地学会这种理论。讲授的内容中没有提到思想流派，或者没有提到存在任何其他的思想流派。这种理论被当作关于世界的事实来介绍，使得学生相信这些观念代表了毋庸置疑的真理 $[S_1 (1)]$。在宏观原理中简略地提到凯恩斯，但所讲授的观念实际上是约翰·希克斯（John Hicks）那种版本的凯恩斯主义思想，而不是凯恩斯本人的。这两门课程都没有安排课时去审视基本假定，几乎没有涉及在现实世界的应用，没有关于这些思想来自何处的历史背景介绍 $[S_1 (2)、S_1 (3)、S_1 (4)]$。除了零星地提到恶性通货膨胀和中国的经济增长之外，对所讲授的理论如何应用到这些例子中去并没有恰当的分析。最值得关注的是，学生完全没有机会批判性地讨论他们所学的知识。辅导课就是完成习题集，没有机会在助教或者授课教师的指导下真正深入地讨论有关素材 $[S_1 (6)、S_1 (7)]$。

英国微观和英国宏观两门课考试的多项选择题，鼓励的是学生反刍教科书信息的能力，而不是鼓励学生分析性地思考经济问题。学生广泛挑战经济学的幻想逐渐破灭，陷入学习一套图表和公式之中。此外，按照英国微观课程的评分标准，提到讲授的所有定价理论的学生就能得分，但如果学生深入讨论了一两个定价理论的经济含义，则不能得分。对理论的深入分析表现的是对经济学更深刻的理解，但鼓励重复信息的能力的标准是不理会这种分析的。学生失去了学习批判性反思的技能的机会 $[S_1 (6)、S_1 (7)]$。这种靠记忆信息来通过考试的体制，留给学生的是零碎的理论，而不是掌握经济学知识的坚实基础。

（二）第二年

微观ⅡA和微观ⅡB，宏观ⅡA和宏观ⅡB。

微观ⅡA和微观ⅡB期末考试都是多项选择题，分别占67%和70%的分值。两门课都有期中考，微观ⅡA是一些简答题（占33%的分值），微观ⅡB是数学习题（占30%的分值）。

宏观 Ⅱ A 只有期末考，50% 是多项选择，50% 是数学习题。宏观 Ⅱ B 的期中考是占 30% 分值的多项选择，期末考占 70%，是对关键理论的数学/图形/逻辑推导。

微观 Ⅱ A 和宏观 Ⅱ B 有相似之处：二者都只是包括用文字、代数或者图形推导最优化行为人的新古典理论 $[S_1（1）、S_1（3）]$。同样，微观 Ⅱ B 和宏观 Ⅱ A 都是用新古典理论来解答数学问题，可能会被问到得到的结果背后的"经济直觉"。这方面再度吻合了 $S_1（1）$ 和 $S_1（3）$ 提出的观点，而且也与 $S_1（2）$ 吻合，因为没有试图去辨别所学的哪一个理论具有相关性。所有单元都没有 $S_1（4）$ 和 $S_1（6）$ 提出的元素，因此学生学到的只是抽象的理论，几乎不了解它们源于何处，不知道什么时候运用这些理论才是恰当的，不知道如何对普通听众解释它们的含义。宏观 Ⅱ A 的辅导课在后一点上有小小的努力，但并非这门课程的重要组成部分。

（三）第三年

微观 Ⅲ（20 个学分）、宏观 Ⅲ A、宏观 Ⅲ B 和高级宏观。文学学士（BA）和经济学学士（BEconSci）通常不能选择用学位论文来代替。

ECON30600 微观 Ⅲ：第一学期有一篇格式化的论文，期末考是就两个问题写论文（100%）；第二学期是期中论文（33%）和期末考（67%）。这门课程是用理性最优化的个人概念去理解各种类型的市场：保险、信息不对称、公共物品等。一般是用图形的和/或数学的方式来解释。

ECON30611 宏观 Ⅲ A：期末考占 90%、期中论文占 10%；期中和期末都主要是推导数学模型，评论其政策含义。

ECON30612 宏观 Ⅲ B：期末考占 90%，期中论文占 10%。

微观 Ⅲ 和宏观 Ⅲ A 突出地表现出第一部分提出的很多问题。讲授的只是一种类型的模型（尽管不断地重复）$[S_1（1）]$，学生只需要反刍讲授的这种模型 $[S_1（7）]$，这种模型是以演绎法来讲授 $[S_1（3）]$。

[S_1（5）] 与宏观Ⅲ A 尤其相关，它讨论了中央银行追求的"正确"的政策。授课教师反复表明，当选的政客不可信，因为他们是机会主义的，从而中央银行需要独立。把政策与民主政体相分离，其道德含义是什么呢？或者说围绕着政客的动机的政治争论的道德含义是什么呢（Lewin，1991）？如果经济学家断言这种争论不属于经济学的领域，那么经济学就应该对政策不做评论。

微观Ⅲ的确讨论了有关效用理论的一些问题，但这些讨论回避了一些进一步的问题：如果理论显然是错误的（讨论中似乎暗示了这一点），那么为什么还要讲授它？为什么不至少同时讲讲替代性的理论？如我们在 S_1（3）中指出的那样，为什么不实实在在地学习一下人们在面对风险的时候如何做出选择？

（四）小结

对微观和宏观核心课程的分析，验证了第一部分指出的曼彻斯特大学经济学教育中存在的所有缺陷。我们在分析中重点谈到的主题、教学方法和考试方式，大体反映了曼彻斯特大学所有经济学单元的情况。这些课程单元和我们希望按照这份报告对经济学单元的进一步分析之间有一些例外和差异。尽管存在差异，但一般的标准都是在考试中要求学生反刍理论，就像我们对微观和宏观核心课程的分析中突出表现出来的现象：考试中普遍采用多项选择题。全部 48 门课程中的 18 门，有 50% 或者更多的分值是由多项选择题来判定的，在 9 门课程的评分中，多项选择题占了 90% 或者更多。

我们确实看到，在第一年的"研读经济学"课程中（只对修读经济学学士的学生开放），学生必须就一位历史上有影响的经济学家做一次课堂陈述。但是，每一个小组仅仅涉及一位经济学家，没法让学生对经济理论的历史背景形成连贯的画面。"经济思想史"和"财产和正义：从格罗秀斯到罗尔斯"这两门课，与微观和宏观的核心课程却截然不同，但它们是第三年的选修单元。在学业的最后阶段才引入这两个新主题，几乎没有学生准备去选修。学生在最后一年想要尽可能保证高分，选修主题和教学方法都不熟悉的课程的风险是很大的。课程中关于发展的主题的确涵盖一些替代性的理论，也更多地应用到现实世界中。发展经济学Ⅲ中的一个学习目标是"批判性地评价 FDI 和 TNCs 的出现，及其在新兴市场经济体发展中的作用"，这显然是总标准的一个鲜有的例外。曼彻斯特大学经济学教育改革的主要对象必定是微观和宏观核心课程，因为它们的缺陷最大，同时又是所有经济学学位课程的支柱。

三 现状的形成及其再生

就在 15 年前，曼彻斯特大学经济系有一批涉猎很广的教授，他们的研究属于不同的经济学范式，有截然不同的研究纲领。从而那时的大学课程体系极为折中，单元中包括诸如比较经济理论、比较经济体制以及发展中经济体的非正统视角等课程供学生学习。在后来的 15 年里，经济系的成分发生了彻底的变化，第一部分概述的很多问题的根本原因正是这种变化。

（一）决定什么是经济学、什么不是经济学的权力

科研卓越框架和学术期刊有权力决定什么是经济学，什么不是经济学；决定什么是好的经济学，什么是坏的经济学。REF 决定了每一所大学能够得到多少科研经费，而这是科研实力的一个标志。每四年，由顶尖经济学家组成的专家组根据个人成果对各系划分等级，个人成果的学术质量是按照个人身份以及成果所发表的经济学期刊的排名来判断的。问题是，专家组中没有非正统经济学家，等级划分并不公开透明，只公布各系的排名。REF 的排名程序的结果，是把新古典框架提升到了判断所有经济学研究的标准的高度。

各系和教师本人被迫对这些群体界定的经济学做出响应。各大学敦促经济系去提高它们的排名，进而增加科研经费，提升大学的声望。所

有学者都知道这种压力，发表成果是衡量他们的学术能力的首要指标，也是他们职业生涯的一个重要决定因素。这就意味着经济学家如果想要得到续聘，在各经济系提升地位的话，就必须按照新古典的假设和方法论开展研究。

（二）严重的狭隘化

随着时间的推移，曼彻斯特大学经济系越来越同质化。在非主流的教授从正在扩张中的经济系退休之后，他们就被新招聘的年轻人所取代。这些新聘人员代表的是研究范围狭隘的主流经济学家，他们已经有成果或者很可能有成果发表在主流的美国刊物上（AER、JPE等五大期刊）。这种同质性使得经济系没有能力讲授其他思想流派或者经济思想史。如前述，讲经济思想史的教授生病那年，曼彻斯特大学只得取消了该课程。在英国最大的一个经济系里，令人吃惊的是只有一名教授愿意和能够讲授经济思想史。这种狭隘化的过程是自我强化的；很多年轻教师和助教在辅导课上都不能组织包括替代性经济视角在内的批判性讨论，因为在他们所受的经济学教育中就没有这些内容。

这种单一的培养使得教授更加容易相信，他们的方式是学习经济学的唯一方式，或者至少是唯一有效的方式，进而把当前状况视为大学中唯一合理的经济学教学体系。我们的很多老师真诚地相信，他们的方法所代表的经济学范式是唯一合理的学习经济学的途径。这种信念的学术代价极高。有一种对那些不遵循占主导地位的研究纲领的教授充满敌意的文化。最近从曼彻斯特大学退休的一位教授告诉我们，系里的其他教员告诉他，他将"在枝头枯萎"。另一位教授描述了他在别的大学的经济系遭到"种族清洗"的过程。替代他们的新聘人员都是年轻人，是正统经济学所控制的博士系统的正统产物。这造就了一个"移民社群"，曼彻斯特大学的非主流经济学家已经被剥夺了经济学家的资格，被推到诸如发展研究之类的外围位置，同时各种类型的非正统经济学只能栖居在商学院、政治学系、地理系和历史系。

这个过程受到主流经济学的技术化的支持。在主流经济学中，数理方法和数学形式化具有至高无上的地位，同时定性方法被认为是劣等的。这就很容易识别和孤立那些在研究计划中不遵循这种规定性的技术方法的经济学家，认为商学院或者地理系的政治经济学家从事的不是经济学。对规范经济学和实证经济学的区分得到的逻辑结论是，规范经济学正在灭绝，这个学科的要求是"价值中立"和"中性"。同样是这个过程让经济学自己断绝了与诸如政治科学或者社会学等社会科学的联系，宣称它比这些学科高明。

四　对反对变革的观点的回应

（一）我们教过马克思和凯恩斯的内容了，他们都是研究经济学的不同方式

我们的批评者一直试图把我们研究会讽刺为需要"更多的凯恩斯和马克思"。然而，我们的观点比这个更宽泛：我们要求的是一种以证据为基础的、多元的经济学教育。在课程大纲中我们可以用马克思和凯恩斯的论述来证明，向我们讲授思想家的思想与介绍思想家本人同样重要。

马克思是攻读经济学学士的学生第一年的课程陈述的主题，然而由于每个学生都被安排了一个不同的经济学家，所以只有一组学生会去研读马克思。他也出现在经济思想史课程中。关键是，涉及马克思的任何时候，都是从经济理论的适当性来对他进行划分，认为他只是在历史上有贡献，现在已经被取代了（尽管是例外，但他还是在经济学课程中占了一点时间）。

我们认为，把马克思的危机、剥削、阶级斗争和失业后备军理论当作一个透镜，用它们去理解经济周期、收入分配和劳动市场，这样更有

价值。比如，在教学方法上，可以把马克思的资本主义需要一定水平的失业率以保持运转这种观点，与具有类似含义的非加速通货膨胀失业率（NAIRU）进行比较，两者有完全不同的规范视角。

主流经济学中讲授的凯恩斯并非真正的凯恩斯。那是约翰·希克斯的凯恩斯，他在20世纪20年代《通论》出版之前与丹尼斯·罗伯特森（Dennis Robertson）和其他经济学家的争论中，独立发展了IS/LM模型（Tily，2010）。"旧凯恩斯主义"的菲利普斯曲线也与凯恩斯无关，凯恩斯在他的著作中强调了预期的作用。曼彻斯特大学的学生没有直接接触过凯恩斯的理论，当然也没有接触过真正在凯恩斯的框架上发展起来的现代的后凯恩斯主义。

一些人可能会认为，盯着过去的文本不是研究社会科学的好的方式，我们在一定程度上同意这种看法。我们只是希望在相关的地方讲授一下某位思想家的理论，并且把这些理论置于当时的历史背景下。由于经济学领域显然没有找到所有问题的答案，像凯恩斯这样的思想家对寻找答案显然会有所贡献。如果想要掌握思想家的思想，肯定希望讲授原始文本，而不是依赖打了折扣的印象。

（二）没有什么新古典经济学，只有经济科学，除此之外要么是糟糕的经济学，要么不是经济学

这种批评源于经济学作为一个学科而存在的时候，新古典经济学范式的合纵连横。非正统经济学可能是糟糕的新古典经济学——它采用的是不同的假设、方法论和定义。但它不一定是糟糕的经济学。即便新古典经济学更好，在经济学教育中它必定还是会接受其他理论的挑战。学术的进步往往来自改进现有的公认智慧和标准。如果新古典经济学与经济学真理合纵连横，那么就没有多少证伪和争议的余地了。

经济学不可能成为标准意义上的科学，因为它研究的是人。这意味着：（1）重复实验是不可能的；（2）研究的对象与观察者是互动的；（3）涉及有意识的行为——无论是政策制定者还是经济行为人本身，

这些行为将影响其他人的行为，不可避免地要产生道德问题。

主流经济学家希望把他们的方法定义为不产生道德问题的方法。事实上，新古典经济学不是一种"科学"事业（用它自己的术语来说，它需要的远不只是证伪），而是一种特定的方法论进路。大量的努力在阐明这一点（Arnsperger and Varoufakis，2006；Lawson，2013）。其基本框架可以归结为个体行为人在稀缺条件下进行选择，通过市场的相互作用得到一个均衡的结果。对这种定义有一些反对意见，用任何简明的一系列特征就希望定义主流经济学家传授、支持和研究的每一个理论，这也是存在疑问的，但是，绝大多数理论似乎都符合这个定义。

不过也存在替代性的方法。事实上，我们一直在举办非正统经济学的系列讲座，已经覆盖了制度主义经济学、生态经济学、奥地利学派、女性主义经济学和后凯恩斯主义经济学。这些视角是对新古典经济学的替代，而不是对它的偏离或者是它的例外。它们从不同于个体行为人的分析层面入手，并且/或者强调各种现象而不是偏好是理解经济过程的关键。

（三）经济学家是极富批判性的，我们教育学生成为批评者

主流经济学中的很多争议确实包含批评在内，但这些批评主要被限制在与政策有关的方面，而且从来没有打破上述"新古典"的或者边际主义的框架。科学哲学家伊姆雷·拉卡托斯（Imre Lakatos）讨论了科学共同体如何自我复制：允许在范式的保护带上展开争论，同时保护范式的核心免受挑战（Keen，2011，pp. 406 - 407）。曼彻斯特大学的一位教师在给我们研究会的"公开信"中证明了这一点。他首先说明"经济学家几乎在任何问题上都有大量不同意见"，然后承认"经济学家对某些问题一般来说也有一致的看法"。

这里的"某些问题"包括经济学学位课程以及整个学科中那些确定无疑的方法论、假设和对象。我们认为，应该在一种批评的环境下向经济学学生讲授新古典范式的核心，同时应该讲授各种替代性方法。

（四）这里有一个你需要学习的工具箱，没有空间去做别的事情

我们的理解是，当你研究一个学位水平上的主题时，你应该深入地去探讨。但是，我们相信并非每一个学生都只需要透彻、深入地理解抽象的宏观和微观理论，也应该传授给他们一种良好的、经验导向经济理论基础，从而使他们在深入探索经济学领域的时候有所选择。绝大多数大学生不会继续深造，因此，把最抽象的理论作为学位的要求是不合逻辑的。微观和宏观理论严格的形式化发展可以放到选修课里面，满足那些希望进一步深造的学生的需要。

此外，经济学学位课程实际上充斥着大量多余的内容，在课程单元中反复出现：微观经济学和企业经济学之间有大量的交叉——比如，在企业经济学ⅡA、数理经济学Ⅰ和企业经济学Ⅱ中，都有类似的寡头博弈模型。英国微观经济学整体上与企业经济学ⅡB非常近似，这是我们的导师之一指出的。微观ⅡA、ⅡB和Ⅲ在效用理论方面有很多相同的内容。

再者，用经济学家迈克尔·约菲（Michael Joffe）的话来说，经济学所教的是"现在众所周知不真实的理论"（Joffe, 2013）。这些理论包括：U形成本理论（以及整个边际定价）、预期效用理论、对衰退的实际经济周期解释。在我们的经历中，教师常常附带提一下——或者稍加质疑——这些理论不是特别富有启发性的，但它们仍然保留在课程中。

你可以到研究生水平再去批评经济学理论，经济学太复杂，本科阶段还达不到批评它的水平。

这是完全不能接受的。很多经济学学生根本不会读研究生，而是带着经济理论就是无可辩驳的真理这种信念离开大学。如果经济学理论对于本科生来说太复杂，那么对于那些必须接受经济政策的公众来说就产生了令人不安的后果，因为它太复杂而不能批评。不过，我们否认这是必然的情况。

我们的经济学教育受到它使用新古典框架作为唯一起点的限制。新古典模型建立在高度抽象的、演绎视角的基础上，一旦确定了主要假定，非常复杂的数学很快就可以得到运用。替代性的方法包括对部门间的总变量和流量建模，收入分配的阶级（或者议价权力）模型，或者基本的成本加成定价规则。这些方法可以用于在不让事情过于复杂的情况下解决问题。

（五）经济学比过去更加大众化，我们毕业生的薪水和就业前景一直很好。这表明我们按照正确的方式教了正确的内容

从"大学和学院招生服务中心"（Universities and Colleges Admissions Service，UCAS）的经济学学位中可以看出几个问题。第一，2006 年到 2007 年申请人数激增，这可能是因为《魔鬼经济学》和《卧底经济学家》这些书的流行。第二，申请人数到 2009 年大致保持稳定，此后再度激增，这可能要归因于本次危机。这两个事实表明，人们对经济学这个领域有强烈的兴趣，但这完全不能证明经济学学位课程的内容流行开来。事实上，我们相信，对于大量学生而言，他们对经济学的预期与他们攻读的学位的现实之间有巨大的差异。我们研究会的名望以及全国类似学生团体的增长便是明证。我们相信还有沉默的大多数，他们的预期没有实现，但他们被告知"这就是经济学"。这些学生不得不继续学习，因为他们没有可供替代的选择。对于选择大学的学生来说，课程内容上的信息是非常不完全的，因为大多数学生入学前不会理解技术上的课程指南，而且所有顶尖大学提供的经济学学位介绍几乎是完全一样的。几乎没有真正的选项或者信息供他们做出选择，结果就是缺乏竞争。入学后如果学生不喜欢，他们不可能改变选择，因为包括学费、房租等在内的决策成本非常高。因此，不能用经济学学位的高申请率来证明学生喜欢经济学课程。

同样，相对较高的就业率和薪金也不能证明雇主喜欢经济学学生，不能证明经济学学位为学生的工作做好了准备。英格兰银行委托的一份

研究报告表明，大多数雇主最关心的是经济学毕业生向非专业听众表达经济学观念的能力（Pomorina，2012）。经济学必须训练学生发展这种技能以及诸如批评性的判断和解决问题之类的能力，因为没有这些技能，经济学学位就远远比不上工程学、数学或者物理学学位。在所有学生都面临的经济艰难时刻，学费不断上涨，这时候不足以断言已让毕业生做好了足够的准备，按照英格兰银行的报告，我们分析现实世界的时候，还有很多需要改进的地方。

（六）我们设法讲授理论在经济现象中的应用，但学生不感兴趣。他们只会问这些是不是考试的内容

这一点充分表明任何变革都必须是根本性的、结构性的，而不只是出于增加课程目的，或者增加第三年的选修课。如果学生的大多数学位课程是由多项选择题或者数学考试来评价，在这种考试中得高分的可能性很大，那么他们就会避开写论文或者报告，这不容易得高分，而且他们掌握的完成这种考核所需要的技能显然是不够的。如果相当比例的课程需要写论文、报告和做课堂陈述，如果学位论文是强制性要求，那么所有学生都是一样，从始至终都会认真学习。

（七）你们的问题与宏观经济学有关，我们多数人不是宏观经济学家

正如我们研究会的名称表明的那样，我们相信 2008 年金融危机表明了宏观经济学的重大失败。但是，这并不意味着我们的批评仅限于宏观经济学。首先，可以认为宏观经济学的很多问题的根源在于它的"微观基础"，依赖于诸如效用、资本、市场出清之类有问题的微观经济学概念（Keen，2011）。其次，微观经济学的问题与宏观经济学的问题本质上是联系在一起的，不只是前者导致了后者：比如，因为人们在衰退期比繁荣期表现出更高的风险规避特征，我们能否在不考虑宏观环境的情况下去讨论他们的效用函数？最后，姑且不论危机，关于微观经

济学和宏观经济学的激烈争论已经有一段时间了，重要的是让学生了解论战的领域，掌握能够评价相互竞争的微观经济学理论的工具。

五　迫切需要改革的情况

至此，我们说明了迫切需要解决曼彻斯特大学经济学教育中存在的问题。在这一部分，我们将试图证明，这是整个曼彻斯特大学而不仅仅是经济系的责任。我们强烈地详述，这是这所大学必须严肃地、稳健地解决的问题。当前的状况代表了这所大学声誉的一个污点，如果不加纠正，会损害它的长期学术声誉。

关键是，曼彻斯特大学的未来改进计划并未关注这些问题。在其2020年战略中优先关注的是科研，相信科研的改进可以提高大学学位标准和教学质量。大学战略的目标是实现一种"杰出的学问和学生经历"，常常按照让科研更加集中于教学来设计，即"通过把研究嵌入教学中而促进熟悉科研的教学"（University of Manchester，2011，pp. 12 - 13）。但是，在经济学中，我们已经指出，曼彻斯特大学的科研驱动力对教学标准以及经济学教育的整体质量是非常有害的。因此，大学必须提出和执行一种替代性的战略，来改善经济学教育质量。如果曼彻斯特大学能够改善经济学教育，它就可能成为英国经济学学生最向往的地方。曼彻斯特大学有义务进行变革，而且这种义务也是一个巨大的机会：曼彻斯特大学的课程改革可能真正缔造经济学不同的未来，为提供帮助人类进步的知识做出贡献。

（一）教学标准

曼彻斯特大学在大学简介里面写明了它所倡导的大学教育的目的。这份简介阐明了教学标准以及毕业生应该具备的技能和品质（见表1）。我们认为曼彻斯特大学的经济学远远没有达到这些标准，大学有迫切的责任采取行动，尽快确保经济学教育达到这些标准。

表1 曼彻斯特大学的教育目的与标准

目的	毕业生品质	评价标准	经济学教育如何达不到标准
1. 发展批评性的思考以及较高层次的观念推理和分析能力	曼彻斯特大学的毕业生将受到鼓励去发展他们的知识好奇心,将学会如何学习,将清楚地把握事实和观念、真理和谬误、正当与不当的根本差别,将掌握逻辑分析和批评性探究的基本知识工具。	逻辑推理 分析 综合 评价	学生因为关注多样性而受到惩罚,通过死记硬背重复现有的思想则受到奖励,在教学和考试中压倒一切的是去证明重复一种规定性的、据称是同质性的理论的能力。这种方法贬低了"知识好奇心"和"批评性思考"的价值,没有给学生区分好的理论和坏的理论的工具。
2. 促进熟练掌握一个学科	曼彻斯特大学的毕业生在大学里熟练掌握至少一个学科的认识论、方法论和核心知识,通过评价这个或者这些学科的现有范式,创造新知识,对探究和研究过程有基本的理解。	知识 认识论 方法论 理解力 应用	新古典分析和概念框架被提升为经济学学习的对象,经济学的其他分支被定义为不属于经济学。这必然妨碍了熟练掌握整个经济学。同时,在没有替代的情况下展示新古典范式,排斥了对它的长处和缺陷的深入评价。"探究过程论"的方法论和认识被忽视,结果是学生没有掌握评价新古典范式或者创造"新知识"的工具。不关心发展诸如判断力之类的技能,使学生不知道什么时候可以把经济理论应用于经济现象。
3. 拓展知识和文化兴趣	曼彻斯特大学的毕业生将受到鼓励出于自己的兴趣去评价知识,去培养鉴别力和创造性,无论是在艺术、音乐、科学、文学还是在其他方面,通过这些来提高和丰富人文素养。	知识好奇心 文化意识 对特定传统、学科或者知识体系的历史发展和文化背景的理解	缺乏理论在真实世界的应用和经济史,使得经济学理论似乎是抽象的、普适的、没有文化根基的。结果是学生几乎不具备关于经济学的"历史发展"的知识。类似的,没有把经济学与对社会更广泛的分析通过制度的和社会学的透镜联系起来,妨碍了掌握任何具有"文化背景"的真正知识。促进"知识好奇心"不是课程、教学方法或者考试的核心组成部分。

续表

目的	毕业生品质	评价标准	经济学教育如何达不到标准
4. 为学生从事专业工作做好准备	曼彻斯特大学的毕业生在日益复杂和迅速变化的职业场所，在专业领域将具备相应的知识和技术高超的技能，有机会去发展相应的主动的、团队的和专业的沟通能力。	专业知识 专业技能 专业素质 沟通和团队工作	多项选择和简答题占了绝大多数，意味着没有教学生去发展书面和口头沟通能力。不能选择做学位论文，表明没有给学生机会去发展研究技能和独立思考能力。高度的抽象意味着很多毕业生没有任何经验直接去分析经济现象，或者与非专业听众沟通经济观念。
5. 让学生具备并且去挑战个人价值观，做出道德判断	曼彻斯特大学的毕业生有机会去发展个人独立精神的品质，对引导他们作为个人和公民的价值观、规范、假设和信念负起责任。	道德意识 理解道德原则 知晓相关的职业道德	完全没有关注作为一个经济学家的道德以及经济学理论的道德后果。此外，经济学理论所依据的价值观和规范是隐含的，因为它们试图表现出是科学的、价值中立的。结果是没有教学生去质疑那些没能让他们"直面个人价值观，做出道德判断"的"价值观、规范、假设和信念"。
6. 为学生在多样的、全球的环境中做好取得公民权和领导权的准备	曼彻斯特大学的毕业生受到鼓励，能够直面他们作为地方的、区域的和全球的公民应具备的公民价值观和责任。	了解社会、政治和环境问题 社会责任感 领导技能	我们认为曼彻斯特大学的第1~5个教育目的是为取得"公民权和领导权"做好准备的必要条件，经济学教育没有达到这些目的。"社会"和"政治"问题已从经济学中分离出来，被放到其他学科的选修课里。纯经济学学生没有受到鼓励去掌握它们，因为它们被视为没有价值的。没有机会从哲学上去分析诸如价值、增长和效率之类的概念，结果是学生没有掌握批评性地质询比如增长可能带来的"环境"后果的工具。

续表

目的	毕业生品质	评价标准	经济学教育如何达不到标准
7. 发展高超的书面和口头沟通能力	曼彻斯特大学的毕业生将具备高超的书面和口头沟通能力。	流利地、准确地、中肯地、简介地、动人地进行口头和书面沟通的能力	考试的形式主要是多项选择和简答题，不能选择做学位论文，强调的是经济学学生发展"高超的书面和口头沟通能力"是没有价值的。此外，经济理论与真实世界的分析和应用没有联系，妨碍了学生发展表达经济观念的能力。
8. 促进公平性和多样性	曼彻斯特大学的毕业生会在一种欢迎和赞成文化多样性的环境下受到教育，这是机会平等最基本的保证，与种族、性别、残疾、宗教或其他信仰、性取向或者年龄无关。	熟悉曼彻斯特大学所有课程的设计、开发、开设和评价	经济系及其课程的狭隘化和封闭性排斥了一种"欢迎和赞成文化多样性的环境"的营造。在决定聘用什么样的学者，推荐什么样的毕业生攻读博士学位的时候，机会并不平等，依据只是符合我们已描述过的新古典范式。

注：表中采用的曼彻斯特大学简介，见 http：//documents. manchester. ac. uk/display. aspx? DocID = 9804。

（二）学术的完整性

曼彻斯特大学有责任确保经济系的学术环境是开放的，是经济学多样性的典型。一个系在学术上没有理由基本上被一种经济学范式所垄断。这种学术同质性有很多负面效果。如前述，这种环境对那些坚持不适合主导性范式的研究纲领的学者来说是敌对的。这有时是明显的，而多数时候是隐性的、组织上的，表现为非主流博士生找不到工作，或者非主流教授退休后不再聘用非主流教师接替。这种同质性通过去除那些不适合的元素而得到自我强化。

前文已经解释了这个过程受到 REF 以及美国新古典期刊排名的推动。这个过程也鼓励了经济学家的自满和傲慢，他们周围全是在近似的经济学范式内开展工作，使用近似的假设和方法论的人。在这种状况下，学者可以在保护带的问题上有不同意见并展开争论，但在他们学科的硬核上是完全一致的，从而相信这个硬核无可置疑的是从事经济学的唯一科学方式。我们认为曼彻斯特大学必须迈出积极的步伐，在经济系拓宽经济学范式的表现，因为这是实现这所大学设定的很多高层次的、批评性的教学目的的前提条件。除非经济系更具多样性，否则不可能让学生深入地、批判性地就替代性和竞争性的经济学理论展开讨论和比较（大学简介的目的1）。此外，这种经济学教育肯定不可能促进对这个学科的全面掌握（大学简介的目的2）。

（三）社会责任

经济学是一种公共品。我们的社会要靠经济学家去帮助管理经济，就像要靠工程师去建设桥梁、靠水暖工去修理锅炉一样。每年有数以千计的经济学学生毕业，供职于各种智库、决策部门、商务机构、媒体组织和重要经济机构，比如英格兰银行、政府经济服务部和财政部。

当我们在努力控制经济危机、实现持续繁荣的时候，绝大多数职业经济学家、经济评论人员、政治家和学者只学过一种占主导地位的经济学范式的情况是无法接受的。结果是我们的社会没有系统性的能力去质疑经济现状的基础、假设和实践。我们发现我们处于这样一种局面：政府、商业、媒体和货币机构以及学术界在共同宣传一种世界观，这种世界观一再被假定为自然的、普适的。

经济学公共领域和学术圈的这种一言堂尤其有害，因为经济学是一个技术领域，需要专家向广大公众讲解和传播经济分析。因此，"专家"对有关经济的公共叙述有巨大的影响。关于经济的健康状况的国民看法对于社会和政治讨论至关重要。

2008年爆发的金融危机意味着主流经济学的系统性危机，公众和学术争论的特点是明显缺乏替代性的经济学，以至于缺乏替代性的经济解释。这场危机对英国和世界上每个人的生活都产生了巨大影响，也正好表明了经济对于公共生活和国民财富的核心地位。其他经济学范式为新古典经济学提供了大量的参考，尤其是在对危机时代的理解方面（明斯基的金融不稳定假说是最明显的例子）。曼彻斯特大学具有一种社会责任，确保未来几代经济学家能为社会提供更好的服务。能更广泛地理解替代性和竞争性经济理论的这个学科，将有更多内部的自我批评，对自身知识的局限有更多的了解，从而可以更好地为公众的利益管理经济。经济学家在服务公共利益上必定发挥重要的作用（大学简介的目的6）。这又回到了我们早前的观点，即经济学教育需要包括如何成为一名经济学家的伦理学教育，以及经济理论的道德后果的教育。

当前经济学教育不能为毕业生提供用人单位所需的技能。

政府经济服务部（GES）副部长安迪·罗斯（Andy Ross）最近详细说明了他需要的毕业生的品质。① 他支持了我们要求经济学中有更多批判性的思考的呼吁，因为这样才能"产生更好的经济学家"。他建议GES的求职者摆脱"对一系列追求理论一致性的公理式规则……的顽固坚持"。但大学经济学所教的新古典范式正是这种类型。罗斯寻找的求职者是"知识多元化"的。他认为经济学可以吸纳诸如"政治学和国际关系"之类的学科而使自身得以"改进"。

对当前经济学学位所不能提供的各种技能的要求也得到了"四大"会计师事务所的共鸣。德勒会计师事务所（Deloitte）要求的是"清楚、传神、简洁"的表达能力。然而今日的经济学学位对写作的要求极低，毕业生几乎没有这方面的经历。

解决实践问题的能力是企业一再强调的另一种能力。毕马威会计师事务所（KPMG）需要的是"乐于去适应环境"的"解决问题的能手"。获得经济学学位肯定需要解决问题，但解决的是高度抽象的、理论性的问题：不是这些企业需要解决的问题。普华永道（PWC）强调的同样是分析当前经济问题的知识，它需要的是能够"理解当前商务

---

① 见 http：//www.civilservice.gov.uk/networks/ges。

问题"的毕业生。但是，经济学学位缺乏真实世界的视角，意味着经济学毕业生几乎不具备这些能力。

最后，安永会计师事务所需要的能力是"承认不同观点的价值"，"通过尊重这些差异来丰富我们的视角"。今天传授给我们的主流经济学可以说是完全与此背道而驰的。从这些观点来看，改革经济学教育显然有益于用人单位。经济学学位不能服务和支持经济，真是一种可悲的讽刺。除了有益于商务机构之外，经济学毕业生的就业前景也会由于改革经济学教育而得到进一步的支持，因为曼彻斯特大学的毕业生将供职于 GES 这类备受尊重的机构以及英国最受人尊敬的会计师事务所。

（四）学生的需求/学生的申请

我们起草了一份请愿书，在学生层面上寻求对我们拟于下一年开设的"泡沫、恐慌和崩溃"课程的支持，曼彻斯特大学的 245 名经济学学生三周之内在上面签了字。这份请愿书是以我们 2013 年发出的请愿书为基础的，那份请愿书概述了经济学教育的错误以及我们想要看到的改变。

在请愿书上签字的学生有 492 名，其中 144 名是曼彻斯特大学的文学学士或者经济科学学士，82 名是辅修经济学的学生。请愿书上的签名表明，对沿着我们概述的原则进行的经济学教育改革有很大的需求，曼彻斯特大学有责任非常严肃地对待这种需求。

证明对经济学教育改革的需求的另一个因素，是出席我们研究会活动的人员数量。在我们举行的第一次活动中，约有 160 人出席；我们举办的系列讲座第一讲（题目为"在经济学学位中你会学到什么"）上，听众达 350 人。我们后续的"你会学到什么"讲座吸引了 60~90 名学生，我们隔周开设的"泡沫、恐慌和崩溃"课程吸引了约 60 名学生。鉴于这些学术讲座是自愿的、不计学分的，而且常常是在周末的晚间举办，频率如此高的活动能有如此多的参加人数是极不寻常的，极有说服力地证明了学生对更加宽泛的、更具批判性的经济学课程的真实愿望。

我们前面提到，申请学习经济学的学生自 2006 年以来稳步增长。2008 年金融危机以来，新闻中最突出的就是经济事件，这一定是影响这种增长的一个重要因素。学生真实的愿望是学习关于英国和国际经济的知识，对它们如何在真实世界运行有更多的理解，更好地理解全球的衰退。但令人震惊的是，唯一从真实世界出发进行分析，包括关于经济危机的不同理论的经济学课程，是我们开设的选修课"泡沫、恐慌和崩溃"，这门课如此受欢迎便不足为怪了。许多学生感到尴尬，因为他们不能用他们在经济学教育中学到的东西向朋友和家人解释本次金融危机的原因和后果。解决这些方面的问题是学生真实的需求。

（五）改革对曼彻斯特大学是有利的

改革经济学教育的最后一个有力论点是，如果开始改革并加以宣传，改革对经济系和曼彻斯特大学都非常有利。

我们始终认为，尽管对经济学大学教育有越来越多的需求，但供给质量难以达到学生的预期。其表现就是危机后的经济学研究会在曼彻斯特大学的出现，以及类似的学会在剑桥大学、伦敦经济学院、伦敦大学学院和埃塞克斯大学的出现，还有很多学生与我们联系，希望建立自己的研究会。

曼彻斯特大学是工业革命和经济学的边际革命的发祥地。曼彻斯特是一个创新之城、思考开放之城。曼彻斯特大学经济学教育的实质性改革将受到国际新闻报道的关注，可以彰显这所大学的面貌和这个城市的品牌。最近这所大学的广告聚焦于与众不同的人，经济学教育改革正是能为这所大学带来积极影响的样板。改革将传递的关键信息是，曼彻斯特大学是金融危机之后推动经济学教育的世界领袖，其核心的学术价值是让明天的经济学家做好准备面对未来的挑战。

前文阐述学术责任那一部分已阐明了经济系会从改革中得到的提高。系里的经济学家将在一个更加有趣的、多元化的环境中开展工作，因为他们会与运用截然不同的假设和方法论的经济学家共事。而且，这些思想的混合有可能让主流和非主流经济学家都产生更好的学术成果。

最后，改革将改善大学生在曼彻斯特大学的经济学学习经历和技能。这里不需要重复这个观点。我们真诚地相信，我们提出的支持改革的观点对整个大学都是有利的，将巩固曼彻斯特大学作为世界领先者的声誉。

六 在曼彻斯特大学发起改革的现实约束

我们知道，单独某一所大学和单独某一名教师面临着众多制度的、经济的和文化的约束。改变教学大纲可能会使大学生没有机会进入牛津大学深造；减少定量分析可能会让学生没有多少机会在伦敦城找到工作；规章制度或者筹资方面的考虑可能不允许做任何的改变。但是，我们可以看到一些现实的约束并非不可逾越。曼彻斯特大学有紧迫的责任支持经济系迈出改革的步伐，或者绕开这些约束进行改革。

（一）科研卓越框架

人们普遍假设更高的科研排名等于更高的大学生培养质量，因为向学生授课的学者在他们的领域是处于最前沿的。在曼彻斯特大学的经济学中，为了声誉和拨款而追求更高的科研排名，已经加重了经济学教育的问题。曼彻斯特大学必须发展一个替代性的经济学战略，让经济系在继续追求 REF 好分数的同时，聘用一些顶尖的非主流学者。一种方法是在经济系设立一些非主流教职，获得这些岗位的学者必然能够承担更广泛的教学任务，包括非主流经济理论和经济思想史。这些学者因此可以作为不同学科的代表进入 REF 专家小组，从而他们对于曼彻斯特大学的整体排名仍然是有价值的。不过，如前所述，经济系的某些人有时候把他们的经济学进路视为唯一合理的一种，从而没有给非主流经济学家受聘的机会。正因此，我们认为确定聘用新教员的标准不只对于经济系来说是至关重要的。曼彻斯特大学必须确保那些不遵循主导性研究范式的学者不会受到歧视。

（二） 缺乏资源

我们被告知，部分问题是资源问题，来自经济学学生的学费被用于补贴曼彻斯特大学的其他课程。我们无权查看经济系和社会科学学院的财务记录，因此我们不能判断缺乏资源在多大程度上约束了课程选择和教学风格。我们被告知，开设大班课程、以多项选择题考试和不能选择做学位论文的部分原因是经费压力。如果的确如此，那么曼彻斯特大学就有义务确保经济系有足够的资源去解决我们提出的那些问题。除非经济学教育得到实质性的改进，否则继续把经济学课程作为摇钱树去资助其他课程和土建工程是不可接受的，尤其是在如今经济学学生每年的学费是 9000 英镑的情况下。

（三） 为了确保毕业生有机会进入顶尖大学读研究生

我们认为较抽象的理论性课程和数理课程仍然要开设，但是也要为那些真正对经济学理论感兴趣的学生开设选修课。如此一来，有可能让他们更加努力，从而为未来困难的研究生课程做好学术准备。对于即将在伦敦城或者 GES 工作的大学生，真有必要知道理解供求的消费者理论和生产者理论的公理性基础吗？曼彻斯特大学肯定没有对此进行过计量经济学分析，关于大学生的目的也没有什么理论，但这所大学不是运行得好好的吗？相反，应该为学生打好各种经济学理论的经验导向的基础，从而让他们可以选择去深入地探寻他们偏向的经济学领域。

让学位课程充斥着最抽象的理论是没有意义的，因为绝大多数大学生并不会继续深造以成为经济学家。相反，微观和宏观理论枯燥的基本原理可以放到选修课里，满足那些想要进一步深造的学生的需要。事实上，这有可能让他们得到更严格的训练，从而让那些想要进入比如牛津大学这样的顶尖大学读研究生的学生做更好的准备。

不过，这不能成为抛弃另外一群想要成为经济学家的精英学生的借口，他们想要有更宽泛的经济学教育，这种经济学教育在我们的某些老

师看来是不严密的、低劣的。我们认为曼彻斯特大学的经济学核心课程
需要更多地强调经济理论的政治学和伦理学，因为它的学生将成为经济
学未来进步的守护者。把一种经济学进路当作唯一的经济学教给这一群
学生，是不负责任的。无论经济学学生走的是哪一条路，都要让他们了
解批评性的、多元化的经济学，因为这既有利于他们自己的教育，也有
利于这个学科的未来。

（四）经济系缺乏师资队伍

曼彻斯特大学经济系目前的单一培养，意味着经济系很难向我们要
求的方向进行改革。这也意味着我们的经济学教育越来越狭隘。开设商
业经济学 II 那一年，这门课换了老师，新老师把原来涉及的企业和竞争
的替代性理论放到了选读内容里面。曼彻斯特大学经济学教育中的方法
的宽泛性，在真实世界的应用和批评性的倾向，更多的是由教师个人而
不是由经济系的政策决定的。在某个教师离职或者请病假的时候，就像
经济思想史和商业经济学 II 这两门课，课程内容往往就会被改变，让它
与别的课程更加一致，或者干脆取消这门课程。这就是我们强调要确保
经济系聘用非主流教授的原因，他们在系里具有别人所不具备的教学
能力。

七 危机后经济学教育的原则和一些可行的改革

（一）改革的原则

关于什么是经济学、什么不是经济学，以及经济学中什么是好的经
济学、什么是坏的经济学，当前是一种垄断局面。这种垄断并非无可非
议而且正在损害这个学科，我们已在前文阐述了各种理由。现在，我们
的教授有责任提供证据证明经济学教育的新古典垄断是合理的，或者接
受经济学应该再次欢迎竞争和争议。论证和根本性的异议不应该被排除

在这个学科之外，因为这是学术活动和学术进步至关重要的一个组成部分，也是大学生教育至关重要的一个组成部分。

尽管我们主张经济学应该更加开放，但它也不应该包罗万象。这就带来了一个问题：用什么样的标准来区分好的经济学和坏的经济学，从而决定传授什么样的经济学理论。这个问题对于任何学科来说当然都是一种矛盾。

学生所要了解的必定不只一种经济学范式。这是因为就像在其他社会科学中一样，在经济学中，理论在影响现实的时候发挥着与行动有关联的作用。如果绝大多数经济学学生相信新古典经济学就是经济学的全部，那么它在一定程度上就变成了真理，可能的替代性学说就被隔绝了。经济学中任何占主导地位的思想流派都需要不断地仔细审视，以确保保持它的预测和解释力，要做到这一点，唯一有效的方式就是反对那些不同意其基本原则的思想流派。米尔顿·弗里德曼认为，"不存在不同的经济学流派，只有好的经济学和坏的经济学"。这是排斥异己的一种聪明的策略，那些不同意你所界定的现实性、假设、方法和对象的思想流派就是坏的学说。逐一学习众多思想流派，与每一个流派进行对话，是经济学学生接触当前被掩盖的经济学说的唯一方式。批评性地比较的方法让学生有机会思考各种理论如何很好地解释和预测外面的经济现象，它们依据的价值观是什么，它们能否表明其假设的合理性，以及它们在诸如经济学的目的、市场、政府和行为人之类的核心定义上如何产生了差别。

我们希望看到的是一种从研究经济问题入手的经济学教育。这种方法将概述经济现象，给学生一个工具箱，让他们必须评价不同理论在解释不同现象时候的优点和不足。

核心目的是引进学术上的兼收并蓄，这是应用不同模型和理论的原则，或者是让模型和理论在不同情况下发挥最大用处的原则。经济学教育中相当程度的多元化（指的是在做出判断之前考虑理论的多样性），是学术上的兼收并蓄的必要条件。经济理论并非普适性的，而是在很大程度上取决于制度、历史和社会背景。

曼彻斯特大学有很多方式融入多元化，将它作为经济学教育的一个关键原则，正如"经济学网络"所描述的那样（Mearman，2007，pp. 7 – 27）。一个选择是在当前课程中引入替代性经济学范式，或者增加以比如后凯恩斯主义这种替代性思想流派为主的课程。另一个选择是开发竞争性视角的课程，涵盖各种经济现象（比如通货膨胀和失业），探索不同范式如何解释这些现象。这些方法存在各种各样的优点和缺点，包括如何实施的问题。曼彻斯特大学的经济学改革将涉及可能的解决办法的实验，与学生的投入休戚相关。

工具箱中的另一个重要元素是关于具有强大制度权力的结构的知识和政治学。正如罗纳德·科斯（Ronald Coase）著名的论断指出的那样，经济分析必须考虑权力和政治学，否则就是冒着仅仅能解释"人们在森林边交换坚果和浆果"的模式的风险。

危机后经济学家的工具箱里还应有的重要元素，是经济学家的伦理学和对经济理论的道德后果的考虑。经济学家有很大的权力，同时又是公众人物，这就会产生潜在的利益冲突。经济学家在社会上以及在政治话语的形成中有巨大的影响力，这种影响力带有重要的伦理问题。比如，当市场出清的工资水平低于维持生活的最低工资水平时会发生什么？某些人有责任去防止这种情况的发生吗？如果是这样的话，谁有这种责任？这些伦理问题是经济理论基本的、固有的组成部分，应该融入核心课程，而不是放到非经济学的选修课里。

经济学的哲学也应该是经济学核心课程的核心成分。诸如价值、效率、增长和经济人之类的关键概念必须超越其粗略的定义来讨论。同样至关重要的是，应该向学生讲授社会科学哲学的重要理论，比如波普、库恩和弗里德曼的理论。什么样的理论在科学理论上是合理的？一个理论要如何严格地被证伪？不同方法论的优缺点是什么？我们如何选择一个合适的方法来满足需要？

经济思想史和经济史对于学生评价经济理论的优劣至关重要。理解特定模型或者经济学范式的历史发展，会为理解它所要解决的问题和影响其形成的背景提供宝贵的洞见。这是那种骄傲自大的信念的一个重要抗衡力量，即认为经济理论代表着普遍真理，拒绝承认我们的知识的局限。经济史对于所有经济学学生来说都是至关重要的，因为历史为这个学科提供了很多重要的教训。比如，对历史上从郁金香狂潮到大萧条历次崩溃的分析，能为当代的经济学家提供一个理解我们当前经济体系的背景。

上述所有元素对于学生能够进行批判性的思考以及了解这个学科的局限都是必要的。批判性的理论要求理论家去检查和揭示一个理论的前提条件，必须去评价对假设和方法论的选择，以及更广泛的历史和当前的背景。如果现代主义的启蒙动力是设法去了解一切，或者确定地认知的话，那么经济学家必须更加谦虚一点，承认经济体系和人类行为的复杂性和不确定性。

当前的经济学学位是为一小部分想要成为经济学家的学生设计的，而不是为绝大多数想要从事专业工作的学生设计的。因此，大学课程提供给学生的是新古典范式中的经济学家所需要的工具箱。我们认为经济学教育应该扎根于我们的经济现实和我们的经济生活。一个经济学毕业生能读懂《金融时报》上的文章吗？他们能读懂国民收入账户吗？他们知道国家统计局（ONS）的数据释放了什么经济信号吗？他们能解释和分析这些数据吗？他们能运用经济学知识来分析新闻中的经济事件吗？这些都是我们应该提出的问题。

有一种自动过滤机制，让学生去选择那些补充和反映微观和宏观核心课程中的教学标准的选修课。在修读了第一年用数学和多项选择来考试的微观和宏观课程之后，学生第二年选择的就是反映那些内容和考试方式的课程。因此"经济思想史"和"财产和正义"几乎没有学生选读。再加上论文的得分只能是 70% ~ 80%，而数学考试的分数则可能得到100%，这就留下了一种印象：用数学和多项选择考试的课程本来就更流行，于是就鼓励这类课程的发展。因此，实质性的改变要从课程的起点入手，让批评和沟通的技能从一开始就得到发展。重要的是，改变不能只限于第二年之后的选修课，而应该贯穿于整个学位核心课程。不能让那些选择了困难的或者不熟悉的学习方式的学生有过重的负担，不能让他们与选择了熟悉的用数学和多项选择来考试的课程的学生不公平地竞争。

（二）短期改革

（1）请曼彻斯特大学商学院研究替代性经济学的学者，以及研究国际政治经济学、地理学和历史学的学者开设非主流课程。在这方面，目前伦敦大学学院的项目和伦敦经济学院的 LSE100 就有现成的模板。这是短期内让经济系真正发生改变的唯一解决办法。如果不是在经济系内部开设这种课程，它们仍然会继续被界定为非经济学的课程。

（2）利用经济系有限的非主流经济学教学能力。我们已经和一些教师一起开设了选修的、不计学分的"泡沫、恐慌和崩溃"课程，下一年应该开成计学分的课程。这门课程首先讲的是金融危机史，然后讲授对金融危机的竞争性解释。这门课程在讲授理论的同时，也包括一般历史趋势、金融部门的关键机制和政策争论。

（3）培训能在辅导课上组织讨论的助教。事先要准备一系列问题，确保这些问题都得到讨论。这意味着学生将通过参与来理解某个领域，而不是在夏季学期死记硬背一些多项选择题。

（4）在宏观和微观课程中增加三个单元，学习批判性的解释和替代性的理论。很多课程在一个学期内很早就能结束，完全有空间来安排这些单元。从中期改革来看，这些变化应该延伸到所有微观和宏观核心课程的基本结构，而不只是在课程的后面增加内容。

（5）教师在讲授经济学理论的时候，应该简介关键假设，引入经验数据，探讨所使用的方法论框架。这意味着学生将更多地了解理论所依据的基础，有机会去思考每一种理论在解释经济现象上的优劣。

（三） 中期改革

我们把这些改革称为中期改革，是因为我们知道这些改革不可能一夜之间就会发生。但我们还是希望看到经济系真正采取措施，在短期内实施这些改革。

（1）重新设计课程，尽可能地逐步淘汰多项选择题考试方式。让论文写作和课堂陈述处于更突出的位置，以增强书面和口头沟通能力。真实地评价学生研读和批判理论的能力，以及在没有标准答案的情况下形成观点立场的能力。

（2）经济理论应该与更宽泛的政治、社会和道德问题相联系，比如政府是否应该干预市场？如果干预了的话，对市场会有什么限制？

（3）对所有学生、不只是对经济学学生开设"经济学入门"之类的课程，介绍经济学的不同范式和竞争性。

（4）数据优先的方法——分析什么样的理论能够在不同场景下对经济数据做出最好的解释。

（5）向所有大学生展示完整的经济学谱系，介绍竞争性的范式和主要争论，让他们掌握可以判断不同理论优劣的工具。

（6）所有经济学学生都应该写学位论文。论文可以是 20 学分、9000 字的短论文。学位论文中要让学生有机会批判性地思考替代性的经济学视角是如何分析某个问题的，基于这种思考形成他们自己的独立观点。

（7）开放经济系这个"排外企业"，聘用非主流经济学家。在这方面，需要曼彻斯特大学认识到《曼彻斯特 2020》文件中的科研发展战略对经济学教育是不利的。这所大学必须有另一种经济学战略，在这种战略中，要把追求更高的科研排名与经济系聘用非主流经济学家的责任结合起来。

（8）重新设计微观和宏观核心课程。在核心课程中引入其他经济学范式，包括制度主义、演化经济学、后凯恩斯主义、女性主义、生态经济学和奥地利经济学。比较各种经济学视角的定义、目的、假设、方法论和含义。比较它们在解释和预测经济现象方面的优劣。核心课程中应把经济思想史和经济史作为讲授理论和模型的教学工具。

八　结论：本次危机的重要性

本次金融危机向我们表明，没有哪种经济学范式有足够的能力回答什么是经济学、什么不是经济学这样的问题。应该向学生教授更宽泛的理论，给他们更大的工具箱，让他们能够批评性地评价、比较，最终分析判断什么样的理论为经济现象提供了更好的答案。

我们的改革主张是合理的。我们并非断言新古典经济学是错的，或者应该将它从曼彻斯特大学的课程中剔除，我们的主张并非依此而提出的。我们只是认为，当前的状态是一种特定的经济学方法占据支配地位，具有界定什么是好的经济学、什么是坏的经济学的垄断力。这种力量与政治的、制度的过程相结合，使得各个经济系随着时间的推移而越发同质化。所有这些都对经济学教育产生了固化影响，结果我们学到的只有一种思考经济学的方式，似乎这种方式就是普遍的经济学真理。为了学生、这个学科以及社会，必须让这个过程逆转。在经济学史上，每当在市场、制度的运行和诸如创新与周期之类的过程方面产生了新洞见，这种逆转就会发生，因为现有的寻常智慧已被颠覆。经济学这个学科的存在和发展，是由它的每一个从业者来支撑的，如果不把多样性、多元化、论争、批评、讨论，尤其是让理论面对证据放在经济学教育的中心位置，就是目光短浅的、危险的（Freeman，2007，pp. 8 - 9）。

具有讽刺意味的是，在成立危机后的经济学研究会时，我们花了大量时间就新古典方法的优缺点和各种非正统方法的缺陷与他人展开争论。我们与教授们的争论把一种论辩文化带回了经济学，经济系的教育和学术环境都因此得到了改善。这正是我们的经济学教育所缺乏的，也正是我们的吁求。

希望经济系和曼彻斯特大学的高层管理者能接受我们的主张的合理性，严肃对待我们的改革建议。我们恳请曼彻斯特大学对这份报告做出正式回应，说明同意哪些观点、不同意哪些观点。我们也恳请校方就依据此报告所计划的经济学教育改革提出一个时间表。后一点至关重要，因为经济学教育改革是为制度惰性所不容的，有了时间表，经济学学生才会支持他们的大学。

附录1　对新经济思维研究所的 CORE 方案的回应

我们首先祝贺新经济思维研究所（INET）的 CORE 方案。经济学教育的当前状况存在问题，CORE 方案认识到了这些缺陷，有助于改善这种状况。对 CORE 的这份回应在一定程度上肯定了它取得的积极进展。不过，从整体上看，我们想要强调的是，为什么这个方案当前的形式远远满足不了我们的愿望。我们不支持 CORE 的一个重要原因，是它仍然拒绝经济学的替代性视角。该方案没有考虑这些视角的相关性或者有用性，没有将它们包括在课程改革计划中，因此与我们的经济学课程改革主张相矛盾。

首先，我们来看看 CORE 方案的积极方面。从我们所看到的材料来判断，CORE 课程在很多方面是对当前主流教科书的重大改进。最突出的一个改进是大大增加了真实世界的数据和经验证据。新课程审视真实世界，为它提供经济学解释。我们完全支持这种方法，认为这是把对这个学科的研读与所讲授的内容联系起来的唯一方法。CORE 课程充分体现了的另一个积极方面是，整套课程自始至终包括经济史。它考察经济决策的影响，对这些影响如何产生提供解释。不过，也需要考虑一些风险，比如，我们分析经济所依据的数据是什么，学生需要了解的是哪些历史阶段。一门学位课程包括的内容当然是有限的，从而其主要的关注点在哪里就很重要。在下一学年整个课程开出来之前，我们还不能评价CORE 处理这些问题的方式。

把历史包括进来证明了 CORE 课程的另一个积极变化，这就把那些相关的但独立的学科包括了进来。全面的经济学教学不可能不涉及历史、政治学、伦理学、社会学和其他社会科学。人类行为是多方面的，社会科学必然是交织在一起的。CORE 课程认识到了这一点，通过各种视角来考察经济决策的含义。这是非常有希望的，不过必须再次强调，只有看到开出的全部课程，才能完全搞清楚该方案在这方面是否做得足够好。

CORE 还使用了现代交互技术，这可能是非常有益的。它让材料更容易获取和分析，这是让它在学生中无论出于表面的还是出于实质性的理由都会受到好评的一个优点。益处不只这些，我们相信，任何学习 CORE 教科书的学生得到的结论都会是，他们所受的教育远比 CORE 之前的教科书提供的要好。因此，我们认为这是今时今日取得的一个改进。但要强调的是，我们与 CORE 的一些重要方面有根本性的分歧，并不认为它会培养出社会需要的那种类型的经济学家。下面解释我们的理由。

第一，我们不相信改善经济学教育的最有效方式是把注意力集中于教科书。虽然好的教科书对专注的、资源丰富的教师有很大的帮助，但对于不专注的教师则没有任何帮助。CORE 有助于那些愿意去探寻其好处的教员，但对于没有这种意愿的教员则是没有帮助的。正因此，我们才提议更多地投资于教师培训，改变相关领域的聘用政策，把注意力从科研能力转向教学能力。大学必须在提高科研地位和提高教学质量之间找到更好的平衡点，让经济学家发挥各自的专长。

第二，也是最重要的一点，在经济学家的培养中，批判技能是最重要的技能。经济学家必须能够利用大量知识，能够利用解释不同事件和模式的各种理论。他们必须判断一个理论在某些情况下的适用性及其在其他情况下的局限性，还要能从错误中吸取教训。如果一个人只懂得一种范式，我们不相信他会具有批判分析的能力。多元化是绝对必要的，不仅能赋予我们思想的宽度，而且能帮助我们更加深入地理解主导性的思想。理解一种竞争性的理论的价值观和方法论，会对主导性理论的价值观和方法论有深入的理解。这里不是一种对抗，而是可以形成对立的思想并存的环境，二者在任何可能的地方相互帮助。没有经济学视角的多元化，我们就不可能精通这个学科，也就不可能承认我们使用的经济理论是容易犯错误的，我们对自己的研究领域进行批判、使它进步发展的能力就会大大削弱。

CORE 方案的最大缺陷是新古典经济学的垄断，缺乏任何竞争性的理论。正因此，我们不相信它能培养出需要面对未来经济问题的谦逊的、宽容的、有创造性的、有适应能力的经济学家。值得一提的是，罗伯特·斯基德尔斯基主导的 INET 的第一个课程改革设计是向其他经济学方法开放的。它的材料不如目前这个方案完善，但它真诚地欢迎多元化，接受我们所支持的那种教育形式。"强调最优化行为、稳定偏好和均衡的高度抽象的方法"是有局限的，始终强调用一种开放的方法来解答经济问题。① 如果 INET 和 CORE 方案重新发现这些原则，就会受到欢迎。

第三，当前形式的 CORE 是帮助有热情的教师讲授主流经济学的很好的工具，是对目前的教学大纲的一个改进。不过，尽管这是它的优点，切不可认为它是我们需要的那种对经济学教育的根本性重构。

参考文献

［1］Arnsperger, Christian and Yanis Varoufakis, "What is Neoclassical Economics?" *Post-Autistic Economics Review*, 2006: 38.

［2］Bezemer, Dirk, "No One Saw This Coming: Understanding Financial Crisis Through Accounting Models," University of Groningen, Research Institute SOM (Systems, Organisations and Management), Research Report 09002, 2009.

［3］Carlin, Wendy, "Economics Explains Our World—But Economics Degrees

① http://ineteconomics.org/sites/inet.civicactions.net/files/Problems_ and_ Principles.pdf.

Don't," *Financial Times*, http：//www. ft. com/cms/s/0/74cd0b94 – 4de6 – 11e3 – 8fa5 – 00144feabdc0. html#axzz2mLDnXqBi, 2013 – 12 – 2.

[4] Coyle, Diane et al. , "Teaching Economics After the Crisis：Report from the Steering Group," *Royal Economics Society Newsletter*, http：//www. res. org. uk/view/article7Apr13Features. html, 2013 – 12 – 2.

[5] Duesenberry, J. S. , *Income, Saving and the Theory of Consumer Behaviour* (Harvard University Press, 1949).

[6] Freeman, Alan, "Catechism versus Pluralism：The Heterodox Response to the National Undergraduate Curriculum Proposed by the UK Quality Assurance Authority," http：//mpra. ub. unimuenchen. de/6832/1/MPRA ＿ paper ＿ 6832. pdf, 2007 (2014 – 4 – 14).

[7] Joffe, Michael, "Teaching Evidence-Based Economics," *Royal Economics Society Newsletter*, http：//www. res. org. uk/view/art6Oct13Features. html, 2011 (2013 – 12 – 2).

[8] Kaldor, Nicholas, *The Scourge of Monetarism* (Oxford University Press, 1982).

[9] Keen, Steven, *Debunking Economics* (Zed Books Ltd. , 2011).

[10] Lawson, Tony, "What is This 'School' Called Neoclassical Economics?" *Cambridge Journal of Economics*, 2013, 37：947 – 983.

[11] Lazear, Edward, "Economic Imperialism," Nation Bureau of Economic Research, Cambridge Massachusetts, 1999.

[12] Lee, Frederic, Xuan Pham and Gyun Gu, "The UK Research Assessment Exercise and the Narrowing of UK Economics," *Cambridge Journal of Economics*, 2013, (37)：693 – 717.

[13] Lewin, Leif and Donald Lavery, *Self-Interest and Public Interest in Western Politics* (Oxford University Press, 1991).

[14] Mearman, Andrew, "Teaching Heterodox Economics Concepts," The Economics Network, http：//www. economicsnetwork. ac. uk/handbook/heterodox/, 2007 (2013 – 12 – 2).

[15] Mearman, Andrew, Aspasi Papa and Don J. Webber, "Why do Students Study Economics?", Economics Working Paper Series 1303, 2013.

[16] Musgrave, Alan, "Unreal Assumptions' in Economic Theory：The F-twist Untwisted," *Kyklos*, 1981, 34 (3)：377 – 387.

[17] Pomorina, Inna, " 'Economics Graduates' Skills and Employability Survey," Economics Network and the Higher Education Academy, 2012.

[18] Tily, Geoff, *Keynes Betrayed：The General Theory, the Rate of Interest and 'Keynesian' Economics* (Palgrave Macmillan, 2010).

[19] Tobin, James, "Money and Income：Post Hoc Ergo Propter Hoc?" *The*

Quarterly Journal of Economics, 1970, 84（2）：301 – 317.

［20］ University of Manchester, *Manchester 2020 Strategic Plan*, http：//www. manchester. ac. uk/aboutus/vision/, 2011（2013 – 12 – 2）.

［21］ Wigstrom, Christian, "A Survey of Undergraduate Economics Programmes in the UK," Institute of New Economic Thinking Curriculum Committee, http：// ineteconomics. org/research – programs/curriculum – committee, 2011（2013 – 12 – 2）.

［22］ Wilson, David and Dixon William, "Performing Economics：A Critique of 'Teaching and Learning'," *International Review of Economics Education*, 2009, 8（2）：91 – 105.

图书在版编目（CIP）数据

现代经济学的危机和政治经济学的复兴／史正富，
孟捷主编. -- 北京：社会科学文献出版社，2019.6（2024.3 重印）
（政治经济学新连线. 学术研究系列）
ISBN 978 - 7 - 5201 - 4863 - 4

Ⅰ. ①现… Ⅱ. ①史… ②孟… Ⅲ. ①现代经济学 -
研究 ②政治经济学 - 研究 Ⅳ. ①F0

中国版本图书馆 CIP 数据核字（2019）第 095240 号

政治经济学新连线·学术研究系列
现代经济学的危机和政治经济学的复兴

主　　编／史正富　孟　捷

出 版 人／冀祥德
组稿编辑／恽　薇　田　康
责任编辑／田　康

出　　版／社会科学文献出版社·经济与管理分社（010）59367226
　　　　　地址：北京市北三环中路甲 29 号院华龙大厦　邮编：100029
　　　　　网址：www. ssap. com. cn
发　　行／社会科学文献出版社（010）59367028
印　　装／唐山玺诚印务有限公司

规　　格／开本：787mm × 1092mm　1/16
　　　　　印　张：18.75　字　数：262 千字
版　　次／2019 年 6 月第 1 版　2024 年 3 月第 2 次印刷
书　　号／ISBN 978 - 7 - 5201 - 4863 - 4
定　　价／99.00 元

读者服务电话：4008918866